William Morris

Kunde von Nirgendwo

Eine Utopie
der vollendeten kommunistischen Gesellschaft und Kultur
aus dem Jahre 1890

Mit einem Vorwort von Wilhelm Liebknecht

Neu herausgegeben von Gert Selle

Titel der Originalausgabe: News from Nowhere, 1890

Umschlaggestaltung: Michael Kimmerle

2. Auflage 1981

Druck: Müller + Bass, Tübingen

Printed in Germany

ISBN 3 - 922473 - 00 - 8

(Früher erschienen im Verlag M. Du Mont Schauberg, Köln
ISBN 3 - 7701 - 0752 - 7)

Inhaltsverzeichnis

Vorwort zur Neuauflage

„Gemütssozialist“, „romantischer Antikapitalist“, „rückwärtsgewandter Ästhet“ — die Palette negativer Einschätzungen Morris „Kunde von Nirgendwo“ ließe sich in diesem Sinne leicht weiterführen.

Daß Morris kein reaktionärer Verfechter mittelalterlicher Idylle, sondern radikaler Sozialist war, weist Gert Selle im Vorwort dieser Ausgabe ausführlich nach.

Was an dieser Stelle jedoch erwähnt werden soll, ist die zunehmende Aktualität gerade dieser Utopie. Seit Marx orientierte sich der große Teil der linken Bewegung stets an der Vorstellung, wahre menschliche Freiheit könne nur auf der Basis der durch den Kapitalismus voll entfalteten Produktivkräfte entstehen. Heute jedoch, angesichts des „real existierenden Sozialismus“ scheinen trotz höchster Produktivkraftentfaltung die Chancen für einen freiheitlichen Sozialismus geringer zu sein als jemals zuvor. Zudem zeigt die Ökologie-Bewegung erschreckend deutlich auf, daß eine radikale Technisierung in West und Ost weniger dem menschlichen Glück dient, als vielmehr Unfreiheit, Angst, Unzufriedenheit und Abbau von Lebensqualität hervorbringt.

Viele Probleme, die heute zur Diskussion stehen, hat Morris vor 90 Jahren in seiner Utopie verarbeitet — Dezentralisierung, Beziehungen zwischen Stadt und Land, soziale Architektur, neue Lebens- und Arbeitsformen, etc. Die Forderungen von „Kunde von Nirgendwo“ warten noch immer auf ihre Verwirklichung, sind noch immer im Stadium der Utopie.

Morris hat somit auch heute noch allen etwas zu sagen, die nach einer Gesellschaftsform suchen, die über Kapitalismus und zentralmacht-orientierten Kommunismus hinausweist, einem freiheitlichen Sozialismus.

Peter Reifsteck, SCHWARZWURZEL-VERLAG

William Morris und sein Roman

›Kunde von Nirgendwo‹ wurde deutschen Sozialisten erstmals 1892/93 durch ›Die Neue Zeit‹ bekannt, jene von Karl Kautsky redigierte ›Revue des geistigen und öffentlichen Lebens‹, in der die deutsche Sozialdemokratie noch auf marxistischer Grundlage diskutierte. Die utopische Erzählung findet sich im knappen Feuilleton des ersten Bandes zum 11. Jahrgang dieser Zeitschrift als Fortsetzungsroman.

Unter dem Originaltitel ›News from Nowhere‹ war sie bereits 1890 für englische Arbeiter und Sozialisten in ›Commonweal‹ erschienen, einem radikalen Blatt, das William Morris selbst herausgab und für das er zwischen 1885 und 1890 eine Reihe von politischen Beiträgen verfaßt hat. Daß er ›News from Nowhere‹ am Ende seiner Herausgebertätigkeit für ›Commonweal‹ schrieb und veröffentlichte, nachdem der Höhepunkt seiner politisch kämpferischen Laufbahn bereits überschritten war, und daß Kautsky den Roman wenig später für ›Die Neue Zeit‹ übernahm, läßt auf besondere Gründe schließen. Wilhelm Liebknecht, von dessen Frau Natalie der größere Teil der Übersetzung stammt, hat ein Vorwort zur deutschen Fassung geschrieben, das zwar utopisches Denken relativiert, diesem Zeugnis der utopischen Literatur vor allen anderen Beispielen der zeitgenössisch verbreiteten Gattung aber besonderen Rang zuerkennt.

William Morris ist heute in Deutschland nur als Erneuerer des Kunsthandwerks und Vorläufer der Jugendstilbewegung bekannt, als eine bedeutende Figur der Kunst- bzw. Designgeschichte, und damit ohne politisches Gewicht. Von der bürgerlichen Kunstwissenschaft ist sein Wirken als überzeugter Sozialist (er selbst bezeichnete sich als Kommunist) teils als vorübergehender ›Irrtum‹ übergangen, teils verdunkelt worden. Seine kulturrevolutionäre Theorie der künstlerischen Arbeit erlitt das Schicksal, das ihr in der warenproduzierenden Gesellschaft vorgezeichnet war; sie wurde im Jugendstil und in der frühen Werkbund-Ära nur noch unvollständig oder abgefälscht rezipiert. Daß seine politische Utopie 1902, also mitten in der Stilkunstepoche, in neuer Übersetzung bei einem bürgerlichen Verlag nochmals in Buchform erschien, hat daran nichts mehr zu ändern vermocht; Morris war indessen schon als Künstler etikettiert.

Die Aufnahme seiner Utopie in eine Parteizeitschrift, deren Tendenz von Autoren bestimmt war, die mit künstlerischer Erneuerung wenig im Sinn haben konnten, verwundert zunächst und paßt nicht in das deutsche Morris-Bild. Bebel, Bernstein, Engels, Lafargue, Liebknecht, Mehring, Schippel, Sorge und andere bestimmen den Inhalt des Blattes; sie befassen sich mit dem konkreten Zeitgeschehen, mit Außen- und Innenpolitik, mit Fragen der politischen Ökonomie und der realen Klassenlage, mit marxistischer Theorie. So schreibt Engels in diesem Band über historischen Materialismus und trägt eine ethnographische Notiz über die Gruppenehe bei. Aveling kommentiert kritisch den Kongreß der britischen Trades Unions, Bebel berichtet über einen internationalen Kongreß für den Achtstundentag und begründet die Bedeutung des Maifeiertags; v. Vollmar und Kautsky diskutieren widersprüchliche Definitionen des Staatssozialismus; Lafargue schreibt über den Streik von Carmaux und liefert eine bissige Dokumentation zum Panamaskandal in der französischen Regierung und Finanzwelt; Landé veröffentlicht eine Arbeit über Mehrwert und Profit.

Auf den ersten Blick muß ein utopischer Roman in diesem Rahmen fremd wirken. Aber gerade im Realzusammenhang mit dem Inhalt mancher Beiträge der Zeitschrift und mit der Arbeiterbewegung am Ende des Jahrhunderts gewinnt diese Utopie ihre eigene Dimension von Aktualität; sie ist Komplement der Geschichte, sie weist auf das Ziel des Klassenkampfes, auf den möglichen widerspruchsfreien Zustand einer künftigen Gesellschaft hin.

›News from Nowhere‹ ist kein idealistisches Jugendwerk. Morris war schon Mitte fünfzig, als er den Roman schrieb, also in einem Alter, das eher durch Skepsis und Lebenserfahrung gekennzeichnet ist. Voraus gingen Jahre der angestrengten politischen Agitations- und Kampfpraxis und die bemühte

Aneignung fundierter Kenntnisse der Ökonomielehre und Werttheorie von Marx. Das ›Kapital‹ hat Morris sich zweimal zu erarbeiten versucht (1883 und 1887) und dabei seine Schwierigkeiten offen einbekannt. E. B. Bax half bei den ersten ökonomischen Artikeln für ›Commonweal‹, wofür Morris dankbar war:

»... but I am glad of the opportunity this gives me of hammering some Marx into myself.«[1]

Dieser Hintergrund ist bedeutsam für seinen Roman, aber auch die Lehre utopischer Sozialisten und Vorläufer wie Fourier und die intuitive Erkenntnis bzw. Fähigkeit zur anschaulichen Umsetzung dessen, was aus Gedanken des jungen Marx zum Problem der entfremdeten Arbeit als Folgerung für eine veränderte Praxis zu ziehen war. Die Lösung des Entfremdungsproblems geriet Morris zum zentralen Motiv seiner Utopie, wie schon der Lösungsversuch in seiner künstlerischen Theorie und Praxis angelegt war.

Der sowohl künstlerische wie politische Erfahrungsbereich hat den besonderen Utopiecharakter von ›News from Nowhere‹ erkennbar und durchgängig geprägt. Morris war sowohl Künstler wie Sozialrevolutionär; er hat beide gesellschaftlichen Funktionen letztlich als Einheit verstanden.

Weshalb hier nicht aus seinen theoretischen Schriften publiziert, sondern sein Roman bevorzugt wird (dessen Wiederentdeckung in der vorliegenden Fassung der Herausgeber einem Hinweis in Egon Steins Dissertation[2] verdankt), hängt damit zusammen, daß die künstlerische Form und Ausdrucksweise das eigene Medium von Morris war. Vermutlich zeugt die von ihm geleistete literarische Verarbeitung und Umsetzung von Theorie in die bildhafte Plastizität der sozialutopischen ›Kunde von Nirgendwo‹ vom Humanismus seines marxistischen Denkens besser als jeder andere Text aus seinem Werk.

Zwar hat das in dieser Utopie entworfene nachrevolutionäre Arkadien schon Ernst Bloch verstimmt[3], so wie einige Charaktermerkmale des Genossen der ersten marxistischen Generation Engels veranlaßt haben mochten, Morris, den er persönlich kannte, einen »Gemütssozialisten«[4] zu nennen. Doch ›News from Nowhere‹ ist kein Stück bloß sozialromantischer Literatur.

Die fiktive Gesellschaftsform, die der Roman schildert, ist nicht eine beliebige, privat konstruierte, sondern die nach der proletarischen Revolution vermutete. Obwohl der Gegenstand der Erzählung noch außerhalb der Geschichte zu liegen scheint, folgt diese Utopie einer geschichtlichen Tendenz, der Zielrichtung des Klassenkampfes auf ein endliches Resultat, das in aller Konsequenz vorweggenommen wird. Wegen dieser Konsequenz des Geschichtsbewußtseins haben gerade Marxisten ›News from Nowhere‹ hervorgehoben[5], ohne sich wie Bloch von den ästhetischen Merkmalen der Utopie irritieren zu lassen.

Noch John Ruskin, dem Morris viel verdankt, träumte sich in eine mittelalterlich-vorindustrielle Gesellschaftsform im Grunde aristokratischer Ordnung zurück. Morris träumt nach vorn in eine nachindustrielle Zeit, in der nicht eine Produktionsweise restauriert, sondern auf der Grundlage revolutionärer Umwälzung eine neue gefunden ist, der ›mittelalterlichen‹ ähnlich, nicht aber mit ihr identisch. Er träumt nach vorn in jenen Zustand der gewordenen kommunistischen Gesellschaft, in der sowohl jede Ungleichheit und Ausbeutung abgeschafft als auch die moderne Technik völlig in den Hintergrund getreten ist in der Weise, daß sie die Menschen von der Fron aller rein mechanischen Arbeit enthebt, gleichsam unauffällig sich auf ein gesellschaftlich notwendiges Maß beschränkt, so daß alle andere Arbeit in Freiheit und Muße die Fähigkeiten aller Menschen in schöpferischer Selbstverwirklichung freisetzt und eine wahrhaft soziale Kultur sich zu verwirklichen vermag. Dabei entsteht in dieser Utopie – und das ist wohl nicht inkonsequent – auch ein ästhetischer Zustand von Gesellschaft. Deren Details freilich werden zeitgemäß und nach Morris' persönlicher Vorstellung ausgestaltet.

Was mag ihn bewogen haben, eine solche Utopie in ›Commonweal‹ zu publizieren, was Liebknecht, sie zur Lektüre für deutsche Sozialisten durchzusehen und zu empfehlen? Man darf vermuten, daß nicht Künstlerehrgeiz den einen, interesseloses Wohlgefallen an schöner Literatur den anderen angetrieben haben, sondern eher Erfordernisse praktischer Politik, der Wunsch, für den Klassenkampf beispielhaft-verständlich ein utopisches Zeichen der Zielorientierung zu setzen, den Abglanz des noch nicht Gewordenen in die Gegenwart zu projizieren, das Fernziel heranzuholen in der poetischen, d. h. *sinnlich wahrnehmbaren* Antizipation.

Der Vorwurf ästhetisierenden Literatentums kann Morris, den Gründer und Mitstreiter der ›Socialist League‹, hierbei kaum treffen. Von seinen politischen Erfahrungen zeugt das 17. Kapitel des Romans, das von der Geschichte des Umschwungs handelt und die mögliche revolutionäre Wende unter Rückbezug auf tatsächliche Ereignisse in der Geschichte der englischen Arbeiterbewegung konstruiert. Der Realismus dieses Kapitels von Klassenkampf und Bürgerkrieg als Voraussetzungen zum Anfang des neuen Lebens relativiert die romantisierenden Partien des Romans. Hier ist Morris ganz dicht an seiner Zeit, steht er nochmals in unmittelbarer Erinnerung und Solidarität an der Seite seiner wirklichen Kampfgenossen. Hier entwirft er die fiktive, durchaus nicht unwahrscheinliche Geschichte einer proletarischen Revolution, beinahe eine Art Theorie der Revolution für sein Land, aus der Sicht seiner persönlichen Erfahrung.

Schließlich hat er, obwohl bürgerlicher Herkunft (die er für seine politische Rolle durchaus kritisch reflektierte) und selbst kleinkapitalistischer Kunstunternehmer, jahrelang unmittelbar im Kampf gestanden, als Demonstrant, Redner, Agitator, Straßenverkäufer der ersten sozialistischen Wochenzeitung ›Justice‹, Gründer einer Zelle der ›Democratic Federation‹ in Hammersmith. Richtungskämpfe haben ihn nicht verschont; er selbst vollzog die Abspaltung der ›Socialist League‹ von der ›Democratic Federation‹ (später ›Social Democratic Federation‹). Doch Morris erreichte die Klasse, die er vertrat, er fand – als Redner wie als Schriftsteller – bei Arbeitern Gehör. In Newcastle, wo er 1887 anläßlich eines Streiks agitiert und wie so oft ›open air‹ gesprochen hatte, sollen sich, wie Laski berichtet, noch während der Weltwirtschaftskrise 1929/30 Exemplare von ›The Dream of John Ball‹ und ›News from Nowhere‹ in zahlreichen Arbeiterwohnungen befunden haben, deren Mobiliar größtenteils schon versetzt war.[6] Engagement und persönliche

Integrität haben Morris wohl auch Anerkennung über fraktionelle Unterschiede hinweg verschafft, in den Räumen der ›Social Democratic Federation‹ hing sein Bild neben dem von Marx sicher zu Recht. Daß er als politischer Dichter bei Arbeitern beliebt war, hat wohl nicht nur mit der revolutionären Thematik seiner beiden utopischen Erzählungen, sondern vor allem auch mit der Sprachform zu tun, die er für die politischen Inhalte fand. In ›News from Nowhere‹ ist alle Theorie, alle Kritik an den bestehenden Verhältnissen und ihren Ursachen umgesetzt in das überzeugende Gegenteil, in die Vorwegnahme der *Erfahrung* des veränderten Zustands von Gesellschaft. Dies geschieht in einfachen Bildern, ohne besondere literarische Ambition, nachvollziehbar und – gerade durch den Kontrast zu den realen Lebens- und Arbeitsverhältnissen der Leser – in der antizipatorischen Phantasie stark erlebbar.

Morris entwirft ein vollkommenes Gegenbild, zeigt aber unmißverständlich auch den Weg, der seiner Auffassung nach nur dorthin führen kann. Beide Komponenten erscheinen thematisch ausgewogen, die Vision des geschichtlichen Ziels und die Betonung von Klassenkampf und Revolution als dem einzig möglichen Weg zu diesem Ziel. Man wird daher nicht fehlgehen in der Annahme, daß eines der Motive, die ›Kunde von Nirgendwo‹ zu schreiben, aus erzieherischen Absichten herrührte. Der Wunsch, über die weitgesteckten Ziele des Sozialismus aufzuklären, gleichzeitig aber auch der unmittelbare Zwang, an der Organisation der Arbeiterschaft zur Durchsetzung ihrer Rechte hier und jetzt taktisch mitzuarbeiten und die Umwälzung geduldig vorzubereiten, standen bei Morris jedoch etwas im Widerstreit. Er hatte eigentlich keine Geduld, ging lieber aufs Ganze: »Finding a satisfactory balance between purism and practical agitation was to be the fundamental problem of Morris' whole work as a socialist.«[7]

Morris sah anfangs die Revolution sehr nahe, und dies mag bewirkt haben, daß er mit ihrer Utopie auf vertrautem Fuße stand. Verfrühte Hoffnung hat zu seiner Zeit wohl mehr Sozialisten gekennzeichnet als nur ihn, den zunächst Liberalen, der sich am Studium von Owen und Marx radikalisierte, und zwar so gründlich, daß er nach kurzer Mitgliedschaft in der ›Democratic Federation‹ 1884 selbst die radikalere ›Socialist League‹ gründete und sogleich mit großem Elan für sie arbeitete. Er wirkte als Organisator, Vorsitzender, Schatzmeister und Redner der ›League‹, gab ›Commonweal‹ heraus, reiste als Agitator im Lande umher, gründete Gruppen in verschiedenen Distrikten und veranstaltete ›outdoor meetings‹ in großer Zahl. Vor allem 1885/86 sprach er oft (meist sonntags) zu Arbeitern.

Ein Höhepunkt der politischen Auseinandersetzungen (und wahrscheinlich ein Schlüsselerlebnis für Morris) war der ›blutige Sonntag‹ im November 1887, als die Polizei auf dem Trafalgar Square eine Demonstration brutal auseinandertrieb. Es gab mehrere Tote und viele Verletzte. Morris war in der darauffolgenden Begräbnisdemonstration an herausragender Stelle, als Bahrtuchträger und Autor des ›Death Song‹ wiederum dabei. Der blutige Zusammenstoß mit der herrschenden Gewalt hat sich ihm eingeprägt und ist später ein Gegenstand des Revolutions- und Kernkapitels in ›News from Nowhere‹ geworden. Anfangs voller Hoffnung, noch zu seinen Lebzeiten werde manches wahr werden, was der Sozialismus sich zum Ziel setzte, muß Morris die Gewalt und Stärke des Kapitalismus seiner Zeit bewußt geworden sein. Der Umschwung kommt zwar durch die Revolution, aber seine Utopie datiert ihn auf 1952. Ob dies ein Anzeichen der Resignation oder beginnender realistischer Einschätzung der Lage war, steht dahin. In seiner Parteiarbeit hatte Morris sich zunehmend mit anarchistischen und idealistischen Strömungen auseinanderzusetzen, er spricht einmal brieflich von »bombastic revolutionary talk« und »metaphysical subtleties«[8], die ihn gestört haben müssen, während er in der ›Erziehung zur Revolution‹ eine mögliche Praxisstrategie sah.

Persönlich war er finanziell durch die Parteiarbeit belastet; er konnte sich in diesen Jahren wohl kaum voll um ›Morris & Co.‹ (sein kunstgewerbliches Unternehmen) kümmern und hatte allein für die ›League‹ und ›Commonweal‹ im Jahr um die 500 Pfund aufzuwenden.[9]

1890 lösten ihn anarchistische Genossen in der Herausgebertätigkeit für ›Commonweal‹ ab, jedoch endete damit – im Gegensatz zu Behauptungen seines ersten Biographen Mackail – seine militante Phase als Sozialist nicht. Morris redete, agitierte und schrieb weiter, unter anderem für die ›Social Democratic Federation‹ und die ihm nahestehende ›Hammersmith Socialist Society‹, der er auch im Roman ein Denkmal gesetzt hat. Paul Thompson führte sein allmähliches Nachlassen nicht auf Desillusionierung und abnehmendes Interesse an der Arbeiterbewegung, sondern auf seinen seit 1891 sich verschlechternden Gesundheitszustand und diesen auf den schonungslosen Einsatz der vergangenen Jahre zurück.

Es scheint, daß Morris mit ›News from Nowhere‹ 1890 nicht nur sich und andere am utopischen Bild des Fernziels wiederaufrichten wollte, sondern daß dieses Bild auch korrigieren, Überzeugungen befestigen, Denkprozesse beeinflussen sollte. So gehen aktuelle Überlegungen zum Staatssozialismus[10] und zur Bedeutung von Streikbewegungen in die Erzählung ein, die ingesamt Morris' persönliche Vorstellung eines ›anarchischen‹ Kommunismus spiegelt. An seiner Radikalität läßt er keinen Zweifel, ohne Kampf und Revolution, d. h. ohne den gewaltsamen Zugriff des Proletariats auf alle Produktionsmittel und ohne die Auflösung der herrschenden Institutionen der Bourgeoisie wird das Ziel nicht erreicht; ein ›chilenischer Weg‹ scheint für Morris unvorstellbar gewesen zu sein. Er zeigt aber auch indirekt die revolutionäre Begrenztheit eines bloß ökonomischen Machtwechsels, d. h., er setzt quasi als selbstverständlich voraus, daß diesem Machtwechsel die volle Umwälzung als Kulturrevolution erst folgt. Der Entwurf solcher (heute durchaus wieder aktueller) Perspektiven und sein beharrliches Festhalten am Fernziel weisen Morris nicht gerade als Parteitaktiker aus. Taktik war nie seine Stärke, sie entsprach als Verhaltensweise auch nicht seinem Elan, seiner Persönlichkeitsstruktur, seiner Emotionalität. Man könnte ihm vorwerfen, die Zusammenarbeit der radikalen Sozialisten mit den Trades Unions als einer Voraussetzung zur Formation einer Labour Party vernachlässigt, den direkten Weg in die Revolution überschätzt zu haben. Seine Abneigung gegen Anpassung und Umwege galt auch der ›Fabian Society‹ mit ihrer abwartenden Taktik der Unterwanderung, ihrer ›Revolution ohne Revolution‹. Mit legaler, parlamentarisch-reformerischer Politik hatte Morris wenig im Sinn:

»The true weapon of the workers as against Parliament is not the ballot-box but the *Boycott.* Ignore Parliament; let it alone, and strengthen your own organizations to deal directly with your masters«[11], schreibt er 1890 als ein früher Vertreter der außerparlamentarischen Opposition.

Dies alles – hier allzu knapp skizziert und vorzugsweise an neuerer englischer Sekundärliteratur zu differenzieren[12] – muß als Hintergrund der ›Kunde von Nirgendwo‹ gesehen werden, die ein Zeitdokument sozialistischer Literatur ebenso wie ein persönliches Dokument des politischen Denkens von Morris darstellt.

Er hat seine politische Erfahrung und seine Überzeugungen, Praxis und Theorie in den Roman eingebracht, aber dazu auch die Erfahrung des Künstlers. Die zunächst befremdlichen präraffaelitischen, ästhetischen Momente seiner Utopie bilden tatsächlich mit den politischen und revolutionären eine unauflösliche Einheit. Ernst Bloch hat Morris einmal pauschal abqualifiziert unter Hinweis auf das Geschmäcklerische an der »gleichzeitig naiven und sentimentalischen Intellektuellen-Mischung von Neugotik und Revolution, an einen so kleinen Kreis gewandt«[13]. Diese Wertung wirkt historisch nicht gerecht (es verwundert gerade am Verdikt Blochs, wie geschichtliche Entwicklung hier ›überflogen‹ wird); sie scheint auf unvollständigen Voraussetzungen, ungenauer Kenntnis der historischen Rolle von Morris in der englischen Arbeiterbewegung zu beruhen.

Morris' Utopie muß zweifellos, ebenso wie jene frühe von Morus, die Kautsky einer eingehenden historischen Analyse für wert befand, als ein geschichtliches Produkt, gleichzeitig aber auch unter einem kulturrevolutionären Aspekt neu bewertet werden, abgesehen davon, daß der ›Kreis‹, an den diese Utopie sich wandte, so klein nicht gewesen sein kann.

Ohne Zweifel ist Morris von Carlyle und Ruskin früh beeinflußt worden, und dieser Einfluß hat seine politische Theorie der künstlerischen Arbeit in einer bestimmten Weise vorgeformt. Sie hat sich aber mit der Kenntnis von Marx und vor dem Fond eigener politischer Praxis vertieft und ausgestaltet, so daß Morris den begrenzten Kreis des künstlerisch-sozialen Denkens seiner präraffaelitischen Freunde später mit Sicherheit überschritten hat, obwohl z. B. Madox Brown und Rossetti (der schon mit Ruskin an einer Arbeiterfortbildungsschule unterrichtete) keineswegs dem Sozialismus so fernstanden, wie man angesichts ihres künstlerischen Werks vermuten möchte. Morris' persönliche Leistung bestand unter anderem in dem Versuch, als Künstler nicht nur mit dem Proletariat zu sympathisieren, sondern sich mit dessen (freilich vom eigenen Klassenstandpunkt vorausgesetzten) Bedürfnissen zu identifizieren. Dem kam entgegen, daß er schon habituell, im Gegensatz zu seiner Jugendzeit als Maler, kein bürgerlicher Intellektueller oder Künstler mehr war, eher der ›fine arts workman‹, der Handarbeiter, der, einfach gekleidet, oft Spuren der Arbeit sichtbar an sich trug und sich äußerlich wenig von den Werktätigen unterschied.

Die ästhetische Auflehnung gegen die victorianische Gesellschaft, in der er sich mit seinen Künstlerzeitgenossen und Weggefährten identifizierte, war schon als eine Vorform des sich bildenden revolutionären Bewußtseins zu interpretieren. Obwohl dieses revolutionäre Bewußtsein sich bei Morris viel weiter und konsequenter ausfaltete als bei seinen Künstlerfreunden, bleiben seine künstlerischen Wertvorstellungen freilich erhalten, sie bleiben notwendig bürgerlich, weil es noch keine proletarische Kunst geben kann. Seine Utopie ist an ihrer ästhetischen Oberfläche daher notwendig ›präraffaelitisch‹, nicht proletarisch.

Doch daran Kritik festzumachen, ist nicht gerechtfertigt. Es würde dabei der historische Standort vergessen, der eine andere äußere Gestalt der Utopie nicht entstehen lassen konnte, damit aber auch die Tatsache, daß Morris sich nur der bestimmten ästhetischen Form als zeitgemäßem und verständlichem Medium seiner utopischen Botschaft bedienen konnte, jedoch die zeitbedingte ›Schönheit‹ des neuen Lebens ihm eher Gleichnis als für alle Zeiten festgeschriebene Form war. Darauf hat Liebknecht andeutend schon in seinem Vorwort von 1892 hingewiesen: »Heute würde er (Morris) uns einen anderen Zukunftsstaat schreiben – und morgen wieder einen anderen.«

Auch der Spötter Bernard Shaw, der beinahe sein Schwiegersohn geworden wäre, ironisiert nicht den ›ästhetisierenden‹ Politiker Morris, er bezeugt vielmehr seine Radikalität, und distanzierende Anmerkungen gelten der schweigsam-kühlen Schönheit von Mrs. Morris[14], die so wenig Verständnis für politisches Engagement aufgebracht haben soll, daß später viele Sozialistenfreunde dem Begräbnis ihres Mannes fernblieben, um die Witwe nicht durch Anwesenheit zu kränken.[15]

Tatsache ist, daß die bildhafte neue Welt in ›News from Nowhere‹ vom präraffaelitischen Schönheitsideal, gemildert durch die Morris eigene natürliche Sinnlichkeit, von allen Anzeichen der künstlerischen Handarbeit im Stil der Antivictorianer, von neugotischer Architektur und einem eigentümlichen, mittelalterlich-idyllischen Flair bestimmt wird. Doch müssen dies nicht Indizien eines restaurativen Sozialromantizismus in der Tradition Ruskins sein. ›News from Nowhere‹ ist deutlich ein Produkt zeitgebundenen Kulturverständnisses, was die Ästhetik betrifft, aber die Utopie weist tendenziell über die Zeit und Kultur hinaus, innerhalb deren sie entsteht, als Vorgriff auf eine veränderte gesellschaftliche und damit auch veränderte kulturelle Praxis.

Eigentlich stellt dieser Roman eine Utopie der befreiten menschlichen Arbeit dar, weniger eine Staatsutopie wie teilweise noch jene von Morus; der Staat ist bei Morris abgestorben, der Kommunismus voll entfaltet.

Morris begreift menschliche Umwelt als eine auch ästhetisch vollkommene Lebenseinheit, die aus der Kultur der Arbeit erwächst, die Produktion und Genuß der gegenständlichen Welt ebenso umfaßt wie die Verhaltensformen und Interaktionsweisen im Zustand von Gleichheit und Freiheit. Warenfetisch und Geld sind dieser Gesellschaft unbekannt; in der Schaffung und im reinen Genuß von Gebrauchswerten reproduziert sich frei ihre Bedürfnisstruktur. In bezug auf die menschliche Arbeit ist für Morris das ›Mittelalter‹, dem seine ästhetische Sehnsucht zu gelten scheint, wiederum mehr Gleichnis oder Beispiel als rückrufbare Realität für Arbeitsverhältnisse, die er im Industriekapitalismus schmerzlich vermissen muß. Paul Thompson stellt mit einem eingeschlossenen Zitat den kulturrevolutionären Kerngedanken heraus, der in Morris' Hinweis auf historisch überholte Produktionsformen die Aufhebung der entfremdeten Arbeit als Forderung enthält:

»Mediaval craftsmen were ›all more or less artists‹ because ›they themselves were masters of their time, tools and materials‹ ... There was little division of labour; ›the unit of labour was an intelligent man‹.«[16]

Morris genoß das Privileg (und war sich dieses Vorzugs seiner Klassenlage durchaus bewußt), sich zeitlebens in seiner Arbeit persönlich verwirklichen zu können, als der vielseitigste Künstler-Handwerker seiner Zeit, als Dichter, als Kunsttheoretiker und Kunstschriftsteller. Er war bis ins Alter ein unermüdlicher Autodidakt, rastlos planend und realisierend, immer kreativ, so daß ihm sein eigenes Leben trotz der Begrenzung seiner Kunst durch den ihr notwendig noch anhaftenden Warencharakter den Sinn einer freien, den Menschen gleichzeitig individuell verwirklichenden und vergesellschaftenden Arbeit dereinst im Sozialismus deutlich gemacht haben dürfte. ›News from Nowhere‹ ist sein Traum einer Arbeitskultur jenseits jeder Entfremdung, jenseits jeder Verdinglichung am Warenfetisch.

Dabei entsteht in seiner Utopie ein seltsam modernisiertes ›Mittelalter‹ ohne Not, Repression, soziale Unterschiede, aber eben nicht bloß die kunstgewerbliche Utopie, »homespun-city«[17], wie Bloch vermutet. Freilich gibt es keine Eisenbahnen mehr, die ›häßlichen‹ eisernen Brücken sind durch hölzerne oder steinerne ersetzt. Auf der Themse, in der man wieder Lachse fischen kann, bewegt man sich im Ruderboot. Die Fabrikstädte sind verschwunden (natürlich auch London), das locker besiedelte Land erscheint als eine Art großzügig angelegte, mit viel Natur durchsetzte Gartenstadt; der Gegensatz von Stadt und Land ist aufgehoben. Die Menschen leben frei ihrer nach Neigung, Fähigkeit und Bedürfnis gewählten Arbeit – ohne Trennung von Kopf- und Handarbeit; die Arbeitsteilung ist weitgehend aufgehoben. Arbeit ist grundsätzlich mit Lebensfreude verbunden und zeigt, wo immer sie in Gemeinschaft getan wird, festlichen Charakter. ›Freizeit‹ kennen Morris' Utopier ebenso wenig wie Geld (von dem sie nur durch Münzsammlungen in ihren Museen wissen), der Wechsel von einer Arbeit zur anderen sorgt für physischen und psychohygienischen Ausgleich; im Juli ziehen die Gelehrten freudig zur Heuernte aus. Das Arbeitsglück, das wie ein roter Faden den ganzen Roman durchzieht, wird ergänzt durch ein neues inniges Verhältnis der Menschen zueinander *und* zur Natur, die nicht mehr toter Gegenstand der Ausbeutung ist.

Wenn man so will, trifft man in dieser Utopie auf einige Momente der chinesischen Kulturrevolution ebenso wie auf einen Gegenentwurf zur politischen Ökologie des Kapitalismus, der die Erde unbewohnbar zu machen sich um 1890 schon angeschickt hatte.

Zunächst aber gemahnt die ästhetische Form der Arbeit an Fourier[18], dessen Gemeinwesen, die Phalansterien, ein Paradies abbilden, in dem gern gearbeitet wird. Zwar ist bei Fourier die Ausbeutung abgeschafft, jedoch noch nicht Geld und Privateigentum, und sein Gedanke der harmonischen Arbeit umfaßt sowohl das beste Wohlbefinden der Arbeitenden wie die höchstmögliche Arbeitsproduktivität. In ›News from Nowhere‹ ist von Arbeitsfreude viel, von Arbeitsproduktivität aber wenig zu spüren. Sie ist – und das verweist wiederum auf einen neuen Standort utopischen Denkens – wie die Produktivkraft Technik hinter den Horizont der Erzählung verlagert. Paul Thompson bemerkt mit Recht, daß ›Elektrizität‹ hinter der Szene verborgen sei.[19] So ist in der vorliegenden Übersetzung vom »großen Wechsel in der Benutzung mechanischer Kraft« die Rede, doch bleibt die Andeutung leider unverständlich, da eine deutlichere Anspielung einer Raffung des Textes in der Übersetzung zum Opfer gefallen ist.[20]

Morris hat in der Tat die Bedeutung der Technik als Produktivkraft und als eine Vorbedingung befreiter Arbeit im Sozialismus nicht geleugnet, sie war ihm durchaus Voraussetzung für die humane, schöpferische Arbeit, die er als das Hauptziel einer kulturrevolutionären Veränderung ansah.[21] In ›News from Nowhere‹ sind notwendige Gebrauchsgüter in reichem Maße, gleichmäßig verteilt, vorhanden, und der Überschuß an Produktivität gilt der Qualität der gesellschaftlichen Produktion und Reproduktion – daher die ästhetische Komponente.

Der postume Vorwurf liegt in der Luft, weshalb denn Morris nicht versucht hat, den Kunstarbeitern seines eigenen Unternehmens wenigstens einen Vorgeschmack jener Arbeitsfreude zu verschaffen, die er für die sozialistische Zukunft voraussah, zumal es in England ja durchaus eine Tradition der ›praktischen‹ Utopie seit Owen gab. Tatsächlich ging Morris in seiner Unternehmerpraxis nicht über ein liberales Maß an Zugeständnissen für Arbeitnehmer hinaus.

Er hat das einerseits damit begründet, daß, ließe er sie quasi utopisch ihre Arbeit selbst organisieren, sie dadurch unfähig gemacht würden, jemals außerhalb seines Betriebes ihre Arbeitskraft zu verkaufen und ihr Leben zu fristen. Andererseits war er eben Unternehmer, der einigen Mitarbeitern zwar einen Bonus zugestehen konnte, jedoch selbst Gewinn abschöpfen mußte. Er hatte Familie und brauchte Geld nicht zuletzt für seine Parteiarbeit und Herausgebertätigkeit; er war endlich der Meinung, daß es nur ungerechtfertigt auf Kosten seiner Unterstützung der gesamten sozialistischen Sache gehen würde, wenn etwa durch seine Hilfe »ein paar Individuen mehr« aus dem Proletariat »in den Mittelstand kriechen« wollten.[22]

Morris konnte sehr realistisch denken und handeln; er kannte die Funktionsgesetze des Kapitalismus nicht nur aus der eigenen kleinen Kunstunternehmerpraxis, sondern auch als einer der Direktoren der Devon Copper Company (1871–1876), mit deren Aktien sein Vater ein Vermögen gemacht hatte. Er ging nicht so weit wie Ruskin, unter Vermögensopfern Produktionskommunen ins Leben zu rufen, auch nicht so weit wie Ashbee noch 1902 mit der Produktionsgenossenschaft der Guild of Handicraft, einem nach dem Umzug von London aufs Land auf handwerklicher und landwirtschaftlicher Arbeit basierenden Mitbestimmungs- und Anteilsmodell. Mögen auch Nachklänge des Owenismus, ein Hauch von New Harmony in ›News from Nowhere‹ zu spüren sein, so hat Morris von ›praktischer‹ Utopie als einer modellhaften Vorwegnahme veränderter Lebens- und Arbeitsbedingungen innerhalb des umgebenden, unveränderten kapitalistischen Produktionssystems offenbar nichts gehalten. Auch seiner eigenen kunstgewerblichen Entwurfsarbeit stand er gelegentlich distanziert gegenüber; denn er wußte sehr wohl, daß nichtentfremdete Arbeit in der Profitgesellschaft (»profit-grinding society«) eine Fiktion und Arbeitsfreude im künstlerischen Schaffensprozeß nur subjektiv, eingeschränkt und privilegiert erlebbar war, daß das Arbeitsprodukt des Entwerfers seinen sozialen Zielen (etwa einer Kunst für alle) nicht entsprechen konnte. »Ministering to the swinish luxury of the rich«[23], war einmal, befragt, woran er gerade arbeite, seine unmißverständliche Antwort.

›News from Nowhere‹ kann weder ohne die zeitgeschichtlich-politischen Bezüge noch ohne den Hintergrund der Biographie ausreichend verstanden werden. Morris hat diese Utopie zu einer Zeit geschrieben, in der ein Lebenswerk, politische Kämpfe, Hoffnungen und Erfahrungen bereits hinter ihm lagen. Er schildert sich selbst im Roman als alternden Mann, die Erzählung wirkt wie ein Atemschöpfen, ein wenig Sehnsucht nach Jugend und Leben ist ihr beigemischt. Das Motiv der Langlebigkeit in der neuen Gesellschaft ist offenbar von Fourier übernommen, vielleicht für Morris ein willkommenes, situations- und altersspezifisches Motiv. Er möchte wohl, wennschon die Utopie für ihn nicht mehr erlebbar erscheint, sie wenigstens perfekt vorweggeträumt haben.

Was auch alles im Kapitalismus zerstört worden ist an Umwelt und menschlichen Beziehungen, es ist neu und schöner wieder aufgebaut. Weder Raubbau am Menschen noch Raubbau an der Natur finden mehr statt, jegliche entfremdete Arbeit ist aufgehoben, die Produktivkraft Technik wird nicht mehr mißbraucht. Mit der Abschaffung des Kapitalismus und der Einführung sozialistischer Arbeitskultur wird gleichsam auch die Negativität des technischen Zeitalters überwunden, d. h. daß in der Utopie der im Kapitalverwertungsprozeß zur Destruktivkraft entstellte technische Fortschritt auf seinen menschlichen Zweck zurückgeholt ist. Für Morris hat die Maschine nur den einen Zweck:

»Machines of the most ingenios and best approved kinds will be used when necessary, but will be used simply to save human labour.«[24] ›Menschliche Arbeit‹ aber ist ihm identisch mit künstlerischer, mit einer Arbeit, deren Prozeß und Produkt nicht unter Verwertungsinteresse stehen, sondern unter dem menschlichen Interesse individueller und gesellschaftlicher Entfaltung und des Lebensgenusses.

Daß Morris in seiner ›Kunde von Nirgendwo‹ weder seinen politischen noch seinen künstlerischen Standpunkt aufgibt, läßt einen utopischen Umweltentwurf von besonderer Totalität, Sinnlichkeit und Sensibilität entstehen, einen vor allem ästhetisch erfahrbaren. Es wäre aber allzu billig, Morris als einem ›Ästheten‹ von einer neoradikalen Position aus mit Achselzukken zu begegnen. Er hat als Künstler wie als Sozialist an seinem historischen Ort gekämpft, und bei seinem Temperament muß es bisweilen ein zähneknirschender Kampf gewesen sein, den er gegen den langsamen Gang der Geschichte focht.

Schon in der Tradition Ruskins war ihm Erziehung zur Kunst und durch Kunst gleichbedeutend mit der Wiederherstellung menschlicher Arbeit in einer neuen Gesellschaft. Doch deren als Erwartung in der Geschichte angelegtes Bild wuchs ihm aus dem erkenntnisleitenden Interesse der marxistischen Lehre zu. Das erklärt die Mischung von Konservatismus und Progressivität in seinem Werk, das einerseits bewahrend in die Geschichte zurück, andererseits revolutionär verändernd in die Geschichte nach vorn zu greifen versuchte. Die Verbindung von Ruskin und Marx (sehr vereinfacht ausgedrückt) oder von Kunst und Arbeit in seiner Theorie der künstlerischen Arbeitskultur ist nicht ohne revolutionäre Brisanz. Es war schließlich nicht die ›Häßlichkeit‹ des Kapitalismus, die er – wie Bloch unterstellt – bekämpfte.

In seiner im Gegensatz zu der mittelalterlich-restaurativen Tendenz Ruskinscher Gedanken deutlich marxistisch orientierten Idee der schöpferischen Handarbeit steckt die Utopie nach vorn, die Aufhebung von Ausbeutung und Entfremdung durch die proletarische Revolution, durch die materielle und kulturelle Emanzipation des Proletariats in der selbstbestimmten Arbeit, durch die Verwirklichung des lebendigen Menschen in der Arbeitstätigkeit. Die proletarische Revolution verstand Morris eindeutig als Kulturrevolution, nicht bloß als Wechsel der Besitzverhältnisse an den Produktionsmitteln. Was ihn von den bürgerlichen Erben seiner kunsthandwerklichen Erneuerungsidee kraß unterscheidet, ist eben dieser Standpunkt der Arbeitskultur, der sich auf die lebendige Arbeit bezieht, während das bürgerliche Denken sich notwendig auf das verwertbare Arbeitsprodukt, auf tote Arbeit, auf Produktkultur beschränken muß, die schließlich nichts anderes als eine besondere Ausdrucksform des Warenfetischismus darstellen kann. Morris' Utopie der Arbeitskultur behält auch gegenüber den noch warenproduzierenden sozialistischen Übergangsgesellschaften ihren revolutionären Stachel, sie hat an Aktualität nichts eingebüßt.

Edward P. Thompson nennt Morris wohl ohne Übertreibung »the greatest moral initiator of Communism within our tradition«[25]. Offenbar konnten sich schon Liebknecht und Kautsky diesem Eindruck nicht entziehen, den der erste bedeutende politische Künstler nach dem Kommunarden Courbet hinterließ. Gewiß war Morris keine Leuchte des wissenschaftlichen Marxismus, aber ihn zeichnete eine ausgeprägte Sensibilität für alles aus, was dereinst im Sozialismus ›anders‹ sein könnte, und er verfügte über eine bildhafte Sprache, die zu überzeugen vermochte, die jedermann verstand. Dem Stil seiner utopischen Botschaft entspricht das einfache sozialistische Bekenntnis:

»Was ich unter Sozialismus verstehe, ist ein Gesellschaftszustand, in dem es weder Reiche noch Arme, weder Herren noch Knechte, weder Faule noch Überarbeitete, weder geisteskranke Hirnarbeiter noch gemütskranke Handarbeiter geben darf. Mit einem Wort, wo alle Menschen in gleicher Lage leben und ihre Angelegenheiten pfleglich führen würden, mit dem vollen Bewußtsein, daß der Schade eines der Schade aller wäre – kurz, die Verwirklichung der Bedeutung des Wortes Gemeinwesen.«[26]

Ein solches Gemeinwesen freiester Art wird in ›News from Nowhere‹ als durchaus individualistisch und gesellschaftlich offen organisiert beschrieben, und zugleich werden alle wesentlichen Formen, Gewohnheiten, Verhaltensweisen, die Kultur der gewordenen kommunistischen Gesellschaft entworfen und anschaulich gemacht. Dabei zeichnet sich dieser Roman vor einer anderen, tatsächlich im Mittelalter spielenden utopischen Erzählung (›The Dream of John Ball‹), die in ›Commonweal‹ vorausging, durch ständig vergegenwärtigte Gegenwart aus. Paul Thompson vermutet darin einen Kunstgriff, mit dem Morris erreichen wollte, unmittelbar zeitverbunden zu bleiben, z. B. um ein unmißverständliches Zeichen des freien Sozialismus gegen den Staatssozialismus zu setzen oder um der Meinung entgegenzutreten, daß der Sozialismus die menschliche Individualität abtöten würde.[27] So ist die ›Kunde von Nirgendwo‹ nicht nur ein historisches Beispiel sozialistischer Erbauungsliteratur in poetischer Form (in welche Ecke der Literaturgeschichte bürgerliche Leser wie Marxisten diesen Roman vielleicht zu stellen geneigt sein werden), sondern auch Spiegelung aktueller theoretischer Auseinandersetzungen und Irritationen.

Daß viele Motive der Erzählung marxistische Theorie umhüllen und plastisch greifbar machen in einer Weise, die heute immer noch diskutabel ist, wird der Leser ohne Zweifel sofort bemerken. Die revolutionäre Aktualität dominiert gewiß die antiquierten ästhetischen Züge der Utopie. Daß sie einst um ihrer Direktheit und Plastizität, ja auch um ihrer gelegentlich würdevollen Umständlichkeit, schließlich aber um der Unfähigkeit des Autors willen, sich selbst und sein Beteiligtsein hinter einer anfangs angedeuteten Rahmenkonstruktion zu verstecken, von Arbeitern gern gelesen wurde, kann nur vermutet werden.

Obwohl der Roman auch in Buchform früh Verbreitung fand, handelt es sich nicht eigentlich um ein Kunstwerk im Sinne der bürgerlichen Literatur. Als bürgerlicher Künstler hat Morris eine Fülle anderer Stoffe literarisch bearbeitet, in seiner ›Kunde von Nirgendwo‹ spricht er als Politiker, der sein Künstlertum nicht verleugnen kann. Die Erzählung ist von manchmal berückender, keineswegs bloß frühjugendstilhaft steifer Schönheit. Sie ist geprägt vom Reichtum der sozialistischen Lehre und von einer eher naiven als sentimentalischen Sinnlichkeit der Anschauung, ein wenig überschattet vom Schmerz des Bewußtseins vom noch nicht Gewordenen, aber mit einer Art von Nostalgie nach vorn, der man sich schwerlich entziehen kann.

Man vergibt sich nichts in der Feststellung, daß ohne die gelegentliche Gegenwärtigkeit solcher Phantasie revolutionäres Pathos glanzlos würde, ja – daß dieses historische Gegenbild zur unveränderten Realität heute noch trägt.

Es gibt in diesem Roman partielle Parallelen zu einem bedeutenden Stück in der spätbürgerlichen Literatur, eine Verwandtschaft von Bildern, Motiven, Metaphern, die sich gegenseitig enthüllen – zu Tanz und Flußfahrt in Gottfried Kellers ›Romeo und Julia auf dem Dorfe‹, jener melancholischen, äußerst kunstvoll novellistisch-ironisch abgefangenen Elegie auf die Ausgesetztheit des einzelnen in der bürgerlichen Stumpfheit und Kälte. Konsequent muß diese Novelle ohne Hoffnung enden, außerhalb der Gesellschaft, die geflohen werden muß, tragisch in Innerlichkeit und Tod als der letzten Möglichkeit zur Selbstverwirklichung. Dahinter steckt eine ironische, umgekehrte, noch verkapselte Utopie, die Utopie einer versöhnenden Aufhebung der Widersprüche in der Form von Kunst.

Morris flieht in die Gesellschaft, in Leben, Freiheit und Kultur und entwirft ein fernes und schönes Gegenbild zur gesellschaftlichen Realität; er übersteigt ihre Grenzen, das ist *sein* Traum, aber dieser Traum macht wach. Morris hat eine romantisierende, sehr persönliche, gleichwohl aber immer noch die modernste und wohl auch eine in ihrer Humanität kaum zu übertreffende Utopie des erreichten Ziels der proletarischen Revolution geschrieben. Sie sei nachfolgend in Erinnerung gebracht.

Der Herausgeber hält die deutsche Fassung von 1892 einer getreuen Dokumentation für wert, trotz einiger Raffungen gegenüber dem englischen Original und einer weiteren deutschen Übersetzung, die zehn Jahre später in Buchform erschien. Um dieses Beispiel der Literatur für Arbeiter nicht zu verfälschen, wurde außer der veralteten Rechtschreibung nichts verändert; auch die heute teilweise überflüssig erscheinenden Fußnoten der Übersetzerinnen (oder Liebknechts) wurden beibehalten.

Gert Selle, 1974

1 Zitiert bei Paul Thompson, The Work of William Morris, London 1967, S. 230 (nach E. P. Thompson)

2 Egon Stein, Von William Morris zur sozialistischen Kulturrevolution. Entwicklungen in Architektur und angewandter Kunst in hundert Jahren gesellschaftlichen Fortschritts, Diss. Berlin (Ost) 1966

3 Vgl. Ernst Bloch, Freiheit und Ordnung. Abriß der Sozialutopien, Reinbek 1969, S. 170 ff.

4 In einem Brief an Fr. A. Sorge (1886), in: Marx/Engels, Über Kunst und Literatur, Bd. 2, Berlin 1868, S. 315; ähnlich an Laura Lafargue (vgl. James Redmond [Hrsg.], News from Nowhere, London 1972, S. XI [Einleitung])

5 Vgl. z. B. Stein, a. a. O., S. 283, sowie A. L. Morton, Die englische Utopia, Berlin 1958, S. 223. (Stein betont bei Morris die ›Wissenschaftlichkeit‹ seiner Phantasie; Morton geht konsequent so weit, Morris' Utopie für die erste ihrer Gattung zu erklären, die *nicht* utopisch sei.)

6 Vgl. Paul Thompson, a. a. O., S. 219 (nach Drinkwater/Jackson/Laski)

7 A. a. O., S. 201

8 A. a. O., S. 206 (nach E. P. Thompson und Henderson)

9 Vgl. a. a. O., S. 209

10 Der sog. Staatssozialismus war seit Lassalle und den Bismarckschen Sozialreformen auch für die deutsche Sozialdemokratie ein heikler Diskussionspunkt. Kautsky stellt im gleichen Band der ›Neuen Zeit‹, in dem auch ›Kunde von Nirgendwo‹ erschien, in einer Antwort an v. Vollmar fest:

»... Weder das Proletariat noch die Kapitalistenklasse soll durch ihn aufgehoben, sondern das Verhältnis zwischen beiden ein für allemal unverrückbar von Staatswegen festgesetzt werden. Die Kapitalisten sollen sich in eine Art von höheren Staatsbeamten verwandeln, die unter der Aufsicht des Staates die Produktion leiten und dafür die vom Staat festgesetzten Gewinnanteile einstreichen ...

Aber die Ausbeutung der Arbeiterklasse soll bestehen bleiben; sie wird bloß von Staatswegen geregelt ...

Es steigt die Möglichkeit, aber auch der Drang nach fiskalischer Ausbeutung der Staatsproletarier ...«

(Karl Kautsky, Der Parteitag und der Staatssozialismus, in: ›Die Neue Zeit‹, 11. Jg., Bd. 1, 1892/93, S. 214)

11 Zitiert bei Paul Thompson, a. a. O., S. 211 (nach ›Commonweal‹, 1890)

12 Vgl. besonders das Kapitel ›Politics‹ bei Paul Thompson sowie Edward P. Thompson, William Morris, Romantic to Revolutionary, London 1955 (passim)

13 Bloch, a. a. O., S. 171

14 Vgl. die Schilderungen seines Verkehrs mit der Familie Morris in: Bernard Shaw, Morris as I knew him, hrsg. von der William Morris Society, London 1966

15 Vgl. Paul Thompson, a. a. O., S. 47

16 A. a. O., S. 224 (nach Justice, 1884; Commonweal, 1885; Coll. Works, Bd. XXIII)

17 Vgl. Bloch, a. a. O., S. 171

18 Vgl. z. B. Käthe Morgenroth, Charles Fourier und der Sozialismus, Berlin 1920 sowie August Bebel, Charles Fourier. Sein Leben und seine Theorien, Stuttgart 1907

19 Vgl. Paul Thompson, a. a. O., S. 244

20 Die vorliegende Übersetzung überspringt zusammenfassend in Kapitel 24 die Beobachtung von Lastkähnen auf der Themse, deren Antriebskraft nicht ersichtlich ist. In einer späteren Übersetzung fehlt diese Stelle nicht. (Vgl. ›Neues aus Nirgendland‹. Ein Zukunftsroman von William Morris', übersetzt von Paul Seliger, Leipzig 1902, S. 229)
Im englischen Original heißt es: ». . . we had . . . met and passed and been passed by many craft of one kind and another. The most part of these were being rowed like ourselves, or were sailing . . . but every now and then we came on barges, laden with hay or other country produce, or carrying bricks, lime, timber . . ., and these were going on their way without any means of propulsion visible to me – just a man at the tiller . . .
Dick . . . said: ›That is one of our force-barges; it is quite as easy to work vehicles by force by water as by land.‹
I understood pretty well that these ›force-vehicles‹ had taken the place of our steam-power carrying . . .«
William Morris, News from Nowhere, ed by James Redmond, London 1972, S. 140
›Kraftbarken‹ und ›Kraftfahrzeuge‹ zu Wasser und zu Land ohne den üblichen Dampfantrieb sind ein Hinweis auf die Anwesenheit modernster Technik in Morris' Utopia.

21 Vgl. z. B. Stein, a. a. O., S. 234 f. sowie die Hinweise in der frühen Interpretation von Heinrich Waentig, Wirtschaft und Kunst. Eine Untersuchung über Geschichte und Theorie der modernen Kunstgewerbebewegung, Jena 1909, S. 56 f.

22 Bei Morris (s. Paul Thompson, a. a. O., S. 44, nach Henderson) heißt es wörtlich: »a few individuals more creep out of their class into the middle class«

23 Zitiert bei Paul Thompson, a. a. O., S. 36 (nach Lethaby)

24 Zitiert a. a. O., S. 87 (nach May Morris)

25 Edward P. Thompson, The Communism of William Morris, hrsg. von der William Morris Society, London 1965, S. 19

26 In dieser Übersetzung zitiert bei Waentig, a. a. O., S. 58

27 Vgl. z. B. Paul Thompson, a. a. O., S. 159 sowie Morton, a. a. O., S. 201–236 (›William Morris' Traum‹)

Morton weist auf eine weitere Motivation von Morris hin, ›News from Nowhere‹ zu schreiben – sein Mißfallen und seine 1889 in ›Commonweal‹ veröffentlichte Kritik an der publikumswirksamen Utopie des Amerikaners Bellamy (›Ein Rückblick auf das Jahr 2000‹), in der – ohne Bestimmung durch die revolutionäre Arbeiterklasse – eine Art Evolution des Kapitalismus zu einer Art von bürokratisch geregeltem Staatssozialismus führt.

›News from Nowhere‹ steht Bellamy's ›Looking Backward‹ offensichtlich als Gegenentwurf alternativ gegenüber. Doch Morris 'korrigiert' zugleich auch geschichtlich bedingte Elemente der ›Utopia‹ von Morus, wie z. B. dessen Einstellung zur Herrschaft und Religion, zur asketischen Lebensweise und zur Rechtsform der Ehe. Bei aller Wertschätzung dieser frühen 'sozialistischen' Utopie konnte Morris doch einige ihrer Normen und Verhaltensmuster keinesfalls übernehmen.

Zur weiteren Ergänzung und Kontrolle meiner Kurzeinführung vgl.

Paul Meier (Hrsg.), An Unpublished Lecture of William Morris: ›How Shall We Live Then?‹, International Review of Social History, Bd. XVI/2, 1971 (Sonderdruck)

– Friedrich Engels et William Morris, in: La Pensée, Nr. 156/1971, S. 68–80

– L'Utopie de William Morris – aboutissement ou étape, in: The Journal of the William Morris Society, 1963

Tom Middleboro', Brief thoughts on ›News from Nowhere‹, in: The Journal of the William Morris Society, Bd. II/4, 1970, S. 8–12

James Redmond (Hrsg.), William Morris, News from Nowhere, London 1972 (Einleitung)

G. S.

Kunde von Nirgendwo

Vorwort

Ja wo liegt *Nirgendwo*? Nun, wo soll es liegen? *Welches* Nirgendwo? Welches von den vielen Tausend und Hunderttausend, Millionen und Billionen Nirgendwo, die es gegeben hat, gibt und geben wird, solange der Mensch etwas anderes ist als eine selbsttätige Maschine, als ein Selfaktor von Fleisch und Blut? Hat doch jeder Mensch sein Nirgendwo – und die meisten nicht bloß eines, sondern mehrere, viele. Und das einzige, was wir über die Lage von Nirgendwo wissen, ist, daß es *nicht* da liegt, wo wir sind.

Nirgendwo, das ist die Welt der Wünsche, der Träume, der Ideale. Die Fee, welche dem großäugigen Kind die Leidens- und Glücksgeschichte Schneewittchens und des Aschenputtels erzählt, sie kommt von Nirgendwo; die Musen, welche dem Jüngling den Hippogryphen satteln ›zum Ritt ins alte romantische Land‹, sie kommen von Nirgendwo; der Halbgott, den die Jungfrau, die Halbgöttin – nein Göttin, die der Jüngling sich sehnsuchtsvoll zugesellt, sie wohnen in Nirgendwo; die Ruhe, die Sorgenlosigkeit, die dem arbeitenden Mann, dem arbeitenden Weib während des nie rastenden Kampfes um das Dasein als Fata Morgana vorgaukelt, sie wohnt in Nirgendwo; und der Siegeslorbeer, nach dem der sterbende Fechter schaut – er winkt aus Nirgendwo.

Nirgendwo, das Land der Wünsche, der Träume, der Ideale, der *Zukunft*. Das Land der Zukunft – die kommende Zeit. The good time coming – ›die gute kommende Zeit‹ des gegenwartsmüden Arbeiters. In die Zukunft flüchten sich die Wünsche. Alles Schöne und Gute, das die Gegenwart mit rauher Hand zurückweist, flieht in die schrankenlose, unbegrenzte, allem und allen Raum bietende, schimmernde Zukunft.

Immer weiter dringt der Menschengeist vor – Reich um Reich erobert er – doch niemals hat er genug; ungeduldig – und wäre das Reich noch so groß – läßt er den Blick über die Grenze hinweg schweifen, will wissen, welche neuen Reiche der morgige Tag ihm erschließen wird.

Aber ein Schleier verhüllt, was hinter der Grenze liegt. *Mehr* als ein Schleier – denn durch einen Schleier kann man doch wenigstens Umrisse ahnen – es ist ein *Vorhang,* ein dicker, schwerer, eiserner Vorhang. Ihn zu heben, durch irgendeine Spalte hindurch zu gucken, wen gelüstete es nicht? Von der Köchin, die den Zukünftigen sehen will, bis zum politisierenden Sancho Pansa, der vor Neugierde platzt, ob er im Zukunftsstaat auch sein Leibessen in genügender Menge und Güte bekommt – hat jeder und jede – wenigstens zu Zeiten, das heißt wenn Zeit dazu ist – ein brennendes Verlangen, den Schleier der Zukunft zu lüften, den dicken, schweren, eisernen Vorhang zu heben.

Mancher hat gesagt, es sei ihm gelungen. Er nannte sich Prophet und verlegte sich aufs Prophezeien. Im großen und ganzen haben sie kein Glück gehabt, die Propheten und Prophezeier. Indes, ihr Geschlecht ist noch nicht ganz ausgestorben, wenn auch die Überbleibsel etwas auf den Hund gekommen sind, wie so viele alte Herrschergeschlechter.

Namentlich der Wetterprophet und der politische Prophet sind in argem Verruf, allein das Prophetentum hat eine geheimnisvolle Anziehungskraft, so daß die Zahl derer nicht alle wird, die das von ihm untrennbare Martyrium der Lächerlichkeit voll Heldenmut auf sich nehmen.

Sich die Zukunft ausmalen – das Zukunftsland schauen, den *Zukunftsstaat,* die Wunderwelt von Nirgendwo, wen lockte es nicht? Aus der Vergangenheit die Zukunft herauslesen – wer hätte es nicht versucht? Und wer betrachtet gleichgültig die Versuche, auch wenn er die Unmöglichkeit kennt? Alle Schilderungen der mit dem Vorhang der Zukunft bedeckten Wunderwelt Nirgendwo haben deshalb einen magischen Reiz und erfreuten sich allezeit großer Beliebtheit und Volkstümlichkeit. Und nun *jetzt,* in dieser brodelnden, gärenden Gegenwart, wo eine Welt in Kindes- und Todesnöten ist, und eine neue Welt sich hervorringt – wer brennt nicht zu wissen, was der morgige Tag bringt? Gerade in Zeiten der Auflösung, des Wechsels, der Umgestaltung, der gesellschaftlichen und staatlichen Neugeburt, ist der Hang zu Wanderungen ins Land Nirgendwo oder *Utopia* am lebhaftesten.

Und *einen* Vorteil hat jeder Zukunftsstaat – ganz abgesehen von dem Vergnügen, daß er uns bereitet – er ist *unser* Staat, er ist so, wie wir ihn wollen und wünschen; und jeder kann von seinem Zukunftsstaat mit unendlich mehr Recht als der größenwahnsinnige Despot von seinem Gegenwartsstaat, sagen: l'Etat c'est moi – *der Staat bin ich* – ich bin der Staat – *ich bin der Zukunftsstaat* – er ist mein Werk und mein Ich.

Seit der Amerikaner *Bellamy* uns in seinem ›Rückblick‹, der in Wirklichkeit ein Vorblick ist, das Jahr 2000 gezeigt hat, sind die ›Utopien‹ – die Schilderungen des Landes Nirgendwo – wie Pilze aus dem Boden hervorgewachsen. Meistens schale, talentlose Nachahmungen. Indes auch tüchtige. Und die *›Kunde von Nirgendwo‹*, die wir den Lesern der ›Neuen Zeit‹ bieten, von allen wohl die tüchtigste. Ein *Dichter* hat sie geschrieben, ein echter Dichter; und der echte Dichter ist sprichwörtlich ein Seher, also gewissermaßen Prophet von Natur und Beruf. Und dazu ist *William Morris,* der Gründer der ›Sozialistischen Liga‹, an welche sein Zukunftsgedicht sich anschließt, ein *Sozialdemokrat* vom Scheitel zur Sohle. Er gibt uns *seinen* ›Zukunftsstaat‹, das heißt den Zukunftsstaat, wie er, aus einer Klubsitzung kommend, in einer geistanregenden Wintersnacht mit Dichter- und Seherblick ihn geschaut hat.

Heute würde er uns einen anderen Zukunftsstaat schreiben – und morgen wieder einen anderen. Wir alle haben ja unseren Zukunftsstaat oder richtiger unsere Zukunfts*staaten,* denn mit *einem* ist sicherlich keiner zufrieden. Und die meisten haben ein Schock und mehr. Wir für unser Teil haben ein Arsenal voll auf Lager – lauter ganz hübsche, manierliche, fein säuberliche Zukunftsstaaten. Wir wissen ganz genau, daß es so kommen *könnte,* jedoch noch genauer wissen wir, daß es nicht so kommen *wird.* Die Laufbahn des einfachsten Menschen ist nicht vorauszubestimmen – wie sollte sich die der Menschheit vorausbestimmen lassen?

Wenn wir unserem Dichter, der dies so gut weiß wie wir, das Wort geben zur Schilderung seines ›Gesichts‹, so ist es, weil er ein *Dichter* ist, und weil er als Seher vieles gesehen hat, was gewöhnliche Menschenkinder nicht sehen.

Über die Dichtung selbst nur zwei Worte. Sie hat ihre Erklärung in sich. Der Schauplatz ist das heutige London mit seiner Nachbarschaft – und wer sich in den Örtlichkeiten zurechtfinden will, dem raten wir, sich eine Karte der englischen Weltstadt, oder besser *der* Weltstadt, – denn es gibt nur *eine*, und sie heißt London – nebst deren Umgebungen anzuschaffen. Das wäre ein trefflicher ›Führer‹ für das ›Nirgendwo‹ unseres William Morris. Und wer William Morris noch nicht kennt, der lernt ihn kennen aus seinem Nirgendheim. Da ist er wie er leibt und lebt, mit seiner romantischen Liebe zum ›präraphaelitischen‹ Mittelalter, mit seinem romantischen Haß gegen die Maschinen und seiner etwas ›anarchistischen‹ Freiheit und Selbstherrlichkeit des Individuums. Auf diese letztere Eigenschaft mache ich namentlich die manchesterlichen Leierkastenmänner mit der Gassenhauer-Melodie des ›Zwangsstaates‹ aufmerksam. Im Nirgendwo unseres Morris herrscht der schönste ›Individualismus‹ – da kann jeder nach seiner Façon selig werden, und wem die Morrisschen Häuser und Einrichtungen nicht gefallen, der mache sich andere. –

Die Übersetzung des ersten Viertels ist von *Frau Steinitz,* die des Übrigen von meiner Frau, und das Ganze ist von mir durchgesehen.

Mai 1892 *W. Liebknecht*

1. Kapitel

Diskussion und Nachtruhe

Drüben in unserem Klub[1], berichtet ein Freund, erging man sich eines Abends in einer sehr lebhaften Diskussion über den ›Zukunftsstaat‹ – wie es *nach der Revolution* in der Welt aussehen würde; und mehrere Genossen zeichneten in mehr oder weniger kräftigen Umrissen die voll entwickelte sozialistische Gesellschaft, so wie sie sich dieselbe vorstellten.

Verhältnismäßig – erzählt unser Freund – verlief die Diskussion ruhig genug und in schönster Ordnung; die Anwesenden waren sämtlich an öffentliche Versammlungen und an Debatten nach Vorträgen gewöhnt; und wenn sie auch nicht gerade aufeinander hörten (was von ihnen kaum zu verlangen war), so redeten sie doch auch nicht alle auf einmal, wie es in der gewöhnlichen guten Gesellschaft zu geschehen pflegt, wenn ein Thema, das sie interessiert, zur Sprache kommt. Es waren sechs Personen zugegen, die selbstverständlich ebenso viele Parteigruppen vertraten und von denen vier stark anarchistischen, aber sehr verschiedenen Anschauungen huldigten. Der Vertreter der einen ›Gruppe‹, den unser Freund genau kennt, verhielt sich anfangs ziemlich einsilbig, ließ sich jedoch in das Gespräch hineinziehen und ereiferte sich allmählich derart, daß er schließlich in heftigem Tone jeden Andersdenkenden für einen Narren erklärte. Darauf erhob sich ein großer Tumult, auf den nach einer Weile zur Abwechslung eine Ruhepause folgte. Diese ward von besagter ›Person‹ dazu benutzt, den Anwesenden freundschaftlichst eine geruhsame Nacht zu bieten und sich alsdann auf den durch eine westliche Vorstadt führenden Heimweg zu machen, zu welchem Zweck sie sich des uns von der Kultur aufgenötigten und zur Gewohnheit gemachten Verkehrsmittels der unterirdischen Eisenbahn bediente. Als der erwähnte Parteimann mit seinen verhasteten und mürrischen Reisegefährten mißvergnügt in diesem Dampfbad, einem Wagen der unterirdischen Eisenbahn, schmorte, ließ er in selbstvorwurfsvoller Stimmung alle unwiderleglichen und sieghaften Argumente vor sich aufmarschieren, von denen er in der Diskussion keinen Gebrauch gemacht hatte, obgleich sie vor der Nase lagen. Allein er war mit dieser Gemütsverfassung bereits zu vertraut, um sich lange von ihr quälen zu lassen, und nach einer flüchtigen Verstimmung über seinen – gleichfalls gewohnheitsmäßigen – Mangel an Selbstbeherrschung blieben seine Gedanken an dem Hauptgegenstand der Erörterungen haften, ohne daß seine Verdrossenheit und sein Mißbehagen gewichen wären.

»Wenn ich nur *einen* Tag der neuen Zeit erleben könnte«, sagte er sich, »nur einen einzigen Tag!«

Er hatte diesen Wunsch noch nicht ausgewünscht, als der Zug an seiner Station hielt, von wo er fünf Minuten zu seinem oberhalb einer häßlichen Kettenbrücke am Themseufer gelegenen Hause zu gehen hatte. Er stieg aus und murmelte immer noch recht verdrießlich vor sich hin: »Wenn ich ihn nur erleben könnte! Nur einen einzigen Tag«! Er war aber noch nicht viele Schritte gegangen, so fühlte er – wie unser Gewährsmann berichtet –, daß alles Mißbehagen, alle Unruhe plötzlich von ihm wich.

Es war eine schöne Frühwinternacht und die Luft gerade scharf genug, um nach der Hitze des Klublokals und dem muffigen Dunst des Eisenbahnwagens erfrischend und belebend zu wirken. Der Wind, der etwas nach Nordwest umgesprungen war, hatte den Himmel bis auf ein paar helle Lämmerwölkchen rein gefegt, die in schnellem Zuge dahinflatterten. Der junge Mond hing seine Sichel hinter die wirren Zweige einer stattlichen alten Rüster, und bei seinem Anblick wurde dem Wanderer zu Mute, als befände er sich gar nicht in einer rußigen Vorstadt Londons, sondern auf einem freundlichen, heiteren Stück Landes.

Er wanderte geradewegs zum Flußufer und verweilte ein wenig, um über die niedere Mauer nach dem mondbeschienenen Fluß zu schauen, der nahezu seinen höchsten Wasserstand erreicht hatte und seine glitzernden und rauschenden Wellen nach dem Chiswick-Werder entsandte. Die häßliche Brücke gewahrte der Wanderer nicht oder achtete ihrer nicht, einen flüchtigen Augenblick ausgenommen, in welchem ihm auffiel, daß die

Lichterreihe stromabwärts nicht zu bemerken war. Darauf schritt er seinem Hause zu und schloß auf, und sowie er die Tür hinter sich zudrückte, verschwand jede Erinnerung an die glänzende Logik und den Seherscharfsinn, durch welche die Zukunftsstaats-Diskussion sich ausgezeichnet hatte, und von dieser selbst blieb keine Spur, außer einer verschwommenen, wie eine Vorfreude empfundenen Hoffnung auf Tage der Ruhe, des Friedens, der Unschuld und lächelnder Menschenfreundlichkeit.

Von dieser Stimmung beherrscht zog er sich rasch aus und eilte ins Bett, um seiner Gewohnheit gemäß zwei Minuten später in Schlaf zu versinken. Seiner Gewohnheit zuwider erwachte er aber bald darauf in jener wunderlich munteren Verfassung, wie sie selbst gute Schläfer zuweilen kennen lernen, einer Verfassung, in der all' unsere Lebensgeister sich aufs Äußerste anspannen, während die ganzen Jämmerlichkeiten, die uns je beunruhigt, jeder Schimpf, jeder Verlust, den wir je erfahren, sich der Erwägung dieser geschärften Lebensgeister aufdrängen.

In diesem Zustande verharrte er so lange, bis er fast Freude daran hatte, bis die lange Reihe seiner verflossenen Torheiten ihn zu ergötzen begann und die deutlich von seinem inneren Auge geschauten Wirrnisse sich zu einer unterhaltenden Geschichte ordneten.

Er hörte es eins schlagen, dann zwei, dann drei, worauf er abermals einschlief. Bald jedoch erwachte er wiederum aus diesem Schlafe und erlebte nun dermaßen überraschende Abenteuer, daß unser Freund, dem er sie erzählte, sich verpflichtet glaubte, sie den Genossen und einem größeren Publikum mitzuteilen. Allein er zieht vor, sie in der ersten Person zu erzählen, als ob er sie selber erlebt hätte, und das wird ihm um so leichter, als er die Empfindungen und Wünsche des Kameraden, von dem ich rede, besser versteht als irgend jemand anders auf Erden.

2. Kapitel

Ein Morgenbad

Gut also; ich erwachte und fand, daß ich die Bettdecke abgeworfen hatte, was in Anbetracht der Hitze und des brennenden Sonnenscheins nicht verwunderlich war. Ich sprang auf, wusch mich und fuhr in die Kleider, aber in einer nebligen, halbwachen Stimmung, als ob ich wer weiß wie lange geschlafen hätte und das Gewicht des Schlafes nun nicht abzuschütteln vermöchte. Ich nahm es als selbstverständliche Tatsache an, daß ich mich zu Hause in meinem Zimmer befände, und dachte nicht daran, mich dessen zu vergewissern.

Als ich angezogen war, fand ich es so heiß, daß ich nicht nur aus der Stube, sondern auch aus dem Hause flüchtete. Köstliche Erquickung durch die frische Luft und den angenehmen Wind war meine erste Empfindung, die zweite, als mein Bewußtsein zurückkehrte, maßloses Staunen, denn als ich mich abends zuvor zu Bette begab, war es Winter gewesen, und jetzt bekundeten die grünbelaubten Bäume am Ufer, daß es Sommer, und zwar allem Anschein nach ein herrlicher, heller Früh-Junimorgen war. Aber die Themse war da, glitzernd im Sonnenschein und mit nahezu höchstem Wasserstand wie abends zuvor, wo sie im Mondschein geglitzert hatte.

Noch immer war ich meiner Schlaftrunkenheit nicht völlig Herr, und ich hätte mich deshalb überall schwer zurechtgefunden; und da kann man sich vorstellen, daß ich nicht wenig verdutzt war, trotz des vertrauten Anblickes der Themse. Mir war schwindlig und sonderbar zu Mute, und da ich mich erinnerte, daß viele Leute hier ein Boot zu mieten und in der Mitte des Stromes ein Schwimmbad zu nehmen pflegten, so beschloß ich desgleichen zu tun. Es scheint zwar sehr früh zu sein, sagte ich mir, aber bei Biffin's finde ich doch wohl jemand, der mich übersetzt. Allein ich kam gar nicht bis zu Biffin's und brauchte überhaupt nicht links einzubiegen, um zu Biffin's zu gelangen, weil ich in diesem Augenblick gerade vor mir, meinem Hause gegenüber, eine Bootlände bemerkte, genau an der Stelle, wo mein Nachbar nebenan eine hingebaut hatte, obgleich ich diese nicht recht wiedererkannte – so verändert schien sie mir. Indes, ich ging stracks drauf zu, und richtig, zwischen den leeren Booten am Lande lag da ein Mann ausgestreckt in einem solide aussehenden Kahn, der entschieden für Badende bestimmt war. Er winkte mir zu und bot mir einen guten Morgen, als hätte er mich erwartet, und so sprang ich ohne weitere Redensarten hinein und ging daran, mich für mein Schwimmbad aus den Kleidern zu schälen, während er ruhig fortruderte. Beim Dahinfahren blickte ich unwillkürlich in das Wasser und konnte nicht umhin zu bemerken:

»Wie klar das Wasser heute morgen aussieht!«

»So?« meinte er; »das ist mir nicht aufgefallen. Die Flut trübt es immer ein bißchen.«

»Na«, sagte ich, »ich hab's bei halber Ebbe schon recht schlammig gefunden.«

Er erwiderte nichts, sah aber überrascht aus, und da er gerade hielt und ich meine Kleider abgelegt hatte, sprang ich ohne weiteres ins Wasser. Natürlich wandte ich den Kopf gegen die Flut, sobald ich ihn wieder über Wasser hatte. Meine Augen suchten unwillkürlich nach der Brücke, und was ich erblickte, brachte mich derart aus dem Gleichgewicht, daß ich auszuholen vergaß und pustend unter Wasser geriet. Als ich wieder in die Höhe kam, steuerte ich stracks auf das Boot zu, denn ich fühlte mich gedrungen, ein paar Fragen an den Fährmann zu richten – so verblüfft hatte mich das, was ich vom Stromesspiegel aus erblickt hatte, als das Wasser mir kaum aus den Augen war. Meine Schlaftrunkenheit hatte sich ganz gelegt, und ich war wieder im Vollbesitz meiner geistigen Spannkraft und Klarheit.

Nachdem ich die Treppe, die der Fährmann niedergelassen hatte, heraufgeklettert war, wobei er mir die Hand helfend entgegenhielt, ließen wir uns von der starken Flut etwas nach Chiswick hintreiben. Bald aber ergriff er die Ruder, drehte das Boot herum und sagte:

»Ein kurzes Schwimmvergnügen; Sie finden das Wasser heute nach Ihrer Reise wohl zu kühl? Soll ich Sie sogleich ans Land bringen, oder möchten Sie vor dem Frühstück lieber nach Putney hinunter?«

Ich starrte ihn an, *diese* Sprache im Munde eines Fährmanns aus Hammersmith! das war unbegreiflich. »Bleiben wir noch«, antwortete ich, »ich möchte mich ein wenig umsehen.«

»Gut«, erwiderte er; »in seiner Weise ist's hier so schön wie weiter oben in Barn Elms, wie's denn zu dieser Frühstunde überall schön ist. Es freut mich, daß Sie so zeitig aufgestanden sind; es ist kaum fünf.«

Wenn mich der Anblick der Stromufer in Erstaunen gesetzt hatte, so tat es der meines Fährmannes nicht minder, nun ich ihn mit klarem Verstand und offenen Augen zu mustern imstande war.

Es war ein hübscher, stattlicher junger Mann, dessen Augen so liebenswürdig und freundlich blickten, wie ich es bis zur Stunde noch bei keinem gesehen hatte, so vertraut mir auch später dieser Ausdruck wurde. Im übrigen war mein Ferge dunkelhaarig, mit bräunlicher Gesichtsfarbe, wohlgebaut, stark und offenbar an Muskeltätigkeit gewöhnt, jedoch ohne irgendwelche Spur von Plumpheit und rohem Wesen und dabei von einer Sauberkeit, die dem feinsten Gentleman Ehre gemacht hätte. Sein Anzug glich keiner mir bekannten Werktagstracht und hätte sich recht wohl auf einem Gemälde aus dem Leben des vierzehnten Jahrhunderts als Kostüm finden können; er bestand aus dunkelblauem, allerdings schlichtem Tuch, jedoch von feinstem Gewebe und ohne das kleinste Fleckchen. Ein brauner Ledergurt umschlang die Taille, den eine aus Damaszener Stahl kunstvoll ziselierte Schnalle schloß. Kurzum, mein Ferge glich einem auffallend kräftigen und feinen jungen Herrn, der zum Sport den Fährmann spielte; und dieser Annahme neigte ich mich auch zu.

Ich fühlte, daß ich etwas sagen mußte, und so deutete ich auf ein paar helle Plankengerüste, welche mit dem Lande zugekehrten Winden längs des Ufers aufgerichtet waren, und fragte: »Was geschieht denn damit? Wenn wir uns auf dem Tay[2] befänden, so würde ich glauben, daß da Netze für den Lachsfang gelegt werden, so aber –.«[3]

Er lächelte: »Nun, das geschieht ja eben. Wo Lachs ist, gibt's auch Lachsnetze, ob's nun Tay oder Themse ist; aber die Netze werden natürlich nicht immer gelegt. Man kann doch nicht alle Tage Lachs essen.«

Ich wollte fragen: »Ist denn dies wirklich die Themse?« – war aber vor Staunen sprachlos und ließ meine Augen verdutzt nochmals ostwärts nach der Brücke und von da nach den Ufergestaden Londons schweifen, und da gab's wahrlich zum Verwundern mehr als genug. Denn obwohl sich eine Brücke über den Strom spannte und Häuser am Strand standen, hatte sich doch über Nacht alles merkwürdig verändert. Die Seifensiedereien mit ihren rauchspeienden Schornsteinen waren verschwunden, die Bleiwerke fort, und der Westwind trug von Thorneycroft kein Schmiede- und Hämmergetöse mehr herüber. Und die Brücke! Geträumt mochte ich wohl von solch einer Brücke haben, aber ihresgleichen hatte ich nie auch nur in einem Bilder-Prachtwerk gesehen, selbst der Ponte Vecchio in Florenz konnte sich mit ihr nicht vergleichen. Sie bestand aus massiven, kühn geschwungenen Steinbogen, reizvoll, ebenso leicht und anmutig wie stark, unter denen der gewöhnliche Schiffsverkehr leicht durchging. Über der Brüstung ragten zierliche und phantastische kleine Gebäude hervor, die wie Läden oder Marktbuden aussahen und mit gemalten und vergoldeten Wetterfahnen und Türmchen besetzt waren. Der Stein war etwas wettergefärbt, zeigte aber keine Spur jener Rußschicht, mit der ich gewohnt war, jedes Londoner Gebäude, das über ein Jahr alt ist, überzogen zu sehen. Mit einem Wort, die denkbar wundervollste Brücke!

Der Ruderer bemerkte, wie ich die Augen weit aufriß, und als wolle er meine Gedanken beantworten, sagte er:

»Eine hübsche Brücke, was? Die Brücken stromaufwärts, die doch viel kleiner sind, sehen kaum zierlicher aus und die stromabwärts kaum großartiger und stattlicher.«

Fast gegen meinen Willen fragte ich: »Wie alt ist sie denn?«

»Oh, nicht sehr alt«, erwiderte er, »sie ist im Jahre 2003 gebaut oder wenigstens eröffnet worden. Vorher stand nur eine einfache Holzbrücke da.«

Dieses Datum verschloß mir die Lippen, als wäre mir ein Schloß vorgehängt, denn ich begriff, daß etwas Unerklärliches vorgegangen sei und daß ein unvorsichtiges Wort mich in ein Chaos von Kreuzfragen und krummen, gewundenen Antworten verwickeln würde. So versuchte ich denn, möglichst unbefangen dreinzuschauen und meine Blicke gleichgültig über die Stromufer gleiten zu lassen, trotz der wunderbaren Veränderung, die ich bis zur Brücke und darüber hinaus, sagen wir, bis zu den Seifenfabriken wahrnahm. In einiger Entfernung vom Fluß stand auf beiden Ufern eine Reihe reizender niedriger und nicht sehr großer Häuser aus Backstein mit Ziegeldächern, die höchst wohnlich und behaglich aussahen und ganz den Eindruck machten, als ob sich ein recht frohgemutes Leben in ihnen tummelte. Ein fortlaufender Garten erstreckte sich von ihnen bis an den Rand des Wassers, und ein üppiger Blumenflor sandte seine köstlichen Duftwellen über den sich kräuselnden Strom; hinter den Häusern ragten mächtige Bäume empor, meistens Platanen, und bis nach Putney zu sah der Strom aus wie ein von blumigen Waldufern eingesäumter See, so dicht standen die Bäume. Unwillkürlich rief ich aus:

»Wie froh bin ich, daß Barn Elms nicht verbaut ist!«

Kaum waren jedoch die Worte dem Zaun meiner Zähne entflohen, so errötete ich über meine Albernheit, und mein Gefährte sah mich mit einem Halblächeln an, das ich zu verstehen glaubte. Um meine Verlegenheit zu bemänteln, sagte ich:

»Fahren Sie mich jetzt gefälligst ans Ufer, ich möchte gerne frühstücken.«

Er nickte, drehte den Kahn mit einem scharfen Ruderstoß, und im Nu befanden wir uns wieder an der Bootlände. Er sprang hinaus, ich folgte ihm, und es wunderte mich keineswegs, als er stehenblieb, wie um das unvermeidliche Nachspiel zu erwarten, mit welchem jeder einem Mitbürger geleistete Dienst abzuschließen pflegt. Ich steckte auch sofort die Hand in meine Westentasche und fragte: »Wieviel?«, obwohl ich mich des unbehaglichen Gefühls nicht erwehren konnte, daß ich mein Geld vielleicht einem Gentleman[4] anbot.

Mit erstaunter Miene fragte er zurück: »Wieviel? Ich verstehe nicht recht. Meinen Sie vielleicht die Flut? Sie muß bald um sein.«

Verlegen stotterte ich: »Bitte, nehmen Sie mir meine Frage nicht übel, ich wollte Sie nicht beleidigen, aber was bin ich Ihnen schuldig? Wie Sie sehen, bin ich ein Fremdling und kenne Ihre Gebräuche und Ihr Geld nicht.«

Damit holte ich eine Handvoll Geld aus der Tasche, wie man's in fremden Ländern zu tun pflegt. Und bei dieser Gelegenheit wurde ich gewahr, daß die Silbermünzen die Farbe eines gußeisernen Ofens angenommen hatten.

Er sah immer noch erstaunt aus, aber keineswegs beleidigt, und betrachtete das Geld mit offenbarer Neugierde.

Nun, dachte ich, er ist also doch ein Fährmann und überlegt sich, wie hoch er gehen kann. Mag er mich immerhin ein bißchen übers Ohr hauen, einem so prächtigen Burschen nehm ich's nicht übel. Ich wäre gar nicht abgeneigt, ihn mir auf einen oder zwei Tage zum Führer zu nehmen, weil er ein so aufgeweckter Mensch ist.

Da sagte mein neuer Freund nachdenklich:

»Jetzt weiß ich, was Sie meinen. Sie glauben, daß ich Ihnen einen Dienst geleistet habe, und dafür halten Sie sich für verpflichtet, mir etwas zu geben, was ich meinerseits einem Nachbarn auch nur dann zu geben habe, wenn er mir einen besonderen Dienst geleistet hat. Ich habe von so etwas gehört, aber nichts für ungut, uns erscheint das als ein recht lästiger und umständlicher Brauch. Wie Sie sehen, ist das Übersetzen und Wasserfahren mein Beruf, den ich für einen jeden ausübe, der meine Dienste wünscht; mir dafür etwas schenken zu lassen, wäre doch mehr als sonderbar. Und wenn mir erst einer etwas gibt, will es der zweite und dritte auch tun, und Sie werden mir's hoffentlich nicht verübeln, wenn ich Ihnen sage, daß ich nicht wüßte, wie ich so viel Freundschaftspfänder unterbringen sollte!«

Und er lachte so laut und lustig auf, als hielte er es für einen äußerst possierlichen Scherz, daß man ihm zumute, eine Bezahlung für seine Arbeit anzunehmen.

Ich fragte mich, ob dieser Mensch, trotz seines blühenden

Aussehens, etwa nicht ganz richtig im Kopf sei, und angesichts des tiefen und reißenden Stromes, an dem wir uns befanden, hatte es etwas Tröstliches für mich, zu wissen, daß ich ein guter Schwimmer bin. Er fuhr jedoch sehr ruhig und gar nicht wie ein Tollhäusler fort:

»Was Ihre Münzen betrifft, so sind sie wohl merkwürdig, aber nicht sehr alt. Sie scheinen aus den Regierungszeiten der Königin Viktoria zu stammen, und Sie könnten sie irgendeinem dürftig ausgestatteten Museum überlassen. Unseres hat solcher Münzen genug und außerdem eine ziemlich reichhaltige Sammlung Münzen aus früherer Zeit, von denen viele recht hübsch sind, während die aus dem neunzehnten Jahrhundert sich durch plumpe Geschmacklosigkeit auszeichnen, nicht wahr? Wir besitzen eine von Eduard III., die den König in einem Schiff dargestellt mit kleinen Leoparden und einer Girlande von zart getriebenen Schwertlilien rings um den Vollbord. Wie Sie sehen«, sagte er lächelnd, »bin ich Arbeiten aus Gold und edlen Metallen nicht abhold, diese Schnalle hier habe ich mir in jüngeren Jahren selber gefertigt.«

Ich mag ihn etwas scheu angesehen haben, denn ich konnte meine Zweifel an seiner Zurechnungsfähigkeit nicht unterdrükken. Genug – er brach kurz ab und sagte freundlich:

»Aber ich sehe, daß ich Sie langweile, und bitte um Entschuldigung. Denn, geradeheraus gesagt, man merkt, daß Sie ein Fremder sind und aus einem Land kommen müssen, das dem unsrigen sehr unähnlich ist. Deshalb scheint mir's ratsam, daß Sie sich mit den Einrichtungen unseres Landes nicht in überstürzender Hast, sondern allmählich bekannt machen. Und ich wäre Ihnen sehr verbunden, wenn Sie mich zum Führer in dieser neuen Welt wählen möchten, da Sie der Zufall just auf mich stoßen ließ. Freilich müßte ich es als eine große Liebenswürdigkeit Ihrerseits auffassen, denn wohl ein jeder würde einen ebenso guten und gar mancher einen besseren Führer abgeben, als ich sein werde.«

Nach Irrsinn schmeckte diese Rede nun gerade nicht, und außerdem konnte ich ihn ja leicht abschütteln, wenn er sich dennoch als verrückt erweisen sollte. So erwiderte ich denn:

»Ihr Anerbieten ist sehr gütig, aber ich könnte es nur annehmen, wenn Sie mich« – entsprechend dafür bezahlen ließen – wollte ich eigentlich fortfahren, da ich aber nicht an das Irrenhaus anstreifen wollte, so fuhr ich lieber fort, »wenn Sie mich nicht befürchten ließen, daß ich Sie Ihrer Arbeit – oder Ihrem Vergnügen entziehe.«

»Darüber seien Sie außer Sorge«, erwiderte er. »Ich erweise im Gegenteil einem meiner Freunde, der meine Arbeit zu übernehmen wünscht, einen großen Gefallen. Es ist ein Weber aus Yorkshire, der sich einerseits mit Weben, andererseits mit mathematischen Studien – beides Hausbeschäftigungen – überarbeitet hat. Und da wir sehr befreundet sind, hat er sich, um Arbeit im Freien zu erlangen, an mich gewandt. Also, wenn Sie glauben, mich brauchen zu können, so bitte ich, über meine Dienste zu verfügen.«

»Freilich«, fuhr er fort, »habe ich mich bei guten Freunden stromaufwärts zur Heuernte angesagt; bis dahin haben wir aber mehr als acht Tage Zeit, und überdies könnten Sie mich auch dahin begleiten. Sie würden die Bekanntschaft sehr angenehmer Menschen machen und hätten Gelegenheit, auf unseren Wegen in Oxfordshire allerhand Beobachtungen anzustellen. Wenn Sie das Land kennenzulernen wünschen, ließe sich Ihnen schwerlich etwas Besseres vorschlagen.«

Ich konnte nicht umhin, ihm meinen Dank auszusprechen, wie immer die Sache ablaufen mochte, und er fügte eifrig hinzu:

»Gut, das wäre abgemacht. Ich werde sofort bei meinem Freunde vorsprechen, der wie Sie im Gasthaus wohnt, und wenn er noch nicht auf ist, so sollte er's doch an diesem schönen Sommermorgen sein.«

Damit zog er ein kleines silbernes Jagdhorn aus dem Gürtel, und blies zwei oder drei scharfe, aber wohlklingende Töne. Gleich darauf kam aus dem Hause, das an der Stelle meiner alten Wohnung stand (später mehr davon), ein anderer junger Mann und schlenderte auf uns zu. Er sah weder so wohl aus, noch besaß er einen so stattlichen Wuchs wie mein Ruderfreund – sein Haar war rötlich, seine Gesichtsfarbe bläßlich, seine Gestalt nicht gerade kräftig, aber auch seinem Gesicht fehlte nicht der glückliche und freundliche Ausdruck, der mir bei seinem Freunde aufgefallen war. Als er lächelnd an uns herankam, entdeckte ich mit Vergnügen, daß ich meinen Fergen getrost von jedem Verdacht des Irrsinns freisprechen dürfe, denn niemals haben sich zwei Verrückte vor einem Gesunden so benommen, wie diese zwei es getan haben. Der Anzug des Neuangekommenen war vom selben Schnitt wie der meines Freundes, nur daß die hellgrüne Farbe des kurzen Oberrocks mit einem auf die Brust gestickten Goldzweig und ein Gürtel aus Silberfiligran dem Anzug einen noch heiteren Charakter verliehen.

Der Neuangekommene bot mir sehr höflich guten Tag und, seinen Freund freudig begrüßend, sagte er:

»Nun, Dick[5], wie steht's heut' Morgen? Werde ich meine Arbeit bekommen, oder vielmehr Deine Arbeit? Ich träumte heut' Nacht, wir wären oben auf dem Strom und fischten.«

»Schon recht, Bob«[6], sagte mein Ferge; »Du nimmst meine Stelle ein und wenn Dir's zu viel wird, so sieh Dich nach George Helling um; er wohnt hier nebenan und hält Umschau nach einem ordentlichen Stück Arbeit. Dieser fremde Herr erweist mir die Ehre, mich zu seinem Führer in unserem Landstrich zu erwählen, und wie Du Dir denken kannst, lasse ich mir diese schöne Gelegenheit nicht entschlüpfen, Du dürftest Dich demnach gleich nach dem Boot aufmachen. Lange vorenthalten hätte ich Dir's ohnehin nicht, da ich mich in ein paar Tagen zur Heumahd zu stellen habe.«

Der andere rieb sich vergnügt die Hände, wandte sich zu mir und sagte freundlich:

»Sie treffen's heute beide glücklich, Nachbar, Sie und Dick, und ein guter Tag steht Ihnen bevor wie mir. Sie täten aber beide gut, sogleich mit mir hereinzugehen und sich etwas vorsetzen zu lassen, Sie könnten vor lauter Vergnügen das Mittagsbrot vergessen. Sie kamen wohl gestern Abend im Gasthaus an, als ich schon zu Bett war?«

Ich nickte zustimmend, um einer längeren Erklärung auszuweichen, die zu nichts geführt und, wie ich fühlte, meinen Zweifeln doch kein Ende gemacht hätte. Und so wanderten wir drei der Tür des Gasthauses zu.

3. Kapitel

Das Gästehaus und das Frühstück

Ich blieb etwas hinter den anderen zurück, um einen Blick auf das Haus zu werfen, das, wie ich bereits sagte, auf der Stelle meiner ehemaligen Wohnung stand.

Es war ein längliches Gebäude, das seinen Giebel von der Straße abwandte und dessen hohe mit plastischem Schmuck versehene Fenster sich in der vor uns aufsteigenden Wand ziemlich tief hinabzogen. Es war ein sehr stattlicher Bau aus rotem Ziegel mit einem Bleidach, und hoch über den Fenstern lief ein Figurensims in Terrakotta, der vortrefflich ausgeführt und mit einer Kraft und Eindringlichkeit entworfen war, wie ich sie nie zuvor in der modernen Kunst bemerkt hatte. Ich erkannte augenblicklich den dargestellten Gegenstand, der mir wahrhaftig vertraut genug war.

Eine Minute genügte, das alles in mir aufzunehmen, denn schon hatten wir die Schwelle überschritten und befanden uns in einer Halle mit marmornem Mosaikboden und einem offenen Holzdach. Auf der von dem Flusse abgewendeten Seite waren keine Fenster, doch unter Schwibbogen, durch deren einen mir ein Blick nach dem Garten entgegenlachte, gelangte man in andere Zimmer – und eine weite Wandfläche über diesen Bogen war mit heiteren Fresken bemalt, die ähnliche Gegenstände behandelten wie der Fries draußen. Die ganze Halle war stattlich gefügt und von gediegenem Material.

In diesem angenehmen Aufenthalt, den ich sofort als Halle oder Saal des Gästehauses erkannte, schwebten drei junge Frauen hin und her. Da sie die ersten ihres Geschlechtes waren, die ich an diesem ereignisreichen Morgen erblickte, betrachtete ich sie natürlich sehr genau und fand sie mindestens gleich gut wie die Gärten, die Baukunst und die Männer. Auch ihr Anzug fesselte meine Aufmerksamkeit, und ich fand, daß sie sittsam in ihre Gewänder gehüllt, nicht mit Putzkram bepackt, kurz wie Frauen gekleidet und nicht wie Lehnstühle aufgepolstert waren, wie ich dies bei den meisten Frauen unserer Zeit gesehen. Ihr Anzug bildete ein Mittelding zwischen der altklassischen Gewandung und den einfacheren Formen der Kleidung aus dem vierzehnten Jahrhundert, ohne indes eine Nachahmung beider zu sein. Die Stoffe waren der Jahreszeit angemessen leicht und hell. Die Frauen zu betrachten war ein Genuß, so heiter und glücklich strahlten ihre Gesichter, so wohlgebaut und ebenmäßig, so durchaus kräftig und gesund waren ihre Gestalten. Hübsch war jede, die eine sogar schön und von klassischen Zügen. Sie kamen sofort fröhlich auf uns zu, und ohne erheuchelte Schüchternheit reichten mir alle drei die Hand, als sei ich ein von langen Reisen heimgekehrter Freund. Freilich bemerkte ich, daß sie verstohlen meine Tracht musterten, denn ich hatte meine Kleider von gestern abend an und war mein Lebtag kein Mensch, der sich elegant anzuziehen verstand.

Auf ein paar Worte Roberts, des Webers, entfernten sie sich, um geschäftig für die Befriedigung unserer Wünsche zu sorgen, kamen dann zurück und führten uns an der Hand zu einem Tisch, den sie in dem behaglichsten Winkel des Saales für uns zum Frühstück gedeckt hatten. Als wir Platz genommen, schlüpfte die eine von ihnen durch eines der Schwibbogenzimmer und kehrte bald darauf mit einem üppigen Strauß Rosen zurück, die an Farbe, Duft und Größe mit denen, die in Hammersmith wuchsen, nicht zu vergleichen waren, sondern eher den Erzeugnissen eines alten Landgartens glichen. Von da eilte sie in die Speisekammer und erschien mit einem zartgeschliffenen Glase, in das sie die Rosen tat, um es in der Mitte unseres Tisches aufzustellen. Eine zweite, die gleichfalls davongeeilt war, brachte ein großes Kohlblatt mit Erdbeeren gefüllt, von denen einzelne kaum reif waren, und sagte, während sie dieselben auftrug: »Da, bevor ich heut' früh aufstand, dachte ich noch dran. Als ich aber den Fremden in Dein Boot steigen sah, Dick, vergaß ich's wieder. Da sind mir denn ein paar Amseln zuvorgekommen, aber einige sehen immerhin so gut aus, wie sie in Hammersmith überhaupt zu finden sind.«

Robert streichelte ihr freundlich den Kopf, und wir machten uns über das Frühstück her, das wohl einfach, aber vortrefflich zubereitet und allerliebst hergerichtet und aufgetragen war. Das Brot zumal, das in allen Arten und Formen vor uns stand, vom etwas derben, schwarzen Landbrot, das ich am liebsten esse, bis zu den dünnen Stengeln von Weizenkruste, wie man sie in Turin vorgesetzt bekommt, mundete mir außerordentlich.

Ich steckte die ersten Bissen in den Mund, als mein Blick auf eine geschnitzte und vergoldete Inschrift im Getäfel fiel; ein wohlbekannter Name fesselte mich und ich las:

»Gäste und Nachbarn, an der Stelle dieser Gasthalle befand sich einst der Vortragssaal der Sozialisten von Hammersmith. Trinkt ihrem Gedächtnis ein Glas! Mai 1962.«

Wie ward mir, als ich diese Worte las! Meine Züge verrieten vielleicht, wie tief bewegt ich war, denn die beiden Freunde sahen mich neugierig an, und eine Weile herrschte Schweigen zwischen uns.

Der Weber, dem der Fährmann an gesellschaftlichem Schliff entschieden überlegen war, unterbrach die Pause mit der etwas verlegenen Frage:

»Wir wissen nicht, wie wir Sie nennen sollen, Gast. Ist es erlaubt, Sie nach Ihrem Namen zu fragen?«

»Ei nun«, erwiderte ich, »das zu entscheiden fällt mir selber schwer. Nennen Sie mich immerhin Gast, das ist ja auch ein Familienname und fügen Sie den Vornamen William zu, wenn's Ihnen recht ist.«

Dick nickte mir freundlich zu, über das Gesicht des Webers glitt aber ein Schatten von Unruhe, und er sagte:

»Sie nehmen meine Frage hoffentlich nicht übel, allein woher kommen Sie eigentlich? Meine Neugier beruht auf guten, auf wissenschaftlichen Gründen.«

Dick bearbeitete den Frager augenscheinlich unter dem Tisch mit dem Fuße, er ließ sich jedoch nicht stören und wartete gespannt auf meine Antwort. Ich wollte schon mit »Hammersmith« herausplatzen, als ich mich noch besann, in welche Wirrnis von endlosen Erklärungen uns das verwickeln würde, und ich nahm mir die Zeit, eine mit etwas Wahrheit verbrämte Lüge zu erfinden.

»Ich war, wie Sie bemerken können, so lange fern von Europa, daß mir alles wunderlich vorkommt; geboren und erzogen aber bin ich am Saume des Eppingforstes, nämlich in Walthamstow-Woodford.«

Verlegen hielt ich inne.

Der eifrige Weber bemerkte meine Verlegenheit nicht, fragte jedoch hastig, als fühle er, daß er sich nicht ganz schicklich benehme: »Und wie alt sind Sie denn?«

Dick und das schöne Mädchen brachen in ein lustiges Gelächter aus, als wüßten sie, daß Roberts Benehmen nur auf Grund seines überspannten Wesens zu entschuldigen sei, und unter fortwährendem Lachen sagte Dick:

»Nun halte endlich einmal ein, Bob! Man darf Gäste nicht so ausfragen. Die viele Gelehrsamkeit tut Dir nicht gut. Wahrhaftig, es ist hohe Zeit, daß Du wieder einmal in freier Luft arbeitest, um die Spinnweben in Deinem Gehirn loszuwerden.«

Der Weber lachte nur gutmütig, und das Mädchen ging zu ihm, streichelte ihm die Backe und sagte lachend:

»Der arme Schlingel! So ist er nun einmal!«

Was mich betrifft, so war ich etwas verdutzt, aber ich lachte gleichfalls, einmal zur Gesellschaft und sodann vor Vergnügen über ihren unbefangenen Frohsinn und ihr gutmütiges Naturell, und bevor Robert mir noch seine Entschuldigung vorbringen konnte, sagte ich:

»Aber Nachbarn (das Wort hatte ich aufgefangen), ich habe nicht das Geringste gegen eine Beantwortung Ihrer Fragen, sobald ich sie zu beantworten vermag. Fragen Sie also soviel Sie wollen, das macht mir Spaß. Was mein Alter anbetrifft, so bin ich ja keine Dame, warum sollte ich's Ihnen also nicht verraten? Ich bin stark sechsundfünfzig.«

Trotz der soeben erhaltenen Lektion über Lebensart konnte der Weber nicht umhin, ein gedehntes »hah!« des Erstaunens auszustoßen, und die Übrigen wurden durch seine Naivität so belustigt, daß ein Lächeln über ihr Gesicht huschte, wenn ihnen die Höflichkeit auch nicht gestattete, in lautes Lachen auszubrechen. Ich sah überrascht von einem zum andern und sagte endlich:

»Was ist denn los, bitte? Sie wissen, ich möchte von Ihnen lernen. Lachen Sie nur ruhig heraus, aber klären Sie mich auf!«

Jetzt brach das Gelächter los – sie schüttelten sich vor Lachen. Schließlich sagte das schöne Weib schmeichelnd:

»Nun, er ist ungezogen, der arme Bursche, doch wir dürfen Ihnen immerhin sagen, was er gedacht hat: Er findet Sie ein bißchen alt aussehend für Ihre Jahre. Allein da Sie so viel gereist sind, kann man sich darüber nicht wundern, zumal aus Ihren Worten hervorgeht, daß Sie sich in unwirtlichen Ländern aufgehalten haben. Es heißt gewiß nicht mit Unrecht, daß man unter Unglücklichen schnell altert. Auch soll Südengland der Erhaltung der Jugend besonders zuträglich sein.« Und errötend fügte sie hinzu: »Für wie alt halten Sie mich?«

»Nun«, sagte ich, »eine Frau ist nach dem Sprichwort so alt, wie sie aussieht, und danach würde ich Sie, ohne Sie beleidigen oder Ihnen schmeicheln zu wollen, für zwanzig Jahre alt halten.«

Sie lachte hell auf und sagte: »Es geschieht mir schon recht, wenn ich nach Komplimenten angle. Ich muß Ihnen der Wahrheit gemäß bekennen, daß ich zweiundvierzig bin.«

Ich starrte sie an, was ihr wiederum ein melodisches Lachen entlockte, und wohl konnte ich sie anstarren, denn keine Sorgenfalte durchfurchte ihr Gesicht, ihre Haut war glatt wie Elfenbein, die Wangen rund und voll, die Lippen rot wie die Rosen, die sie gepflückt hatte; ihre schönen Arme, die sie der Arbeit wegen entblößt hatte, waren fest und wohlgestaltet von der Schulter bis zum Handgelenk. Sie errötete ein wenig unter meinem Blick, wiewohl sie mich offenbar für einen Mann von achtzig Jahren gehalten hatte. Um der Sache ein Ende zu machen, sagte ich:

»Sehen Sie, wie der alte Spruch sich wieder bewahrheitet; ich hätte mich nicht von Ihnen verleiten lassen sollen, eine unartige Frage zu stellen.«

Sie lachte wieder: »Nun, Genossen, alt und jung, ich muß jetzt an die Arbeit. Wir werden uns zu tummeln haben, und ich möchte schnell fertig sein, denn ich habe gestern ein hübsches altes Buch angefangen und möchte heute Morgen darin weiterlesen, also leben Sie einstweilen wohl!«

Sie winkte uns mit der Hand, und wie sie so leichten Fußes die Halle durchschritt, nahm sie (mit Walter Scott zu reden) wenigstens einen Teil des Sonnenscheins mit.

Als sie fort war, bemerkte Dick zu mir:

»Möchten Sie nun nicht die eine oder andere Frage an unseren Freund hier richten? Es ist nicht mehr als billig, daß Sie jetzt an die Reihe kommen.«

»Es soll mich freuen, Ihre Fragen beantworten zu können«, sagte der Weber.

»Die Fragen, die ich an Sie stellen möchte«, erwiderte ich, »sind keineswegs schwieriger Natur. Ich möchte von Ihnen, der Sie Weber sind, einige Auskunft über dieses Gewerbe haben, da ich mich dafür interessiere – oder interessiert habe.«

»Ich fürchte, daß ich Ihnen darin nur von wenig Nutzen sein kann«, meinte er. »Ich verrichte nur die mechanischste Art der Weberei und bin tatsächlich nichts weiter als ein armer Handwerker und nicht etwa mit meinem Freunde Dick hier zu vergleichen. Außer mit Weben beschäftige ich mich noch mit Maschinendruck und Schriftsetzen, obgleich ich für die feineren Arten des Druckens schlecht zu gebrauchen bin. Außerdem geht es ja mit dem Maschinendruck zu Ende, wie auch die Plage des Büchermachens auf den Aussterbe-Etat gesetzt ist. So mußte ich mich denn anderen Gegenständen zuwenden, die meinem Geschmacke zusagten, und habe mich zur Mathematik entschlossen. Auch verfasse ich ein geschichtliches Werk über das – nun, wie sag' ich gleich? – Friedens- und Privatleben am Schluß des neunzehnten Jahrhunderts – mehr um ein Bild des Landes zu geben, wie es aussah, bevor der Kampf begann, als zu irgendeinem anderen Zweck. Darüber sprechen wir hoffentlich später einmal ausführlicher, wenn unser Freund Dick nicht zugegen ist. Er hält mich nämlich für einen Quälgeist und hat eine ziemlich geringe Meinung von mir, weil ich mit den Händen nicht sonderlich geschickt bin – so machen sie's nämlich heutzutage. So viel ich aus der Literatur des neunzehnten Jahrhunderts entnommen habe (und ich lese viel), scheint sich die Dummheit jener Tage zu rächen, die jeden mißachtete, der seine

Hände zu brauchen verstand. Aber Dick, alter Junge, ne quid nimis! Übertreib's nicht!«

»Schau her«, sagte Dick, »sieht mir das wohl ähnlich? Bin ich nicht der duldsamste Mensch unter der Sonne? Bin ich nicht so lange zufrieden, als du mir keine Mathematik eintrichtern oder deine neue wissenschaftliche Ästhetik nicht aufdrängen willst, sondern mir mein bißchen *praktische* Ästhetik mit Gold und Stahl, mit meinem Löteisen und dem niedlichen kleinen Hammer gönnst? Aber holla! Da kommt ein neuer Fragesteller für Sie, mein armer Gast! Jetzt Bob, mußt du mir aber helfen, ihn zu verteidigen.«

»Hier, Boffin«, rief er nach einer Pause, »hier sind wir, wenn's denn nicht anders sein kann!«

Den Kopf über die Achsel wendend, sah ich im Sonnenschein, der die Halle quer durchleuchtete, etwas flimmern und glitzern. Danach drehte ich mich um und konnte nun eine glänzende Gestalt bequem betrachten, die langsam über das Pflaster schlenderte. Es war ein Mann in einem ebenso reich wie elegant goldgestickten Oberrock, in dem die Sonne sich wie in einer goldenen Rüstung spiegelte. Der Mann war groß, dunkelhaarig und von außergewöhnlicher Schönheit, und obgleich auf seinem Gesicht derselbe freundliche Ausdruck lag wie auf dem der anderen, schritt er doch mit jener Art von Stolz einher, den das Bewußtsein hoher Schönheit Männern wie Frauen zu verleihen pflegt. Er kam zu uns heran, setzte sich mit lächelndem Antlitz an unseren Tisch, streckte seine langen Beine von sich und ließ seinen Arm mit der gelassenen Anmut über den Stuhl hängen, die großen, wohlgebauten Leuten so wohl ansteht. Er befand sich auf der Scheitelhöhe des Lebens, sah aber harmlos glücklich drein wie ein Kind, dem man ein neues Spielzeug geschenkt hat. Er verbeugte sich liebenswürdig vor mir und sagte:

»Sie sind entschieden der Gast, von dem mir Annie eben erzählt hat; – der aus fernem Lande kommt und uns und unsere Lebensweise nicht kennt? Unter solchen Umständen gestatten Sie mir wohl, Ihnen ein paar Fragen vorzulegen; denn sehen Sie – –«

Hier unterbrach ihn Dick. »Nichts da, Boffin, entschuldige,

aber Du mußt ihn jetzt in Ruhe lassen. Du wirst doch sicher unseren Gast zufrieden und glücklich sehen wollen, und wie kann er das sein, wenn man ihn mit allerhand Fragen belästigt, bevor er sich noch selber an die neuen Sitten und Menschen, die ihn umgeben, gewöhnt hat? Nein, nein, ich bringe ihn an einen Ort, wo er selber Fragen stellen kann und Antwort empfängt – nämlich zu meinem Urgroßvater in Bloomsbury – und dagegen werdet Ihr wohl kaum etwas einzuwenden haben. Anstatt ihn also zu drangsalieren, tätest Du besser, Dich zu James Allen zu verfügen und mir einen Wagen zu bestellen, da ich selbst fahren will. Und bitte, sag' Jim, er möchte mir den alten Grauschimmel einspannen, denn ich verstehe mich aufs Rudern besser als aufs Kutschieren. Mach' Dich auf die Beine, alter Junge, und laß Dich's nicht verdrießen. Unser Gast wird Dir und Deinen Geschichten nicht verloren gehen.«

Ich sah Dick erstaunt an, denn es verblüffte mich, ihn zu einer so würdevollen Persönlichkeit so vertraulich, um nicht zu sagen so kurz angebunden, sprechen zu hören. Meiner Meinung nach mußte dieser Mr. Boffin trotz seines Charles Dickens entlehnten wohlbekannten Namens mindestens Senatorenrang bei diesem wunderlichen Volke bekleiden. Er stand jedoch auf und sagte:

»Schon recht, alter Ruderwüterich, wie's Dir beliebt; ich habe sowieso heute nichts zu tun, und obgleich (mit einer herablassenden Verbeugung gegen mich) ich das Vergnügen eines Plauderstündchens mit diesem gelehrten Gast aufschieben muß, gestehe ich zu, daß er Deinem ehrwürdigen Verwandten nicht schnell genug zugeführt werden kann. Außerdem wird er vielleicht meine Fragen um so besser zu beantworten imstande sein, nachdem ihm die seinigen beantwortet wurden.«

Damit drehte er sich um und schritt würdevoll aus dem Saal.

Sobald er ganz draußen war, fragte ich:

»Darf ich wissen, was Herr Boffin ist? Dessen Namen mich übrigens an so manche vergnügliche Stunde erinnert, die ich über Dickens zugebracht.«

Dick lachte. »Ja, ja«, sagte er, »gerade wie uns. Die Anspielung ist Ihnen also nicht entgangen. Natürlich ist sein wirklicher

Name nicht Boffin, sondern Henry Johnson; wir nennen ihn nur scherzweise Boffin, einmal, weil er der Kehrichtkärrner ist, und dann, weil er sich so prächtig kleidet und so viel Gold an sich verschwendet wie ein Baron aus dem Mittelalter. Und warum soll er nicht, wenn's ihm Spaß macht? Nur daß wir seine engeren Freunde sind und uns einen Scherz mit ihm erlauben dürfen.«

Nach dieser Eröffnung hielt ich eine ganze Zeit den Mund; Dick aber fuhr fort:

»Er ist ein prächtiger Bursche, und man muß ihn gern haben, aber eine Schwäche besitzt er: Er verbringt seine Zeit mit dem Schreiben altertümelnder Romane und setzt seinen Stolz drein, das Lokalkolorit herauszubekommen. Und da er meint, daß Sie aus irgendeinem verlorenen Erdwinkel herkämen, wo die Leute unglücklich und folglich für einen Romanschreiber interessant sind, so glaubt er allerhand Neues oder neues Altes aus Ihnen herauspumpen zu können. Oh, damit wird er nicht lange hinterm Zaune halten. In Ihrem eigenen Interesse, nehmen Sie sich vor ihm in acht!«

»Na, Dick«, widersprach eigensinnig der Weber, »ich halte seine Romane für sehr gut.«

»Natürlich tust Du das«, sagte Dick. »Gleich und gleich gesellt sich gern. Mathematik und altertümliche Romane stehen ungefähr auf derselben Stufe. Aber da kommt er zurück.«

Und richtig, der goldene Kehrichtkärrner rief uns von der Saaltüre zu sich heran. Wir erhoben uns und gingen zur Torhalle, vor welcher ein Einspänner mit einem kräftigen Grauschimmel in der Deichselgabel auf uns wartete. Das Wägelchen war außerordentlich leicht, handlich und bequem; es hatte nichts von der unerträglichen Plumpheit und platten Gewöhnlichkeit unserer, insonderheit der eleganten Gefährte, sondern sah äußerst zierlich und gefällig aus. Wir stiegen ein, Dick und ich. Die Mädchen oder Frauen, die in die Torhalle getreten waren, um uns abfahren zu sehen, winkten uns ihre Abschiedsgrüße zu, der Weber nickte freundlich, und der Kehrichtkärrner verneigte sich mit der stolzen Anmut eines Troubadours. Dick ergriff die Zügel, und fort waren wir.

4. Kapitel

Ein Markt am Wege

Wir wandten uns sofort vom Flusse ab und befanden uns bald auf der Hauptstraße, die durch Hammersmith führt. Aber ich hätte nie erraten, wo ich war, wenn wir nicht vom Ufer hergekommen wären, denn die Straße führte durch weite sonnige Wiesen und gartengleich bewirtschaftetes Ackerland, und als wir über die hübsche Brücke fuhren, sahen wir den noch vom Flutwasser geschwellten Strom mit bunten Booten der verschiedensten Arten belebt. Häuser standen ringsum – die einen am Wege, die anderen zwischen den Feldern; reizende Heckenpfade führten zu ihnen hinab, und üppige Gärten schlossen sie ein. Alle diese Häuser waren zierlich und zugleich sehr fest ausgeführt, machten aber dabei einen ganz ländlichen Eindruck. Einige waren aus roten Backsteinen wie die Häuser am Fluß, die meisten jedoch aus Fachwerk und Gips-Mörtel und glichen den mittelalterlichen Häusern aus demselben Baumaterial so sehr, daß ich mich beinahe ins vierzehnte Jahrhundert versetzt glaubte – ein Eindruck, den die Tracht der Leute, an denen wir vorüberkamen, noch erhöhte. Sie hatte nichts ›Modernes‹. Fast alle gingen hell gekleidet, besonders die Frauen, die so anziehend und meist geradezu so reizend aussahen, daß ich mich kaum enthalten konnte, meinen Gefährten darauf aufmerksam zu machen. Verschiedene Gesichter hatten gedankenvolle Züge und zeichneten sich durch eine große Vornehmheit des Ausdrucks aus, aber ich erblickte keines, auf dem ein Schimmer von Sorge gelegen hätte, und die meisten – wir begegneten sehr vielen Leuten – trugen frank und frei die Freude am Leben zur Schau.

Ich glaubte, den Broadway an der Lage der Straßen zu erkennen, die dort immer noch zusammenliefen. An der Nordseite des Weges stand eine Reihe von Gebäuden und Höfen, die zwar niedrig, jedoch von so geschmackvoller Ausführung und so reich verziert waren, daß sie zu der Anspruchslosigkeit der Häuser ringsum einen auffälligen Gegensatz bildeten. Aber diese Gebäude wurden überragt von dem bleigedeckten Dach, den Strebepfeilern und dem oberen Mauerwerk einer großen Halle in einem glänzenden Prachtstil, der die besten Eigenschaften der nordeuropäischen Gotik mit denen des sarazenischen und byzantinischen Stiles zu vereinigen schien, ohne sich sklavisch an eine dieser Stilarten zu binden. Auf der anderen, der Südseite der Straße erhob sich ein von einer Kuppel gekröntes Achteck, das im Umriß an das Baptisterium in Florenz erinnerte, nur daß es von einem Anbau umschlossen war, der augenscheinlich einen Säulen- oder Kreuzgang enthielt; auch dieser Bau war auf das Zarteste geschmückt.

Diese ganze Masse von Baukunst, die inmitten der üppigen Felder so plötzlich vor uns aufstieg, bot nicht nur an sich ein erlesen schönes Bild, sondern strahlte eine so edle und verschwenderische Lebensfülle aus, daß ich mich in niegekanntem Maße von heiterem Frohmut durchdrungen fühlte. Ja, ich lachte hell auf vor lauter Wohlgefühl. Mein Freund schien das zu begreifen und sah mit freudig-herzlichem Anteil auf mich. Wir hielten unter einer Menge von Fuhrwerken an, in denen sich schöne gesunde Menschen befanden, Männer, Weiber und Kinder in den heitersten Trachten. Die Fuhrwerke mußten Marktwagen sein, denn sie waren mit äußerst appetitlichen Erzeugnissen der Land- und Gartenwirtschaft beladen.

»Daß dies ein Markt ist, brauch' ich nicht erst zu fragen«, bemerkte ich; »aber was hat denn eine solche Pracht hier zu bedeuten? Und was für ein wundervolles Schloß ist denn das da drüben? Und was stellt das Gebäude auf der Südseite vor?«

»Oh«, sagte er, »das ist ja unser Hammersmither Markt; es freut mich, daß er Ihnen gefällt, denn wir sind wirklich stolz auf ihn. Das Schloß da enthält unser *Versammlungslokal* für den Winter, denn sommers versammeln wir uns meist auf den Feldern unten am Fluß, Barn Elms gegenüber. Das Gebäude zu unserer Rechten ist das *Theater*, und ich hoffe, daß es Ihren Beifall findet.«

»Ich wäre ein Dummkopf, wenn es mir nicht gefiele«, sagte ich.

Leicht errötend antwortete er:

»Ich lege auch aus dem Grunde Wert auf Ihren Beifall, weil ich an dem Werk nicht ganz unbeteiligt bin. Die großen Türen aus damaszierter Bronze habe ich gearbeitet. Wir können sie später am Tage näher betrachten; jetzt müssen wir fort. Was den Markt betrifft, so gibt's heute nicht viel zu schaffen, und somit tun wir besser, ein andermal herzukommen, wenn mehr Leute da sind.«

Ich erklärte mich einverstanden und fragte nur: »Sind das richtige Landleute? Was für reizende Mädchen es unter ihnen gibt!«

Bei diesen Worten fiel mein Blick auf das Gesicht einer schönen Frau von hohem Wuchs, dunklem Haar und schneeweißem Teint, die der Jahreszeit und dem heißen Tage zu Ehren ein hübsches hellgrünes Kleid trug. Sie lächelte mich freundlich an, freundlicher jedoch noch, wie es mir vorkam, meinen Begleiter. Nach einer kleinen Pause fuhr ich fort:

»Ich frage, weil ich keine eigentlichen Landleute sehe, wie man sie auf einem Markt anzutreffen erwartet – ich meine Leute, die etwas verkaufen.«

»Ich verstehe nicht recht, was für Leute Sie erwarten könnten und was Sie sich unter ›Landleuten‹ vorstellen. Das hier sind Nachbarn – so wie sie in den Themsetälern überall aussehen und zu finden sind. Es gibt in unserem Inselreiche rauhere und regenreichere Gegenden, und dort kleiden sich die Leute auch in gröbere Stoffe und sind selber rauher und wetterfester in ihrer Erscheinung als wir. Doch ziehen gar viele ihr Aussehen dem unsrigen vor, es läge mehr Charakter darin, behaupten sie. Nun, das ist ja Geschmacksache. – Die Kreuzung zwischen ihnen und uns fällt gewöhnlich günstig aus«, fügte er nachdenklich hinzu.

Ich hörte ihm zu, obwohl sich meine Augen von ihm abgewandt hatten, denn das hübsche Mädchen verschwand eben mit einem großen Korb Früherbsen durch das Tor, und ich empfand das Bedauern, das uns befällt, wenn man auf der Straße ein liebliches oder interessantes Gesicht getroffen hat, dem man nicht wiederzubegegnen hoffen darf. So schwieg ich denn eine Weile, um endlich zu fragen:

»Wie kommt es, daß ich nirgends einen Menschen erblickt habe, dem es schlecht geht – auch nicht einen einzigen?«

Er zog erstaunt die Brauen zusammen und sagte:

»Wie sollten Sie auch? Geht es jemandem schlecht, so bleibt er gern zu Haus oder kriecht höchstens ein bißchen im Garten umher, aber ich wüßte auch nicht, daß jemand krank wäre. Weshalb wollten Sie denn gerade Leute auf der Straße treffen, denen es schlecht geht?«

»Nicht doch«, sagte ich; »nicht *kranke* Menschen meine ich. *Arme* Menschen – die nichts besitzen, heruntergekommene Leute, die im Elend leben.«

»Nun«, rief er lustig lachend, »von so etwas weiß ich wirklich nichts. Wir wollen nur machen, daß wir zu meinem Urgroßvater kommen, der wird Sie besser verstehen als ich. Hottehü, Grauschimmel!« Damit lockerte er die Zügel, und wir trabten wohlgemut nach Osten.

5. Kapitel

Kinder auf der Straße

Nachdem wir den Broadway passiert hatten, verloren sich die Häuser zu beiden Seiten. Bald setzten wir über einen muntern kleinen Bach, der durch ein mit Bäumen gesprenkeltes Stück Land floß, und kamen nach einer Weile auf einen Markt mit einem Rathaus, wie wir es nennen würden.

Gleich darauf gelangten wir in eine kurze Häuserstraße oder vielmehr in eine Straße mit je einem langen Gebäude aus Holz und Mörtel und zierlichen Arkaden als Fußpfaden zu beiden Seiten.

»Das ist das ehemalige Kensington«, sagte Dick. »Hier sammelt sich viel Volks an, der Waldromantik wegen – und Naturforscher halten sich gleichfalls mit Vorliebe in dieser Gegend auf, denn was Sie hier erblicken, ist ein Stück Wildnis. Der Teil, den wir soeben erreichen, heißt Kensington-Gärten[7]; warum just Gärten, weiß ich selber nicht.«

»Ich aber weiß es«, hätte ich ihm gerne zugerufen; aber es gab so viel Dinge um mich her, von denen ich seiner offenbaren Annahme zum Trotz nichts wußte, daß es besser war, den Mund zu halten.

Die Straße mündete plötzlich in einen prächtigen Wald, der sich zu beiden Seiten, jedoch nach Norden augenscheinlich viel weiter ausdehnte. Er bestand aus prächtigen Eichen und Edelkastanien, aber auch schneller wachsende Bäume (unter denen mir die Platanen und ägyptischen Feigenbäume fast zu zahlreich erschienen) waren in stattlichen Exemplaren vertreten.

Es war wunderbar angenehm in dem wechselnden, von Sonnenstrahlen durchflimmerten Schatten des Waldes, denn der Tag wurde heiß; und die balsamische Frische und Kühle stimmten meinen aufgeregten Geist in eine so träumerisch wonnige Verfassung, daß ich Ewigkeiten hindurch an diesem Orte hätte verweilen mögen. Mein Begleiter schien diese Empfindung zu teilen, denn er ließ das Pferd immer langsamer ausschreiten, während er die Düfte des grünen Waldes in sich sog.

Romantisch war dieser Wald von Kensington wohl, aber nicht einsam. Wir stießen auf zahlreiche Gruppen, welche kamen und gingen oder in den Waldgängen herumwanderten oder spielten. Unter letzteren waren viele Kinder von sechs und acht bis hinauf zu sechzehn oder siebzehn Jahren. Sie erschienen mir als wahre Mustertypen ihres Alters und Geschlechts und vergnügten sich offenbar auf das allerbeste. Einige spielten um kleine, im Rasen befestigte Zelte, und vor mehreren dieser Zelte hingen Töpfe über einem Feuer, wie bei den Zigeunern. Dick erklärte mir, hier und da stünden Häuser im Forste – und wir erblickten auch im Fluge eines oder zwei. Die meisten sollten nach Dicks Schilderung ganz klein sein wie die Katen (Cottages) zur Zeit, da es noch Sklaven im Lande gab, aber gut eingerichtet und hübsch und für den Wald wie geschaffen.

»An Kindern scheint hier gerade kein Mangel zu sein«, bemerkte ich, auf die vielen umherschwärmenden Kinder deutend.

»Oh«, rief er, »glauben Sie etwa, daß diese Kinder nur aus den in der Nähe liegenden Waldhäuschen kommen? Von nah und fern kommen sie hierher. Sie machen oft Ausflüge und treffen sommers auf Wochen in den Wäldern zusammen und leben in Zelten, wie Sie hier sehen. Wir muntern sie dazu auf; sie lernen so selbständig denken und handeln, beobachten die Natur und die Tiere des Waldes, und je weniger sie in den Stuben zu hocken und die dumpfe Stubenluft zu atmen haben, desto besser ist's für sie. Selbst Erwachsene bringen häufig den Sommer in Wäldern zu, nur begeben sie sich zu diesem Zweck meist in die größeren Wälder: in die bei Windsor oder den Dean-Wald oder in die Einöden des Nordens. Abgesehen von den sonstigen Vergnügungen und Annehmlichkeiten, die solch ein Aufenthalt gewährt, finden sie dort noch Gelegenheit zu schwerer körperlicher Arbeit, die in den letzten fünfzig Jahren einigermaßen selten geworden ist.«

Er brach ab und erklärte dann:

»Ich sage Ihnen das alles, weil ich sehe, daß Sie Fragen denken, wenn auch nicht aussprechen, und weil ich mich verpflichtet fühle, Ihre stummen Fragen zu beantworten; mein Verwandter wird Ihnen bessere Auskunft geben.«

Ich merkte, daß ich auf dem Sprunge sei, mich zu verraten, und so sagte ich, bloß um mir über meine Verlegenheit hinwegzuhelfen:

»Nun, das junge Volk ist dann um so frischer für die Schule, wenn der Sommer vorbei ist und sie zurück müssen.«

»*Schule?*« fragte er erstaunt, »ja, was meinen Sie mit diesem Wort? Ich wüßte nicht, in welchem Zusammenhang es mit Kindern zu bringen ist. Wir sprechen wohl von einer Philosophenschule, von einer Malerschule, – von einer Dichterschule – wie man aber von einer Kinderschule reden kann, das –« und er begann zu lachen – »das geht über meinen Horizont.«

Zum Henker! dachte ich, ich kann kaum den Mund auftun, ohne eine neue Verwicklung heraufzubeschwören. Ich wollte gar nicht versuchen, meinem Freund in seinen etymologischen Forschungen auf die Sprünge zu helfen; und über die Knaben-Ställe, wie ich die Schulen zu nennen pflegte, zog ich gleichfalls vor zu schweigen, da mir ziemlich klar war, daß sie verschwunden waren. Nach etwelchem Umhertappen stotterte ich denn heraus:

»Ich brauchte das Wort im Sinne einer Erziehungsanstalt.«

»Erziehung –?« fragte er nachdenkend. »Ich habe das Wort schon anwenden hören, bin aber noch niemandem begegnet, der mir eine deutliche Erklärung des Sinnes zu geben vermocht hätte.«

Man kann sich vorstellen, wie bei diesem offenen Bekenntnis meine Freunde in meiner Achtung sanken; und nicht ohne einen etwas verächtlichen Ton sagte ich:

»Nun, Erziehung bedeutet ein System, nach welchem man junge Leute lehrt, unterweist.«

»Warum nicht auch alte Leute?« fragte er mit einem schelmischen Zwinkern. »Aber ich kann Sie immerhin versichern, daß unsere Kinder etwas lernen, ohne daß sie durch ein Lehr- oder Unterweisungssystem zu gehen haben. Ei, nicht eines dieser Kinder sollten Sie finden, Junge oder Mädchen, das nicht schwimmen, nicht eines, das sich nicht auf den kleinen Wald-Ponies zu tummeln verstände – da sehen Sie gleich eins! Kochen können sie durch die Bank, die größeren Jungen können mähen, viele können dachdecken und verrichten allerhand Tischlerarbeit, oder sie verstehen sich auf sonst eine Hantierung. Ich kann Ihnen versichern, sie haben eine große Menge von Sachen gelernt.«

»Ja doch, aber ihre Erziehung des Geistes und Charakters, die Bildung des Gemüts«, sagte ich.

»Lieber Gast«, sagte er, »Sie haben vielleicht die Dinge nicht gelernt, von denen ich sprach, und wenn das der Fall ist, so glauben Sie ja nicht, daß keine Geschicklichkeit dazu gehörte und daß der Geist und das Gemüt nicht ihre Nahrung dabei fänden. Sie würden Ihre Meinung augenblicklich ändern, wenn Sie zum Beispiel einen Jungen aus Dorsetshire beim Dachdecken beobachteten. Allein ich begreife wohl, daß Sie von *Bücher*gelehrsamkeit reden, und die ist doch eine einfache Sache. Die meisten Kinder, welche Bücher umherliegen sehen, bekommen es schon mit vier Jahren fertig zu lesen, obgleich es heißt, daß dies nicht immer so gewesen sei. Was das Schreiben betrifft, so lassen wir die Kinder nicht allzu zeitig kritzeln (obgleich sie sich nicht ganz davon abhalten lassen), weil sie sich dann eine häßliche Handschrift angewöhnen; und wozu das viele häßliche Schreiben, wenn das mechanische Drucken doch so bequem ist? Natürlich legen wir Wert auf eine schöne Handschrift und viele schreiben ihre Bücher ab oder lassen sie abschreiben – natürlich nur solche Bücher, von denen bloß wenige Exemplare gebraucht werden, Gedichte und dergleichen. Aber ich schweife ab. Entschuldigen Sie mich, denn ich bin bei der Sache persönlich interessiert. Ich bin selber ein Schönschreiber.«

»Nun gut«, sagte ich, »wenn die Kinder Lesen und Schreiben gelernt haben, lernen sie dann nichts anderes – zum Beispiel Sprachen?«

»Oh gewiß«, antwortete er; »oft sprechen sie schon Französisch, bevor sie lesen können, da unsere nächsten Nachbarn jenseits des Wassers diese Sprache sprechen, und fast ebenso schnell lernen sie Deutsch, das von einer großen Anzahl Menschen des Festlandes gesprochen wird. Das sind die Hauptsprachen, die wir außer Englisch, Walisisch[8] oder Irisch, das nur eine Abart des Walisischen ist, auf unserm Inselreich sprechen, und die Kinder schnappen diese Sprachen schnell auf, weil sie dieselben von den Erwachsenen sprechen hören. Zudem bringen unsere überseeischen Gäste oft ihre Kinder mit, und so kommen die Kleinen zusammen und lernen gegenseitig die Sprachen voneinander.«

»Und die alten Sprachen?«

»Oh ja«, sagte er, »sie lernen meistens Lateinisch und Griechisch mit den modernen Sprachen zusammen.«

»Und Geschichte? Wie lehren Sie Geschichte?«

»Je nun«, meinte er, »wenn jemand lesen kann, so liest er, was ihm Spaß macht, und er findet sehr bald jemand, der ihm die besten Bücher über den oder jenen Gegenstand nachweist oder ihm erklärt, was ihm in den Büchern, die er liest, dunkel geblieben ist.«

»Schön, und was lernen sie sonst? Sie werden doch nicht alle Geschichte lernen?«

»Oh nein«, erwiderte er, »nicht alle haben Interesse dafür, ja sogar recht viele haben keins. Wie mein Urgroßvater sagt, kümmern sich die Menschen meistens nur in Zeiten des Aufruhrs, des Kampfes und der Wirrsale um die Geschichte, und« – fuhr mein Freund mit einem liebenswürdigen Lächeln fort, »dergleichen kommt heutzutage nicht vor. Nein, viele forschen nach dem Ursprung der Dinge, nach den Gesetzen der Verkettung von Ursache und Wirkung, so daß Wissen und Kenntnisse unter uns zunehmen, wenn Sie das für einen Vorteil halten. Andere wiederum, wie Freund Bob, verbringen ihre Zeit mit Mathematik. Es ist ja doch unnütz, die Neigungen der Menschen zwingen zu wollen.«

»Sie wollen doch nicht sagen, daß Kinder all' diese Dinge lernen?«

»Das hängt davon ab, was Sie unter Kindern verstehen; auch müssen Sie bedenken, wie verschiedenartig die Kinder veranlagt sind. In der Regel lesen sie außer ein paar Märchenbüchern bis ungefähr zu ihrem fünfzehnten Jahr nicht viel. Vorzeitige Lern- und Lesewut findet keine Unterstützung bei uns, aber trotzdem gibt es immer Kinder, die sehr früh zu den Büchern greifen, was vielleicht nicht gut für sie ist. Doch ist es zwecklos, ihnen zu wehren, und gewöhnlich dauert es nicht lange, und bevor sie ihr zwanzigstes Jahr erreichen, haben sie in der Regel ihre Richtschnur gefunden. Die Kinder ahmen bekanntlich gerne Erwachsene nach, und wenn sie die meisten Leute mit wirklich unterhaltender und nützlicher Arbeit, wie Häuserbauen, Straßenpflastern, Gärtnerei und Ähnlichem beschäftigt sehen, so treibt es sie, dasselbe zu tun, und wir bauchen uns deshalb vor einer Überschwemmung mit Büchergelehrten nicht zu fürchten.«

Was konnte ich hierzu sagen? Ich saß schweigend da, um keine neuen Verwirrungen und Mißverständnisse herbeizuführen. Außerdem strengte ich meine Augen mit aller Macht an, um zu entdecken, wann unser altes Grauchen, das so hurtig einhertrabte, uns in das eigentliche London bringen würde, und welche Veränderungen mit der Stadt vorgegangen seien.

Mein Begleiter konnte indes sein Thema nicht ganz fallenlassen, und nachdenklich fuhr er fort:

»Aber selbst wenn die Kinder als Büchergelehrte aufwachsen, kann es ihnen nicht allzuviel schaden. Es ist ein wahres Vergnügen, sie so glücklich in Arbeiten vertieft zu sehen, nach denen keine sonderliche Nachfrage geschieht. Außerdem sind diese Studenten gemeinhin höchst liebenswürdige Menschen, gut und sanft von Gemüt, bescheiden und mit Eifer bereit, allen alles zu lehren, was sie selber wissen. Ich muß sagen, daß ich alle, mit denen ich bekannt geworden bin, ungemein gern habe.«

Diese Rede erschien mir denn noch so überaus wunderlich, daß ich gerade im Begriff war, meinem Freund wieder eine Frage vorzulegen, als wir die Höhe einer Bodenschwellung erreichten und ich durch eine Waldlichtung zur Rechten ein stattliches Gebäude erblickte, dessen Umrisse mir genau bekannt waren.

»Die *Westminster-Abtei*!« rief ich aus.

»Jawohl«, sagte Dick – »was von der Westminster-Abtei übrig geblieben ist.«

»Aber was habt Ihr denn mit ihr angestellt?« fragte ich erschreckt.

»Was *wir* mit ihr angestellt haben? Nicht viel mehr als sie gesäubert«, erwiderte er. »Sie wissen ja, daß die Außenseite seit Jahrhunderten schon verwittert war. Und das Innere ist nach der großen Wegräumung der abscheulichen Denkmäler von Narren und Schurken, mit denen sie, wie der Urgroßvater sagt, vollgestopft war, in seiner ganzen Schönheit erhalten geblieben.«

Als wir ein Stückchen weiter gefahren waren, blickte ich wieder nach rechts und rief mit etwas zweifelnder Stimme: »Das ist ja das Parlamentsgebäude! Wie, braucht Ihr denn das noch?«

Er brach in ein Gelächter aus, von dem er sich nicht so schnell erholen konnte, dann klopfte er mir auf die Schulter und sagte:

»Ich verstehe Sie, Nachbar. Staunen Sie nur, daß wir es nicht niedergerissen haben, ich weiß Bescheid, und nicht umsonst hat mir mein Urgroßvater Bücher über das seltsame Spiel gegeben, das dort getrieben worden ist. Es brauchen! Ei ja, als eine Art Hilfsmarkt und als Düngermagazin und dazu eignet das Gebäude sich nicht übel, da es am Ufer liegt. Gleich zum Beginn unserer Zeitperiode sollte es wohl einmal niedergerissen werden, aber da kam so eine wunderliche Gesellschaft von Altertumsforschern, die sich in früheren Zeiten einige Verdienste erworben hatte, und widersetzte sich stramm dem Abbruch dieses wie so manches anderen Gebäudes, das die meisten nicht nur als wertlos, sondern als öffentlichen Skandal betrachteten, und die Gesellschaft ging so nachdrücklich vor und hatte so gute Gründe anzuführen, daß sie ihren Willen durchsetzte. Nun, und alles wohlerwogen, muß ich sagen, daß ich nicht böse darüber bin, denn schlimmstenfalls dienen diese abgeschmackten Steinhaufen den herrlichen Gebäuden, die wir heutzutage aufführen, zur wirksamen Folie. Sie werden verschiedene in diesem Stadtteil finden, zum Beispiel das Haus, welches mein Urgroßvater bewohnt, und einen weitläufigen Bau, den man die Paulskirche nennt. Was brauchen wir ein paar armseligen Bauten den Platz zu mißgönnen, auf dem sie stehen, da wir doch überall hinbauen können! Auch braucht uns ja um den Anlaß zu gedeihlicher Arbeit auf diesem Gebiete nicht bange zu sein, zumal bei neuen Gebäuden, auch wenn sie anspruchsloser Art sind, für immer mehr und mehr solche Arbeit Gelegenheit ist. Zum Beispiel erscheint mir ein weiter Spielraum und möglichste Bewegungsfreiheit im Hause als etwas so Kostbares, daß ich ihnen im Notfalle sogar etwas vom Außenraum zu opfern geneigt wäre. Dann erfordert ja auch die ornamentale Ausschmückung, die nicht in den Versammlungssälen, Markthallen und ähnlichen Gebäuden, freilich aber in den Wohnhäusern, wo eben alles erlaubt ist, übertrieben werden kann, viel Kräfte und Sorgfalt. Mein Urgroßvater allerdings meint dann und wann, meine Ansichten über die höhere Baukunst seien etwas verschroben – ich bleibe aber der Überzeugung, daß sich der Tatkraft des Menschen nirgends ein weiteres Gebiet eröffnet; denn auf jedem anderen finden wir Grenzen, während sich auf diesem eine schier unübersehbare Fernsicht immer neuer Aufgaben bietet.«

6. Kapitel

Ein bißchen ›Shopping‹

Noch ehe er zu Ende war, gelangten wir plötzlich aus dem Waldrevier in eine kurze Straße schön gebauter Häuser, die mein Begleiter Piccadilly nannte. Den unteren Teil der Häuser würde ich für Läden gehalten haben, wenn ich nicht die Erfahrung gemacht hätte, daß sich hier niemand auf die Kunst des Kaufens und Verkaufens verstand. In den geschmackvoll und glänzend hergerichteten Schaufenstern lagen in schönster Anordnung und reichster Auswahl Waren aus, wie um die Kauflust der Leute zu reizen, und die Leute blieben stehen und sahen die Waren an oder gingen hinein und kamen mit Paketen unter dem Arm wieder heraus – ganz wie ich es gewohnt war. Auf beiden Seiten der Straße zogen sich wie in altitalienischen Städten Arkaden zum Schutz der Fußgänger hin. Auf der Hälfte des Weges ungefähr ragte eines der ungeheuren Gebäude, auf deren Erscheinung ich nunmehr vorbereitet war, empor, und ließ mich erkennen, daß sich auch hier ein Zentralpunkt irgendwelcher Art befände.

»Hier sehen Sie einen Markt«, sagte Dick, »der nach einem anderen Plan als die gewöhnlichen Märkte angelegt ist. Die oberen Stockwerke dieser Häuser sind zu Gasthäusern bestimmt, da Leute aus allen Windrichtungen sich von Zeit zu Zeit hier zusammenfinden, denn die Bevölkerung ist hier ziemlich dicht gesät. Sie werden das sogleich wahrnehmen, und es gibt ja Leute, die das Menschengewimmel lieben. Ich freilich gehöre nicht zu ihnen.«

Ich mußte unwillkürlich lächeln, daß Überlieferungen sich einer so langen Dauer erfreuen. Der Geist des alten London, das sich für einen Zentralpunkt – sogar, wie ich glaube, für einen geistigen Zentralpunkt – hielt, machte sich hier noch geltend. Ohne ein Wort darüber zu verlieren, ersuchte ich Dick nur, recht langsam zu fahren, da die Sachen in den Buden ganz reizend aussahen.

»Ja, für hübsche Sachen ist hier ein recht guter Markt«, meinte er, »und er wird auch hauptsächlich für bessere Waren abgehalten, da die Parlaments-Markthalle ganz in der Nähe ist, wo man Kohl und Rüben und ähnliches, sowie Bier und gewöhnliche Sorten Wein anbietet.«

Er warf mir sodann einen eigentümlichen Blick zu und sagte: »Aber vielleicht haben Sie Lust zu einem bißchen Shopping[9], wie man hier sagt.«

Ich betrachtete meinen groben blauen Anzug, den ich schon mehrfach mit der feinen, geschmackvollen Tracht der mir Begegnenden hatte vergleichen können; und *wenn* ich nun einmal diesen so gar nicht geschäftsmäßig aussehenden Leuten, wie es schien, als Wundertier vorgeführt werden sollte, so hätte ich doch gewünscht, dem Zahlmeister eines gelöschten Schiffes etwas weniger ähnlich zu sehen. Aber trotz allem, was schon geschehen war, fuhr doch meine Hand wieder in die Tasche, wo sie zu meinem Schrecken kein anderes Metall als zwei verrostete alte Schlüssel fand – und nun fiel mir ein, daß ich bei unserem Geplauder im Gästesaal zu Hammersmith mein Geld herausgeholt hatte, um es der hübschen Annie zu zeigen, und daß es dort liegengeblieben war. Mein Gesicht zog sich bedenklich in die Länge, und Dick, der mich ansah, rief in einem Ton lebhafter Beunruhigung:

»Holla, Gast! Was haben Sie? Hat Sie eine Wespe gestochen?«

»Nicht doch«, sagte ich, »aber ich hab' es liegenlassen.«

»Nun, nun, wenn's weiter nichts ist!« tröstete er mich, »Sie können ja alles, was Sie liegengelassen haben, auf diesem Markt bekommen, also lassen Sie sich's nicht anfechten.«

Inzwischen hatte ich meine Besonnenheit wiedergewonnen, und da mir die erstaunlichen Gepflogenheiten dieses Landes wieder einfielen, gelüstete es mich nach keiner zweiten Lektion über Sozialökonomie und Münzwesen, und so begnügte ich mich zu sagen:

»Mein Anzug – könnt' ich nicht? – Sie sehen – Was meinen Sie, ließe sich mit meinen Kleidern tun?«

Er schien nicht im mindesten zum Lachen geneigt, sondern sagte ganz ernst:

»Oh bitte, lassen Sie es noch mit einem neuen Anzug. Mein Urgroßvater ist ein Altertumsforscher und wird Sie gewiß am liebsten so sehen, wie Sie gehen und stehen. Und wiewohl ich Ihnen keine Verhaltensvorschriften zu machen habe, wäre es doch nicht recht von Ihnen, den Leuten das Vergnügen zu rauben, Ihre Tracht zu studieren. Und um diesen Genuß würden Sie ja uns bringen, wenn Sie hingingen und sich kleideten, wie ein jeder sich kleidet. Sagen Sie selbst, ob ich nicht recht habe?« schloß er ganz ernst.

Ich hielt es nun nicht gerade für meine Pflicht, unter diesen schönheitsliebenden Menschen als Vogelscheuche einherzuwandeln, aber ich merkte, daß ich einem unausrottbaren Vorurteil gegenüberstand und daß es unklug wäre, mich mit meinem neuen Freunde zu überwerfen. »Oh gewiß, natürlich!« erwiderte ich ihm deshalb.

»Nun«, sagte er freundlich, »so könnten Sie sich doch einmal diese Schaubuden von innen ansehen. Denken Sie nach, was Sie brauchen!«

»Könnte ich etwas Tabak und eine Pfeife bekommen?«

»Natürlich«, sagte er, »wie dumm von mir, Sie nicht gleich danach zu fragen! Bob sagt's ja immer, wir Nichtraucher wären ein selbstsüchtiges Chor, und ich fürchte, er hat recht. Aber kommen Sie, hier ist eine passende Stelle.«

Damit hielt er die Zügel an und sprang ab und ich ihm nach. Eine sehr schöne, reich in geblümte Seide gekleidete Dame, die in alle Schaufenster sah, an denen sie vorbeiging, kam langsam des Weges daher. Dick redete sie an: »Fräulein, würden Sie so freundlich sein, uns das Pferd zu halten, während wir ein Weilchen hier hineingehen?« Sie nickte uns lächelnd zu und begann das Pferd mit ihren hübschen Händen zu streicheln.

»Was für ein schönes Geschöpf!« sagte ich zu Dick, als wir eintraten.

»Wer? Unser alter Grauschimmel?« fragte er mit schelmischem Blinzeln.

»Nicht doch, das Goldhaar dort – die Dame.«

»Ja, das ist sie«, stimmte er zu. »Es ist nur gut, daß es ihrer so viele gibt, daß jeder Hans seine Grete findet, sonst käm' es wohl manch liebes Mal zum Kampfe. Nun«, fügte er sehr ernst werdend hinzu, »ich kann nicht schwören, daß es nicht trotz alledem doch manchmal dazu kommt, denn die Liebe ist ein unvernünftig Ding – sie hört auf keine Gründe, wie Sie ja wohl wissen, und Halsstarrigkeit und Eigenwille sind häufiger, als unsere Moralisten glauben.«

Und indem sein Antlitz sich noch mehr verdüsterte, fuhr er fort: »Erst vor vier Wochen hat sich da unten bei uns eine unglückliche Geschichte zugetragen, die schließlich zwei Männern und einem Weibe das Leben kostete und uns einige Zeit die Sonne der Lebensfreude verfinsterte. Fragen Sie mich jetzt nicht danach; später werde ich wohl noch darauf zurückkommen.«

Mittlerweile waren wir in den Laden getreten, in welchem sich ein Ladentisch befand und Bretterschränke an den Wänden. Alles sehr nett, aber anspruchslos und im ganzen wenig verschieden von der Einrichtung, an die mein Auge gewöhnt war. Ein Kinderpaar hütete das Geschäft, ein brauner Bursche von etwa zwölf Jahren, der vor einem Buche saß, und ein hübsches kleines Mädchen, das ein Jahr älter sein mochte und hinter dem Ladentisch saß und sich gleichfalls in ein Buch vertieft hatte. Sie waren augenscheinlich Geschwister.

»Guten Morgen, ihr kleinen Nachbarn«, begrüßte sie Dick. »Mein Freund hier möchte Tabak und eine Pfeife, könnt Ihr ihm dazu verhelfen?«

»Oh gewiß«, versetzte das kleine Mädchen so bescheiden und zugleich so munter, daß man seine Freude daran hatte. Der Junge ließ das Buch liegen und begann meinen fremdländischen Anzug zu mustern, errötete aber sofort und wandte den Kopf ab, als sei ihm zum Bewußtsein gekommen, daß sein Benehmen unziemlich sei.

»Lieber Nachbar«, fragte das Mädchen mit der feierlichsten Miene, die ein Kind je beim ›Kaufmannspielen‹ aufgesetzt hat, »welche Sorte Tabak wünschen Sie?«

»Latakia«, antwortete ich, mit der Empfindung, daß ich ein Kinderspiel mitmache, und neugierig, ob ich nicht eine Kinderei statt Tabak empfangen würde.

Aber das Mädchen nahm ein zierliches Körbchen von einem Brett, ging zu einer Steinkruke, holte einen Haufen Tabak heraus und stellte das damit gefüllte Körbchen vor mich auf den Ladentisch hin, wo ich mich durch Gesicht und Geruch überzeugen konnte, daß es ausgezeichneter Latakia war.

»Sie haben ihn aber nicht gewogen«, bemerkte ich, »und – und wieviel soll ich denn nehmen?«

»Ei«, sagte sie, »ich würde Ihnen raten, Ihren Beutel vollzustopfen, weil Sie unterwegs vielleicht keinen Latakia mehr bekommen. Wo haben Sie Ihren Beutel?«

Ich suchte in meinen Taschen herum und zog endlich das Stück Kattun hervor, das bei mir die Stelle eines Tabaksbeutels vertrat. Das Mädchen sah es mit sichtbarer Geringschätzung an und sagte:

»Ich kann Ihnen etwas viel Besseres geben als diesen Kattunlappen.«

Und sie trippelte in die hintere Abteilung des Ladens und flüsterte auf dem Rückweg im Vorbeigehen dem Jungen etwas ins Ohr, worauf er nickte, aufstand und hinausging. Das Mädchen hielt mir zwischen Zeigefinger und Daumen einen roten Saffianbeutel mit bunter Stickerei hin:

»Da, nehmen Sie diesen, den ich Ihnen ausgesucht habe, er ist hübsch, und es geht eine ganze Menge hinein.«

Damit stopfte sie den Beutel auch schon mit Tabak voll, legte ihn vor mich hin und fuhr fort:

»Und nun zur Pfeife. Die müssen Sie mich auch für Sie aussuchen lassen; es sind soeben drei sehr hübsche eingetroffen.«

Sie verschwand wiederum und kehrte mit einer dickbäuchigen Pfeife zurück, die aus einem harten Holz kunstvoll geschnitzt und in edle Steine und Gold gefaßt war. Kurz, das schönste und prächtigste Spielzeug, daß ich je gesehen und das der besten japanischen Arbeit ähnelte, aber ihr überlegen war.

»Oh je«, sagte ich, sobald mein Blick auf die Pfeife fiel, »das ist ja viel zu großartig für mich und würde sich nur für einen Beherrscher der Welt schicken. Außerdem würde ich sie doch verlieren; ich verliere meine Pfeifen allemal.«

Ganz niedergeschlagen fragte die Kleine: »Sie gefällt Ihnen also nicht, Nachbar?«

»Doch – freilich gefällt sie mir!«

»Nun, dann nehmen Sie sie nur«, sagte sie, »und lassen Sie sich's nicht kümmern, wenn Sie sie verlieren. Was wäre denn dabei? Dann findet sie ein anderer und nimmt sie in Gebrauch, und Sie bekommen eine neue.«

Ich nahm ihr die Pfeife aus der Hand, um sie genauer zu betrachten, vergaß darüber meine Vorsicht und fragte: »Aber was denken Sie, wie kann ich denn so etwas bezahlen?«

Dick legte mir die Hand auf die Schulter, ich sah mich um und begegnete einem drolligen Ausdruck in seinen Augen, der mich vor einer neuen Offenbarung einer verrotteten Geschäftsmoral warnte. Ich wurde feuerrot und hielt den Mund, während die Kleine mich mit großem Ernst anstarrte, als sei ich ein Fremder, der ihrer Sprache nicht mächtig sei, denn sie verstand kein Wort von dem, was ich gesagt.

»Meinen herzlichen Dank«, brachte ich endlich überströmend heraus, während ich die Pfeife in die Tasche steckte, nicht ganz sicher, mich alsbald vor einem Polizei-Beamten verantworten zu müssen.

»Oh, bitte recht sehr«, erwiderte das kleine Mädel mit einer äußerst drolligen Nachahmung der Manieren Erwachsener. »So lieben alten Herren, wie Sie sind, dienen zu können, ist ein Vergnügen, zumal man Ihnen auf den ersten Blick ansieht, daß Sie von weit übers Meer gekommen sein müssen.«

»Jawohl, liebes Kind«, sagte ich, »ich bin ein großer Reisender vor dem Herrn.«

Ich hatte aus reiner Höflichkeit diese Lüge kaum ausgesprochen, als der kleine Bursche mit einem Tablett in der Hand wieder eintrat, auf welchem eine lange Flasche von geschliffenem Glas und zwei prächtige Gläser standen.

»Wollen die Nachbarn nicht ein Glas Wein bei uns trinken, bevor Sie gehen?« fragte das Mädchen, die das Sprechen allein besorgte, da der Junge offenbar sehr schüchtern war. »Wir erfreuen uns nicht oft solcher Gäste.«

Der Junge stellte das Tablett auf den Ladentisch und goß feierlich einen strohgelben Wein in die hohen Trinkschalen. Recht gern langte ich zu, denn der heiße Tag hatte mich durstig gemacht. Und wahrlich, so dachte ich, noch leb' ich, und die Rheinweintrauben haben noch ihre Blume nicht verloren, denn wenn ich je guten Steinberger getrunken habe, *den* Morgen trank ich ihn, und ich nahm mir innerlich vor, Dick zu fragen, wie und woher sie den guten Wein bekämen, da sie doch keine Arbeiter mehr hätten, die gezwungen seien, verdorbenes Bier statt des schönen Weines zu trinken, den sie selber bereiteten.

»Trinkt Ihr nicht ein Glas auf unsere Gesundheit, meine lieben kleinen Nachbarn?« fragte ich.

»Ich trinke keinen Wein«, erwiderte das Mädchen, »ich trinke lieber Limonade, aber wohlbekomm's!«

»Und ich trinke lieber Ingwerbier«, sagte der kleine Junge.

So, so, dacht' ich, der Geschmack der Kinder ist also noch derselbe geblieben. Und damit verabschiedeten wir uns und traten aus dem Laden.

Zu meiner Enttäuschung hielt ein großer, alter Mann unser Pferd statt des schönen Weibes, gleichsam als habe das Traumbild gewechselt. Er erklärte uns, daß das Mädchen nicht habe warten können und daß er an ihre Stelle getreten sei. Und als er unsere verdutzten Gesichter sah, blinzelte er uns zu und lachte, so daß uns nichts übrig blieb, als gleichfalls zu lachen.

»Wo geht Ihr hin?« fragte er Dick.

»Nach Bloomsbury«, antwortete Dick.

»Wenn's Euch nicht darum zu tun ist, allein zu bleiben, komme ich mit«, sagte der Alte.

»Schon recht«, meinte Dick. »Sagt es mir, wenn Ihr absteigen wollt, und ich werde halten. Steigen wir ein!«

Als wir wieder unterwegs waren, erkundigte ich mich, ob Kinder in den Markthallen den Leuten immer aufwarteten. »Oft genug wohl«, sagte Dick, »wenn es sich nicht um schwere Gegenstände handelt, aber durchaus nicht immer. Den Kindern macht es Vergnügen, und sie lernen dabei mit einer Menge von Dingen umgehen, erfahren, woraus dieselben gemacht sind, woher sie stammen und ähnliches. Außerdem ist es eine so leichte Arbeit, daß ein jeder sie versehen kann. Ehedem sollen viele mit einem ›Faulheit‹ genannten Erbübel behaftet gewesen sein, weil sie in gerader Linie von Leuten abstammten, die in der bösen alten Zeit gewohnt gewesen waren, andere für sich arbeiten zu lassen – von jenen Leuten, die man in den Geschichtsbüchern Sklavenhalter oder Arbeitgeber nennt. Diese faulheitbehafteten Leute nun füllten zu Anfang unserer Epoche ihre ganze Zeit damit aus, in den Läden zu bedienen, da sie zu andern Dingen kein Geschick hatten. Und ich glaube sogar, daß man sie eine Zeit lang tatsächlich zwang, irgendwelche Arbeit zu verrichten, weil sie und die Frauen sonst zu häßlich wurden und zu häßliche Kinder bekamen, daß die Nachbarn es nicht länger mitansehen konnten. Glücklicherweise sind diese Zeiten vorbei.«

7. Kapitel

Trafalgar Square

Während dieser Gespräche ließ ich meine Blicke wieder eifrig umherschweifen, denn der Piccadillymarkt lag hinter uns, und wir befanden uns in einer Gegend mit elegant gebauten, reichgeschmückten Wohnhäusern. Jedes Haus stand in einem sorgfältig gepflegten Garten, der von Blumen wie übersät war. Die Amseln sangen lustig auf den Gartenbäumen, die außer vereinzelten Lorbeerbäumen und einer gelegentlichen Gruppe von Linden nur Obstbäume zu sein schienen. Besonders zahlreich waren die Kirschbäume, deren Zweige sich unter der Last der Früchte bogen; und zu verschiedenen Malen boten uns, wenn wir an einem Garten vorüberkamen, Kinder und junge Mädchen Körbe voll der schönsten Kirschen an. Natürlich vermochte ich in diesem Labyrinth von Gärten und Häusern die Spuren der früheren Straßen nicht zu erkennen, aber die Hauptstraßen schienen dieselbe Lage behalten zu haben wie vordem.

Jetzt gelangten wir auf einen geräumigen freien, sich nach Süden zu abdachenden Platz, dessen Sonnenseite man zur Anlegung eines zumeist mit Aprikosenbäumen bepflanzten Obstgartens benützt hatte. In der Mitte desselben stand ein kleiner hübscher Holzbau, bemalt und vergoldet, der wie eine Büffetbude aussah. Südlich vom Obstgarten zog sich eine lange Straße hin, beschattet von hochgewachsenen alten Birnbäumen. Am Ende der Straße ragte der hohe Turm des Parlamentsgebäudes oder *Düngermagazins* empor.

Eine seltsame Empfindung beschlich mich. Ich schloß die Augen vor den Sonnenblitzen, die auf diese anmutige Gartenlandschaft herabschossen, und einen Augenblick glitt das Bild eines andern Tages an mir vorüber. Ein weiter, von hohen häßlichen Häusern umgebener Platz mit einer häßlichen Kirche in der Ecke und einem noch häßlicheren Kuppelbau gegenüber, die Straße gedrängt voll von einer aufs höchste aufgeregten Menge, über welche die auf gleichfalls überfüllten Omnibussen sitzenden Passagiere hinwegsahen. In der Mitte ein gepflasterter viereckiger Platz mit Springbrunnen und auf diesem Viereck merkwürdig abgeschmackte Bronzefiguren, deren eine sich auf der Spitze einer hohen Säule befand. Besagter Platz bis zum Saum der Straße von einer vierfachen Linie strammer Männer in blauer Uniform besetzt und quer über die südliche Straße die Helme einer Kompanie Kavalleristen fahl schimmernd im grauen Licht eines frostigen Novembernachmittags – – –[10]

Ich öffnete die Augen wieder dem Sonnenlicht, sah mich um und rief unter den flüsternden Bäumen und duftenden Blüten:

»Trafalgar Square!«

»Jawohl«, sagte Dick, der die Zügel wieder angezogen hatte, »so ist es. Es nimmt mich nicht wunder, daß Ihnen der Name lächerlich vorkommt, aber es lag niemandem daran, ihn zu ändern. Und doch, meine ich, hätten wir ihm einen anderen Namen geben sollen zum Andenken an die große Schlacht, die hier im Jahre 1952 geschlagen worden ist – denn wenn wir den Geschichtsschreibern trauen dürfen, war dieser Tag in der Tat denkwürdig genug.«

»Die Herren Geschichtsschreiber lügen aber meistens oder taten es früher wenigstens«, sagte der Alte. »Wie erklären Sie sich zum Beispiel folgendes, Nachbar? In einem Buch – na und in was für einem dummen Buch! – es heißt James' Geschichte der Sozialdemokratie – las ich einen verworrenen Bericht über einen Kampf, der im Jahre oder um das Jahr 1887 (Daten sind meine schwache Seite) hier stattgefunden haben soll. Im Stadtviertel hier wollten verschiedene Leute eine Versammlung abhalten, und die Regierung oder der Rat oder die Behörde von London, oder wie sonst die Bande barbarischer Narren sich benamte, überfiel diese Bürger, wie sie damals hießen, mit bewaffneter Hand. Das scheint doch wahrhaftig zu lächerlich, als daß es wahr sein könnte; noch lächerlicher aber erscheint, daß die ganze Affäre gar keine Folgen hatte.«

»Und doch«, sagte ich, »hierin hat Ihr Mr. James entschieden recht und es ist wahr, nur daß kein Kampf stattfand, sondern daß wehrlose und friedliche Leute von mit Knütteln bewaffneten Raufbolden überfallen wurden.«

»Und das ließen sie sich gefallen?« fragte Dick, und ich sah zum ersten Male einen finsteren Ausdruck über sein gutmütiges Gesicht huschen.

»Wir mußten es uns gefallen lassen, wir konnten's nicht ändern«, sagte ich errötend.

Der Alte sah mich scharf an und sagte: »Sie scheinen Bescheid mit der Sache zu wissen, Nachbar! Ist's wirklich wahr, daß nichts dabei herauskam?«

»Daß recht viele Leute deswegen eingesperrt wurden, kam dabei heraus.«

»Doch wohl die mit den Knütteln?« fragte der Alte. »Die armen Teufel!«

»Nein, nein«, mußte ich erwidern, »die mit den Knütteln Bearbeiteten.«

Strengen Tones sagte nun der Alte: »Guter Freund, ich denke, Sie haben da eine Sammlung niederträchtiger Lügen gelesen und sind drauf reingefallen.«

»Sie dürfen glauben, daß alles, was ich Ihnen sagte, vollkommen wahr ist.«

»Ich zweifle nicht, daß Sie dieser Meinung sind«, erwiderte der Alte, »aber ich sehe wahrhaftig nicht ein, worauf Ihre felsenfeste Überzeugung sich gründet.«

Da ich ihm den Grund nicht auseinandersetzen konnte, hielt ich den Mund. Dick, der mittlerweile mit zusammengezogenen Brauen in Grübeleien versunken dagesessen hatte, äußerte sich endlich in einem sanften, etwas wehmütigen Tone:

»Seltsam, daß Menschen unseresgleichen, mit denselben Empfindungen und Neigungen wie wir, in diesem schönen und gesegneten Lande leben und solche Taten verüben konnten.«

»Freilich wohl«, stimmte ich in lehrhaftem Tone bei, »trotz alledem waren jedoch jene Zeiten immerhin ein großer Fortschritt, verglichen mit den vorhergegangenen. Sie werden jedenfalls das Mittelalter mit der viehischen Rohheit seiner Strafgesetze kennen, jene Epoche, in welcher die Menschen geradezu einen Genuß darin fanden, ihre Mitmenschen zu foltern, und sogar in ihrem Gotte selbst nichts anderes erblicken wollten als einen Zucht- und Kerkermeister?«

»Über diese Periode gibt es ja ganz gute Bücher, von denen ich einige gelesen habe«, sagte Dick. »Aber von einem gewaltigen Fortschritt des neunzehnten Jahrhunderts habe ich nichts verspüren können. Die Menschen des Mittelalters handelten schließlich nach den Eingebungen ihres Gewissens, wie ja Ihre ganz richtige Bemerkung über ihre Gottesauffassung dartut. Was sie anderen zufügten, waren sie selber zu ertragen bereit, wohingegen die Heuchler des neunzehnten Jahrhunderts die Sache der Humanität zu vertreten behaupteten und dennoch fortfuhren, Menschen zu foltern und ins Gefängnis zu sperren, und zwar um keines anderen Grundes willen, als daß sie waren, was ihre Kerkermeister aus ihnen gemacht hatten. Oh, es ist grauenhaft, daran zu denken!«

»Vielleicht wußten sie nicht, wie die Gefängnisse beschaffen waren«, wendete ich ein.

Dicks Erregung schien in Zorn übergehen zu wollen. »Um so schmählicher für sie, wenn wir, Sie und ich, es nach so langer Zeit noch wissen. Sehen Sie, Nachbar, was für eine Schande bestenfalls ein Gefängnis für ein Gemeinwesen ist; und daß ihre Gefängnisse ziemlich so schlecht waren wie nur irgend möglich, das mußten die Burschen doch wissen.«

»Ja«, fragte ich, »habt Ihr denn jetzt keine Gefängnisse mehr?«

Kaum waren mir diese Worte entfahren, so fühlte ich auch, daß ich eine Dummheit gemacht hatte, denn Dicks Stirn faltete sich und wurde rot, und der Alte sah peinlichst überrascht drein. Zornig, aber offenbar bemüht, sich zurückzuhalten, sagte Dick:

»Menschenkind! Wie können Sie eine solche Frage stellen? Sagte ich Ihnen nicht, daß wir auf das glaubwürdige Zeugnis zuverlässiger Bücher und unterstützt von unserer eigenen Einbildungskraft wohl wissen, was ein Gefängnis ist? Und haben Sie mich nicht selbst auf den Ausdruck des Glücks in den Gesichtern der Leute aufmerksam gemacht, die uns in den Straßen und Fluren begegnen? Wie könnten sie einen solchen Ausdruck zur Schau tragen, wenn sie wüßten, daß ihre Mitmenschen im Gefängnis schmachteten? Könnten sie das gelassen ertragen? Und wenn Leute im Gefängnis säßen, so könnte man das nicht geheimhalten, wie einen gelegentlichen Menschenmord, denn der wird nicht mit Vorbedacht und vor einer Menge Zeugen verübt, die den Totschläger kaltblütig unterstützen, wie das beim Einkerkern in Gefängnisse der Fall ist. Gefängnisse, wahrhaftig! Nein, nein, oh nein!«

Er hielt inne, fing an sich abzukühlen und fuhr in freundlichem Tone fort:

»Verzeihen Sie mir! Da es kein einziges Gefängnis mehr gibt, ist meine Erregung ja überflüssig. Was für eine üble Meinung von mir muß Ihnen mein Mangel an Mäßigung beibringen! Natürlich – was sollen Sie, der Sie vom Auslande kommen, von solchen Dingen verstehen? Ich fürchte sehr, ich habe Sie verstimmt.«

Nun, das hatte er allerdings einigermaßen, aber in seiner Hitze lag so viel edles Gefühl, daß ich ihn nur um so lieber gewann:

»Nein, ich war ja an dem Mißverständnis schuld, mit meinem törichten Gefrage. Sprechen wir von etwas anderem«, erwiderte ich und zog mein Prachtexemplar von Pfeife hervor und verlegte mich eifrig aufs Rauchen, während unser Grauer wieder lustig vorantrabte. Unterwegs bemerkte ich:

»Dies Pfeifchen ist ein sehr sorgfältig und kunstvoll ausgearbeitetes Spielzeug und Ihr seid hierzulande so verständig und Eure Baukunst ist so zweckmäßig, daß es mich ein wenig wundernimmt, wie Ihr Euch mit solchen Spielereien abgeben könnt.«

Während ich diese Bemerkung machte, entging es mir nicht, daß ich mich für das schöne Geschenk nicht gerade dankbar erwies; Dick schien jedoch auf meinen Mangel an Lebensart nicht zu achten, sondern bemerkte:

»Aber warum? Das Ding ist doch niedlich, und da niemand dergleichen zu machen braucht, der es nicht gern tut, so sehe ich nicht ein, warum er's unterlassen sollte, sofern es ihm Spaß macht. Freilich, wenn es an Bildschnitzern fehlte und wenn sich alle der Baukunst, wie Sie es nennen, zuwendeten, dann käme die Beschäftigung mit derlei Spielzeug in Wegfall. Da sich aber eine Menge Leute aufs Schnitzen verstehen – nämlich so ziemlich ein jeder von uns – und ziemlicher Mangel an Beschäftigung vorhanden ist oder doch zu unserem Leidweisen eintreten könnte, so verschmähen unsere Landsleute auch diese geringfügigere Arbeit nicht.«

Er verfiel in Sinnen und schien sich mit irgendeinem Rätsel zu beschäftigen, indes, bald klärte sein Gesicht sich wieder auf und er fuhr fort:

»Übrigens müssen Sie doch zugestehen, daß die Pfeife ein reizendes Stück Arbeit ist – vielleicht zu fein gearbeitet für eine Pfeife, aber – doch allerliebst.«

»Wohl, nur allzu kostbar für ihren Zweck«, wendete ich ein.

»Was heißt das? Das versteh' ich nicht«, gab er zur Antwort.

Ich wollte mich eben – freilich recht unbeholfen – ihm verständlich machen, als wir an den Toren eines großen weitläufigen Gebäudes vorüber kamen, in welchem irgendein Arbeitsbetrieb vor sich zu gehen schien. »Was für ein Gebäude ist das?« fragte ich neugierig, denn es heimelte mich an, unter all den fremdländischen Dingen auch einmal etwas zu sehen, was mir bekannt vorkam. »Das scheint ja eine Fabrik zu sein.«

»Ich glaube Sie zu verstehen«, sagte er, »und Sie haben's getroffen; aber wir nennen derlei Betriebe nicht mehr Fabriken, sondern Vereinigte Werkstätten, das heißt Plätze, an denen Leute zusammenkommen, die gemeinschaftlich miteinander arbeiten wollen.«

»Jedenfalls verwenden sie dabei irgendeine Triebkraft?« fragte ich.

»Nicht doch«, erwiderte er. »Wozu sollten denn die Leute zusammentreten, um sich einer Triebkraft zu bedienen, wenn sie eine solche in oder bei ihren Wohnstätten finden können? Nein, in diese Vereinigten Werkstätten kommen die Leute, um solche Handarbeit zu verrichten, bei welcher das Zusammenwirken verschiedener Personen notwendig oder nützlich ist. Derlei Arbeit ist oft sehr unterhaltend. Da machen sie zum Beispiel Töpfer- und Glas-Waren – Sie können dort die Spitzen der Öfen sehen. Es ist natürlich sehr bequem, geräumige Brennöfen und Glastöpfe und alles, was sonst nötig ist, zur Verfügung zu haben, und es gibt solcher Plätze eine Menge; denn es wäre lächerlich, wenn ein Mann, der sich gern mit Töpferei oder Glasbläserei beschäftigt, entweder an einem bestimmten Ort leben oder auf die Arbeit verzichten müßte, zu der er gerade Neigung hat.«

»Ich sehe aber keinen Rauch aus den Öfen steigen«, bemerkte ich.

»Rauch?« fragte Dick, »weshalb sollten Sie denn Rauch sehen?«

Ich hielt den Mund, und er fuhr fort:

»Es ist innen ganz hübsch, freilich ebenso einfach, wie es sich Ihnen von außen zeigt. Was die Beschäftigung betrifft, so halte ich das Tonkneten für eine lustige Arbeit, das Glasblasen dagegen für ein heißes, ausdörrendes Geschäft. Und doch tun es sehr viele gern, und das nimmt mich nicht wunder: Mit der glühenden Masse gewandt umspringen zu können, verleiht einem solch ein Kraftgefühl! Überhaupt gibt's viel vergnügliche Arbeit dabei«, sagte er lächelnd, »denn man mag mit solchen Waren so vorsichtig umgehen wie man will, dann und wann zerbrechen sie doch, und so hat man immer vollauf Beschäftigung.«

Ich schwieg und grübelte.

Gerade in diesem Augenblick trafen wir auf einen Trupp Männer, welche die Straße ausbesserten und uns einen kurzen Aufenthalt verursachten. Mir war das nicht unangenehm; was ich bisher wahrgenommen, schien mir nichts weiter zu sein, als was die Muße eines Sommerfesttags mit sich bringt. Mich gelüstete danach, dies Volk an einem Stück wirklich notwendiger Arbeit zu sehen. Als wir herankamen, hatten sich die Leute eben von ihrer Rast erhoben und schickten sich wieder zur Arbeit an, so daß der Lärm ihrer Spitzhämmer mich aus meinem Sinnen aufschreckte. Es war ungefähr ein Dutzend starker junger Männer, die etwa den Eindruck einer Bootsmannschaft von Oxforder Studenten aus meiner Zeit machten und denen ihre Arbeit auch nicht lästiger zu sein schien. Ihre Oberkleider lagen in einem ordentlich geschichteten Haufen am Wegesrand unter der Obhut eines sechsjährigen Jungen, der seinen Arm um den Nacken eines mächtigen Bullenbeißers geschlungen hatte; und selbst dieser Köter streckte sich in einer so wonnigen Faulheit, als sei der Sommertag für ihn allein aufgestiegen. Als mein Blick auf den Kleiderhaufen fiel, schimmerte mir Gold- und Seidenstickerei daraus entgegen, und mir fiel ein, daß einige dieser Arbeiter wohl einen ähnlichen Geschmack wie der goldblitzende Kehrichtkärrner aus Hammersmith haben dürften. Neben den Kleidern stand ein stattlicher Vorratskorb, der kalte Pasteten und Wein ahnen ließ, und ein halbes Dutzend junger Frauen und Mädchen sahen der Arbeit oder den Arbeitern zu. Und beide waren es wert, denn die letzteren führten so kräftige Schläge und wußten ihre Arbeit so munter und flink zu verrichten, wie man es von so prachtwüchsigen Burschen an einem Sommertage nur erwarten kann. Sie lachten und plauderten lustig miteinander und mit den schönen Zuschauerinnen, als der Vormann aufblickte und wahrnahm, daß sie uns den Weg versperrten. Allsogleich ließ er die Spitzhacke ruhen und rief aus: »Halt, Genossen, hier sind Nachbarn, die vorbeiwollen!« worauf auch die übrigen innehielten, sich um uns scharten, das alte Pferd unterstützten, indem sie die Räder über die halbfertige Straße hoben und dann wohlgemut wie Leute, die sich mit Lust und Liebe einem Werk widmen, an ihre Arbeit zurückeilten. Sie nahmen sich nur Zeit, uns ein lächelndes Adieu zuzuwinken, so daß das Geklapper der Spitzhämmer schon von neuem erklang, ehe noch unser Grauschimmel sich wieder in seinen Trab hineingelaufen hatte. Dick sah über die Schulter nach ihnen zurück und bemerkte:

»Die sind heute prächtig im Zug; es ist ein wahres Vergnügen, zu erproben, wieviel Arbeit man in eine Stunde hineindrängen kann, und die Nachbarn dort verstehen sich auf ihr Geschäft. Es gehört mehr als Kraft zu solcher Arbeit, wenn sie gefördert werden soll. Meinen Sie nicht, Gast?«

»Kann sein«, erwiderte ich, »aber, die Wahrheit zu gestehen, ich habe es noch nie versucht.«

»Wahrhaftig?« fragte er ernst, »wie schade! Wenn man sein ordentliches Arbeitsmaß hat und unter ordentlichen, lustigen Menschen ist, dann fühlt man sich unendlich glücklich. Die Arbeit ist doch die höchste Wonne!«

Worüber ich abermals in schweigendes Brüten versank.

8. Kapitel

Ein alter Freund

Nun lenkten wir in einen hübschen Feldweg ein; die Zweige mächtiger Platanen vereinigten sich über unseren Häuptern zu einem Laubdach; zu beiden Seiten standen niedrige Häuser ziemlich dicht beieinander.

»Das ist Long Acre«[11], sagte Dick, »vermutlich so genannt, weil früher ein Kornfeld hier gestanden haben wird. Wie seltsam, daß Orte sich so verwandeln und doch ihre alten Namen beibehalten. Sehen Sie nur, wie dicht die Häuser stehen! Und sie bauen immer noch weiter.«

»Ja«, sagte der Alte, »die Kornfelder müssen aber schon vor der Mitte des neunzehnten Jahrhunderts überbaut worden sein. Hier herum soll ja einer der bevölkertsten Stadtteile gestanden haben. Doch ich muß hier absteigen, Nachbarn, ich werde von einem Freunde erwartet, der in den Gärten hinter Long Acre wohnt. Lebt wohl, und Ihnen, Gast, gut Glück!«

Damit sprang er ab und schritt kräftig aus wie ein junger Mann.

»Für wie alt halten Sie diesen Nachbarn?« fragte ich Dick, als wir ihn aus dem Gesicht verloren, denn daß er alt war, sah ich, obgleich er so hart und fest erschien wie ein Eichstamm. An solche Gestalten von alten Männern war ich nicht gewöhnt.

»Gegen neunzig, denk' ich«, antwortete Dick.

»Wie langlebig man bei Euch ist!« rief ich aus.

»Ja«, sagte Dick, »wir haben den siebzig Jahren des alten jüdischen Bibelworts um ein Beträchtliches den Rang abgelaufen. Aber jetzt, Nachbar, sind wir der Wohnung meines alten Urgroßvaters so nahe, daß Sie besser täten, alle weiteren Fragen für ihn aufzusparen.«

Wir bogen in einen kurzen schmalen Weg zwischen den Gärten ein und kamen dann wieder in eine breite Straße, an deren einer Seite sich ein großes, langgestrecktes Gebäude erhob, das seine Giebel von der Landstraße abwandte und dem ich sofort ansah, daß es ein neues öffentliches Gruppengebäude war. Ihm gegenüber befand sich ein ausgedehnter Schmuckplatz, ganz frei daliegend, ohne Mauer oder sonstige Umfriedigung. Ein Blick durch die Bäume zeigte mir eine mir wohlbekannte Säulenhalle – keinen geringeren alten Freund, als mein Britisches Museum. Es unter all' den wunderbaren Dingen, die ich gesehen, wiederzufinden, machte mein Blut wallen. Indes, ich schwieg wohlweislich und ließ Dick reden. Und er hob an:

»Dort drüben ist das Britische Museum, in welchem sich mein Urgroßvater meistens aufhält, ich brauche also nicht viel Worte darüber zu verlieren. Das Gebäude links ist der Museumsmarkt, und ich schlage vor, daß wir auf ein paar Minuten dort einkehren. Unser Grauer wird nach Rast und seiner Hafer ration verlangen, und Sie werden doch wohl den größeren Teil des Tages bei meinem Verwandten zubringen. Die Wahrheit zu gestehen, hoffe ich gleichfalls jemand dort anzutreffen, den zu sehen und mit dem mich auszusprechen ich ein lebhaftes Bedürfnis empfinde.«

Er errötete und seufzte, und zwar, wie mir schien, nicht durchaus vor Vergnügen. Natürlich verhielt ich mich mäuschenstill, und er lenkte das Pferd unter einen Bogengang, durch welchen wir in ein sehr geräumiges gepflastertes Viereck gelangten, mit einem Feigenbaum in jeder Ecke und einem plätschernden Springbrunnen in der Mitte. In der Nähe des Springbrunnens befanden sich einige Marktbuden, von Markisen aus buntgestreifter Leinwand beschattet. Die ausgestellten Waren wurden von den Anwesenden – größtenteils Frauen und Kindern – betrachtet, die ruhig herumgingen. Das Erdgeschoß des Gebäudes rund um das Viereck bildete einen weiten Bogen- oder Kreuzgang, dessen phantastisch kraftvolle Architektur ich nicht genug bewundern konnte. Auch hier wandelten Leute herum oder saßen lesend auf den Bänken.

Dick meinte in entschuldigendem Tone: »Hier wie überall gibt es heute wenig zu tun. Am Freitage drängt sich ein lustiges Völkchen umher und nachmittags wird gewöhnlich am Springbrunnen Musik aufgespielt. Aber beim Mittagsmahl werden wir wohl eine ziemlich zahlreiche Gesellschaft haben.«

Wir fuhren durch das Viereck und einen Säulengang zu einem großen bequemen Stall auf der anderen Seite, wo wir den alten Gaul schleunigst unterbrachten und reichlich mit Futter versorgten; dann kehrten wir wieder durch den Markt zurück, Dick, wie mir schien, mit tief nachdenklicher Miene.

Die Leute konnten nicht umhin, mich ein wenig anzustarren, was ich ihnen in Anbetracht der Verschiedenheit meiner Kleider von den ihrigen kaum verübeln konnte; doch jedesmal, wenn ihr Blick mich traf, machten sie mir ein sehr freundliches und herzliches Zeichen des Grußes.

Wir gingen unverzüglich nach dem Vorhof des Museums, wo außer den Gittern, die entfernt, und den flüsternden Zweigen der Bäume, die neu hinzugekommen waren, nichts verändert schien; sogar die Tauben schwirrten noch um das Gebäude und hingen sich an die Gesimsverzierungen, wie ich es ehedem gesehen.

Obgleich Dick mittlerweile andern Gedanken nachzuhängen schien, konnte er doch eine baukünstlerische Bemerkung nicht unterlassen.

»Nicht wahr, ein häßlicher Bau?« sagte er. »Wie viele wollten ihn schon niederreißen, um ihn neu aufzubauen; und wenn wir einmal gar zu wenig Arbeit haben, tun wir's wohl auch noch. Aber wie mein Urgroßvater meint, wäre das kein einwandfreies Unterfangen, denn es befinden sich darin wundervolle Sammlungen von Altertümern aller Art und außerdem eine riesige Bibliothek, enthaltend zahlreiche seltene und prächtige Bücher, echte Urkunden, Texte alter Werke und ähnliche Schätze von hohem Wert. Die Plage, Angst und sogar Gefahr, die mit dem Wegräumen all dieser Sachen verbunden sind, haben das Gebäude bis jetzt gerettet. Zudem ist es nicht ohne Interesse, ein steinernes Zeugnis dessen zu haben, was unsere Vorväter für ein schönes Gebäude hielten. Denn Arbeit und Material steckt eine Masse darin.«

»Gewiß«, sagte ich, »und ich schließe mich ganz Ihrer Meinung an. Täten wir aber nicht besser, uns nunmehr zu eilen, daß wir zu Ihrem Urgroßvater kommen?«

Denn wirklich, er vertrödelte jetzt die Zeit. »Jawohl, wir gehen sofort«, sagte er. »Mein Urgroßvater ist zu alt, um noch viel im Museum zu arbeiten, dessen Bücheraufseher er eine lange Reihe von Jahren war, doch bringt er eine ziemliche Zeit hier zu, und wahrhaftig«, sagte er lächelnd, »es kommt mir vor, als ob er entweder sich als einen Teil der Bücher oder die Bücher als einen Teil von sich betrachte.«

Noch ein kurzes Zögern, dann faßte er mit jähem Erröten meine Hand, und mit den Worten: »Kommen Sie denn!« führte er mich an die Tür eines der alten Amtshäuser des Museums.

9. Kapitel

Handelt von Liebe

»Ihr Urgroßvater scheint auf schöne Gebäude wenig Wert zu legen«, sagte ich, als wir das etwas düstere klassische Haus betraten, das außer ein paar mit Juniblumen bepflanzten Töpfen nur leere Wände aufwies, aber äußerst sauber gehalten war.

»Das möchte ich gerade nicht behaupten«, sagte Dick zerstreut. »Mit dem Alter – und er zählt über hundertundfünf Jahre – nimmt die Lust an der Bewegung ab. Aber freilich brauchte er nur zu wollen, und er könnte in einem freundlicheren Haus wohnen, denn er ist ja an keine Stelle gebunden. Hierher, Gast!«

Und er führte mich treppauf an eine Tür, die in ein geräumiges Zimmer alten Stils führte. Auch hier dieselbe Einfachheit wie im ganzen Haus, einige unentbehrliche Möbel, sehr schlicht und sogar plump, aber gediegen und reich geschnitzt, nach guten Mustern, aber mangelhaft ausgeführt. Im entferntesten Winkel des Gemachs an einem Tisch nahe beim Fenster saß ein alter, kleiner Mann in einem weiten, mit Kissen rings besteckten Lehnstuhl. Er trug ein fadenscheiniges Wams von blauer Serge, ebensolche Kniehosen und grauwollene Strümpfe. Er sprang von seinem Stuhl auf und rief mit einer für sein Alter wunderbar kräftigen Stimme: »Willkommen, Dick, mein Junge! Klara ist hier und wird glücklich sein, Dich wiederzusehen. Also Kopf hoch, Junge!«

»Klara hier?« stammelte Dick. »Wenn ich das gewußt hätte, so würde ich nicht – das heißt, ich meine, ich hätte –«

Er stotterte offenbar nur deshalb so verworrenes Zeug, weil er mich nicht merken lassen wollte, wie überflüssig ich war. Der Alte jedoch, der mich zuerst gar nicht bemerkt hatte, half ihm aus der Verlegenheit, indem er zu mir trat und freundlichen Tones sagte:

»Verzeihung, bitte, wenn ich nicht gleich bemerkte, daß Dick, hinter dessen Leibesumfang sich leicht jemand verstecken kann, einen Freund mitgebracht hat. Seien Sie mir auf das herzlichste willkommen! Und um so willkommener, als Ihr überseeisches Aussehen mir Kunde von entlegenen Ländern und Meeren verspricht.«

Mit einem nachdenklichen und fast betroffenen Blick fügte er in veränderter Stimme hinzu: »Darf ich fragen, woher Sie kommen, da Sie gar so fremdländisch erscheinen?«

Halb mechanisch gab ich zur Antwort: »Ich lebte vordem in England und bin jetzt heimgekehrt. Die letzte Nacht brachte ich im Gästehaus von Hammersmith zu.«

Er machte nur eine höfliche Verbeugung, schien aber von meiner Antwort etwas enttäuscht. Was mich betrifft, so faßte ich ihn jetzt schärfer ins Auge, als die gute Lebensart vielleicht gestattet, denn sein einem vertrockneten Apfel gleichendes Gesicht kam mir merkwürdig bekannt vor – als hätte ich ihn schon einmal gesehen, ihn oder sein Spiegelbild.

»Nun«, sagte der Alte, »woher Sie auch kommen, Sie sind bei Freunden. Und mein Enkelsohn Richard Hammond dort sieht gerade so aus, als hätte er Sie hergeführt, weil er glaubt, ich könne Ihnen nützlich sein. Ist's nicht so, Dick?«

Dick, der immer geistesabwesender wurde und nicht aufhörte, unruhige Blicke nach der Tür zu werfen, nahm sich zusammen und antwortete:

»Freilich, Urgroßvater. Unser Gast findet in England alles so verändert, daß er sich nicht zurechtfindet, und da niemand die Geschichte der letzten beiden Jahrhunderte besser kennst als Du, hielt ich's für das beste, ihn Dir zuzuführen. – Was ist das?«

Und er wandte sich aufs neue zur Tür. Wir hörten Schritte draußen, die Tür öffnete sich, und ein junges Mädchen von ungewöhnlicher Schönheit trat ein. Sie blieb stehen, als sie Dick erblickte, das Blut schoß ihr in die Wangen, allein sie sah ihm trotzdem tapfer in die Augen; Dick starrte sie an und hielt ihr die Hand hin, sein ganzes Gesicht vor Bewegung zuckend.

Der Alte ließ sie nicht lang in diesem Zustand scheuen Unbehagens; mit dem heiteren Frohsinn des Alters lächelnd, sagte er: »Dick, mein Junge, und Du, meine liebe Klara, wir zwei Alten sind Euch vermutlich im Wege, da Ihr Euch gar manches zu sagen haben werdet. Geht doch lieber in Nelsons Zimmer hinauf, ich weiß, daß er ausgegangen ist, und er hat alle Wände mit mittelalterlichen Büchern und Bildern ausgeschmückt, so daß es sogar für Euch und Euer neues Glück hübsch genug dort aussieht.«

Das Mädchen reichte Dick die Hand und geleitete ihn aus dem Zimmer, wobei sie steif und gerade vor sich hinsah, aber es war deutlich bemerkbar, daß ihre Wangen nicht vor Zorn, sondern vor Wonne errötet waren, wie denn die Liebe weit selbstbewußter ist als der Zorn und Haß.

Als die Tür sich hinter ihnen geschlossen hatte, wandte sich der Greis noch immer lächelnd zu mir und sagte:

»Frei heraus, mein lieber Gast, Sie erweisen mir einen großen Dienst, wenn Sie meine alte Zunge in Gang bringen. Meine Plauderseligkeit ist immer noch, wie sie war, ja, sie nimmt sogar mit den Jahren zu, und so unterhaltend es ist, die junge Welt mit solcher Ernsthaftigkeit tändeln zu sehen, als ob das Heil der Welt von ihren Küssen abhinge (was freilich in gewissem Maße der Fall ist), so glaube ich doch nicht, daß meine Erzählungen aus der Vergangenheit sie sehr interessieren. Der letzte Herbst, der letzte Säugling, die letzte Holzschnitzerei auf dem Markt ist Geschichte genug für sie. Zu meiner Zeit war's anders, da waren wir des Friedens und der beständigen Wohlfahrt nicht so sicher, wie sie es jetzt sind – ja, ja! Ohne in Sie dringen zu wollen, lassen Sie mich nur das eine fragen: Soll ich Sie als einen Wißbegierigen betrachten, der unsere moderne Lebensweise einigermaßen kennt, oder als einen, der aus einem so entlegenen Orte kommt, daß auch die Grundbedingungen des Lebens dort von denen des unsrigen abweichen – mit einem Worte: Wissen Sie etwas von uns oder nichts?«

Er sah mich scharf und mit immer verwunderter werdendem Blick an, während er sprach; und ich antwortete in leisem Ton:

»Ich kenne von Ihrem modernen Leben nur so viel, als meine Augen mir auf meinem Wege von Hammersmith hierher zeigten und als Richard Hammond mir auf meine Fragen, die ihm meist unverständlich waren, zu antworten wußte.«

Der Alte lächelte. »Alsdann müßte ich zu Ihnen sprechen –«, begann er.

»Als wäre ich von einem anderen Planeten herabgekommen«, sagte ich.

Der Greis, dessen Name übrigens gleichfalls Hammond war, lächelte und nickte. Dann seinen Stuhl zu mir herumdrehend, hieß er mich auf einem schweren Eichensessel Platz nehmen, und als er sah, daß meine Blicke auf dessen wunderlichem Schnitzwerk verweilten, meinte er:

»Ja, ich bin sehr an die Vergangenheit gefesselt, an *meine* Vergangenheit – verstehen Sie mich. Ein jedes dieser Möbelstücke hier gehört der Zeit vor meinen Kindertagen an, denn mein Vater hat sie anfertigen lassen. Wären sie innerhalb der letzten fünfzig Jahre gemacht, so würde die Ausführung weit besser ausgefallen sein, aber ich hätte sie deshalb um kein Jota lieber gehabt. Wir fingen damals beinah wieder von vorne an, und es war eine ungestüme, gärende, stürmische Zeit. Doch wie geschwätzig ich wieder einmal bin, fragen Sie nur, fragen Sie, was Sie wollen, lieber Gast; da ich plaudern muß, möge mein Geplauder Ihnen wenigstens nutzbringend sein.«

Ich schwieg eine Minute und sagte dann etwas befangen: »Verzeihen Sie, wenn ich ungezogen scheine, allein da sich Richard gegen mich, einen vollständig Fremden, so gütig benommen hat, interessiert mich sein Schicksal, und meine Frage betrifft ihn.«

»Nun«, meinte der alte Hammond, »wenn er nicht 'gütig' gegen einen 'vollständig Fremden' gewesen wäre, wie Sie es nennen, so müßte er wahrhaftig ein sonderbarer Mensch sein, dem man gut täte, aus dem Wege zu gehen. Aber fragen Sie nur, fragen Sie fort! Scheuen Sie sich nicht zu fragen.«

»Ist ihm das schöne Mädchen zur Braut bestimmt?« fragte ich.

»Je nun«, sagte er, »ja. Er war zwar schon einmal mit ihr verheiratet, es sieht aber genauso aus, als ob er sie wieder heiraten wollte.«

»Wirklich«, stotterte ich, ohne recht zu verstehen, was das bedeute.

»Hören Sie die ganze Geschichte«, sagte der alte Hammond, »sie ist kurz und, wie ich nunmehr hoffe, auch glücklich. Das erste Mal lebten sie zwei Jahre miteinander. Sie waren beide noch sehr jung, und dann setzte sie sich's in den Kopf, daß sie in einen andern verliebt sei. So verließ sie denn den armen Dick – ich sage den armen Dick, weil er keine andere gefunden hatte. Aber es dauerte nicht lange, nur ein Jahr ungefähr. Dann kam sie zu mir, wie sie denn gewöhnt war, mir altem Burschen ihre Kümmernisse mitzuteilen, und fragte mich, wie es Dick ginge und ob er glücklich sei und was solcher Fragen mehr sind. Natürlich erkannte ich sofort, wie die Dinge lagen, und sagte, daß er sehr unglücklich sei und sich durchaus nicht wohl befinde – welch' letzteres entschieden eine Lüge war. Na, und das übrige erraten Sie. Klara kam heute her, um eine lange Unterredung mit mir zu haben, aber Dick wird seine Sache ja selbst viel besser führen. Und in der Tat, wenn er heute nicht zufällig hergekommen wäre, so hätte ich morgen nach ihm geschickt.«

»Wie merkwürdig!« rief ich. »Haben sie Kinder?«

»Jawohl«, sagte er, »zwei; sie sind jetzt bei einer meiner Töchter, bei der sich auch Klara die meiste Zeit aufgehalten hat. Ich wollte sie nicht aus dem Auge verlieren, da ich sicher war, daß sie wieder zusammenkommen würden, und Dick, der in der Tat der gutmütigste Mensch von der Welt ist, nahm sich die Sache ernstlich zu Herzen. Er hatte ja keine andere Liebe, zu der er hätte seine Zuflucht nehmen können, wie sie. Und so habe ich alles wieder in Ordnung gebracht, wie ich schon so manche ähnliche Geschichte in Ordnung gebracht habe.«

»Aha!« sagte ich, »Sie wollten sie nicht mit dem Ehescheidungsgericht in Berührung bringen, aber ich vermute, daß es häufig dergleichen Fälle zu erledigen hat.«

»Dann vermuten Sie baren Unsinn«, erwiderte er. »Ich weiß wohl, daß es einst so verrückte Anstalten wie Ehescheidungsgerichte gegeben hat, aber bedenken Sie doch: Alle dort verhandelten Fälle drehten sich um Eigentumsstreitigkeiten, und wiewohl Sie, mein verehrter Gast«, dabei lächelte er, »von einem anderen Stern herniedergestiegen sind, kann Sie der bloße Anblick unserer jetzigen Weltordnung doch davon überzeugen, daß

Streitigkeiten um Privateigentum bei uns zu den Unmöglichkeiten zählen.«

Und das stimmte, meine Fahrt von Hammersmith nach Bloomsbury und die Spuren und Anzeichen eines ruhigen beglückten Lebens, die mir überall begegnet waren, das hätte, auch von meinem Ladenbesuch ganz abgesehen, mir klarmachen sollen, daß ›die heiligen Rechte des Eigentums‹, wie wir uns auszudrücken pflegten, hier ein überwundener Standpunkt waren. So hörte ich schweigend zu, als der Alte den Faden der Unterhaltung wiederaufnahm:

»Da Eigentumsstreit nunmehr zu den Unmöglichkeiten gehört, worüber bliebe einem solchen Gericht zu befinden übrig? Stellen Sie sich einmal einen Gerichtshof vor, der die Durchführung eines Vertrags der Leidenschaft oder des Gefühls mit Gewalt durchsetzen wollte! Wenn es überhaupt nötig wäre, die Tollheit eines Vertragszwanges darzulegen, so würde es durch einen solchen Unsinn geschehen.«

Nach einer kleinen Pause hob er von neuem an:

»Sie müssen sich ein für allemal darüber klarwerden, daß wir diesen Angelegenheiten eine andere Seite abgewonnen haben oder vielmehr, daß unsere Anschauungsweise sich geändert hat, wie wir selber uns in den letzten zweihundert Jahren geändert haben. Wir geben uns keineswegs Täuschungen hin und denken nicht daran, daß wir den Stürmen und Störungen im Verkehr der Geschlechter ein für allemal ein Ende setzen könnten. Allzuwohl wissen wir, daß wir das Unglück zu ertragen haben, welches daher rührt, daß Mann und Weib die Beziehungen natürlicher Leidenschaft und die Gefühle der Freundschaft miteinander verwechseln, die, wenn alles gutgeht, das Erwachen aus vorübergehendem Sinnenwahn mildert, aber so verrückt sind wir nicht, auf dieses Unglück noch Schmach zu häufen, indem wir uns in schmutzigen Hader einlassen über Lebensunterhalt, über Stellung und über die Machtbefugnis, Kinder zu tyrannisieren, die aus Liebe oder Wollust entsprossen sind.«

Wieder hielt er inne, um alsbald fortzufahren: »Wir kennen alle Stadien der Liebesempfindung: die Jugendeselei, die sich für lebenslanges Helden- und Märtyrertum hält und den Frühtod der Enttäuschung stirbt; das unerklärliche Verlangen des reiferen Mannes, einem Weibe, dessen gewöhnlich-menschlicher Güte und Schönheit er übermenschliche Vollkommenheit andichtet, alles in allem zu sein und den einzigen Gegenstand seiner Sehnsucht in ihr zu suchen; und schließlich das vernünftige Begehren eines tüchtigen und besonnenen Mannes, der vertrauteste Freund eines schönen und klugen Weibes, des wahren Urbilds der Schönheit und Seligkeit dieser Welt zu werden, die wir so innig lieben. Und wie wir uns jubelnd all der Wonne und der gesteigerten Lebenslust freuen, die mit diesen Dingen verbunden sind, so treten wir auch gefaßt der nicht selten gleichfalls eng damit verbundenen Sorge und Trübsal entgegen. Die Worte des alten Dichters fielen mir ein – ich folge aus dem Gedächtnis einer der vielen Übersetzungen des neunzehnten Jahrhunderts –:

›Deshalb erschufen Götter der Menschen Qual und Not,
Daß Lied und Dichtung sie der Nachwelt künden.‹

Jawohl, es sieht nicht so aus, als würden Lied und Dichtung je ausgehen oder als würden alle Leiden der Menschheit jemals vollkommen geheilt.«

Da er einige Minuten nachdenklich schwieg, wollte ich ihn nicht stören. Endlich begann er wieder: »Das aber mögen Sie wissen, daß unsere gegenwärtigen Geschlechter kräftig und gesund sind und sich das Leben nicht schwermachen. Wir bringen unser Leben in vernünftigem Kampf mit der Natur zu, bilden nicht nur eine, sondern alle Seiten unseres Wesens aus und nehmen mit innigstem, lebendigstem Vergnügen Anteil an dem gesamten Leben der Welt. So gilt es als Ehrenpunkt bei uns, daß der einzelne sich nicht als Weltmittelpunkt betrachtet, daß wir nicht glauben, die Welt gehe unter, wenn einem etwas fehlt. Und wir halten es deshalb für töricht und sogar für verbrecherisch, diese Gefühlssachen und Empfindeleien zu übertreiben. So wenig wir unsere körperlichen Schmerzen zu hegen und pflegen suchen, ebensowenig sind wir geneigt, unsere Gefühlsschmerzen über ihr Maß hinauszudehnen, und wir erkennen an, daß es außer dem Hofmachen und Liebesspiel auch noch andere Vergnügungen gibt. Zudem müssen Sie bedenken, daß wir langlebig sind und daß infolgedessen die Schönheit bei Mann und Weib nicht so flüchtig ist als zur Zeit, da selbstgeschaffene Leiden und Krankheiten uns niederdrückten. Wir schütteln daher diese Schmerzen in einer Weise von uns ab, die den Empfindlern früherer Zeiten vielleicht verächtlich und nicht heldenhaft gedünkt hätte, die wir aber für notwendig und männlich halten. Wie wir also aufgehört haben, unsere Liebeshändel mit Geschäftsinteressen zu verknüpfen, so haben wir auch aufgehört, uns *künstlich* zu Narren zu machen. Mit der naturwüchsigen Narrheit, mit dem Unverstand des unreifen oder des älteren Mannes, der in eine Schlinge gerät, müssen wir uns schon abfinden und tun es auch, ohne uns sehr zu schämen; allein aus Herkommen empfindsam oder sentimental zu sein – nein, mein Freund, ich bin alt und vielleicht etwas gallig, aber einige der Narrheiten, unter denen die alte Welt litt, dürfen wir uns rühmen doch abgestreift zu haben.«

Er schien eine Antwort von mir zu erwarten; da ich nichts zu erwidern fand, fuhr er fort:

»Wir lügen wenigstens nicht und schneiden keine Gesichter, wenn wir unter der Tyrannei und dem Wankelmut der Natur zu leiden haben. Muß geschieden sein, müssen Menschen sich trennen, die niemals sich trennen wollten, nun so muß es eben sein; und es bedarf keines Scheines der Einigkeit, wenn die Einigkeit in Wirklichkeit nicht mehr da ist. Und solche, die eines unsterblichen Gefühls nicht fähig sind, zwingen wir auch nicht zu einem Bekenntnis dessen, was sie zu fühlen nun einmal außerstande sind. Die Folge ist, daß die Ungeheuerlichkeit käuflicher Wollust bei uns nicht mehr möglich, daß auch das Bedürfnis danach nicht vorhanden ist. Mißverstehen Sie mich nicht. Es schien Sie nicht unangenehm zu berühren, daß keine Gerichtshöfe mehr die Verträge der Leidenschaft oder Empfindungen erzwingen, aber so sonderbar ist der Mensch beschaffen, daß es Sie vielleicht unangenehm berührt, wenn ich Ihnen sage, daß an die Stelle solcher Gerichtshöfe auch kein Gesetzbuch der öffentlichen Meinung getreten ist, die vielleicht ebenso tyrannisch und unvernünftig spricht wie jene Gerichtshöfe. Damit will ich nicht sagen, daß ein Nachbar das Verhalten des andern nicht zuweilen kritisiert; aber was ich sagen will, ist: Man richtet nicht mehr nach einem unwandelbaren System vereinbarter Regeln, kein Prokrustesbett streckt oder kürzt den Geist und das Leben der Menschen, keine heuchlerische Achterklärung besteht, welche die Menschen aussprechen müssen, weil sie entweder unter der Herrschaft gedankenloser Vorurteile sich befinden oder selber in Bann getan zu werden fürchten. Nun, sind Sie jetzt sittlich empört?«

»N–ein – nein«, sagte ich zögernd. »Es ist alles so ganz anders.«

»Für eines kann ich auf alle Fälle einstehen«, sagte er, »was immer das Gefühl sei, es ist echt und allgemein und beschränkt sich nicht auf besonders verfeinerte Naturen. Und auch dafür glaube ich mich verbürgen zu dürfen, daß Mann und Weib bei diesen Angelegenheiten entfernt nicht mehr so viel zu leiden brauchen wie ehedem. Aber verzeihen Sie meine Weitschweifigkeit in dieser Frage! Sie wollten ja behandelt sein wie ein Wesen aus einer andern Welt.«

»Ich bin Ihnen ungemein verbunden«, sagte ich. »Darf ich nunmehr fragen, was in Ihrer Gesellschaft die Stellung der Frau ist?«

Für einen Mann in seinen Jahren lachte er recht herzhaft und antwortete: »Ich habe nicht ohne Grund meinen Ruf als gewissenhafter Geschichtsforscher. Ich glaube die Frauenemanzipations-Bewegung des neunzehnten Jahrhunderts wirklich zu verstehen, und das kann wohl kein anderer der jetzt Lebenden von sich sagen.«

»Nun?« fragte ich, durch seine Heiterkeit ein klein wenig gereizt.

»Nun«, erwiderte er, »Sie werden natürlich begreifen, daß alles das jetzt ein überwundener Standpunkt ist. Die Männer haben keinen Anlaß mehr, die Frauen, und umgekehrt die Frauen keinen, die Männer zu unterdrücken, was beides in jenen entschwundenen Tagen vorkam. Die Frauen tun, was sie am besten tun können und was sie am liebsten tun, und die Männer sind weder eifersüchtig noch entrüstet darüber. Und das ist ein so abgedroschener Gemeinplatz, daß ich mich fast schäme, ihn zu wiederholen.«

»Oh«, rief ich, »und die Gesetzgebung? Welchen Anteil hat sie daran?«

»Mit der Beantwortung dieser Frage gedulden Sie sich wohl, bis wir zum Thema der Gesetzgebung gelangen«, lächelte Hammond. »Vielleicht stehen Ihnen auch bei diesem Kapitel Überraschungen bevor.«

»Sehr schön«, sagte ich, »wie verhält sich's aber mit der Frauenfrage? Im Gästehause gewahrte ich, daß die Frauen den Männern aufwarten. Schmeckt das nicht etwas nach Reaktion, he?«

»So?« fragte der Alte entgegen. »Sie glauben am Ende, das Haushalten sei eine unwichtige Beschäftigung, die keine Achtung verdient, he? Das war ja wohl die Meinung der ›vorgeschrittenen‹ Frauen des neunzehnten Jahrhunderts und ihrer männlichen Helfershelfer. Wenn es auch die Ihrige sein sollte, so empfehle ich Ihrer Aufmerksamkeit eine alte norwegische Volkssage: ›Wie der Mann die Wirtschaft führt‹ oder ähnlich betitelt. Als Endergebnis dieser männlichen Wirtschaft stellte sich nach allerlei Plagen heraus, daß der Mann und die Familienkuh an beiden Enden eines Strickes baumelten, der Mann in der Mitte des Schornsteins, die Kuh vom Dach herunter, das nach Landessitte aus Rasen bestand und sich tief bis zum Erdboden niederstreckte. Eine schwierige Lage für eine Kuh, dünkt mich. Natürlich kann ein solches Mißgeschick keine so überlegene Persönlichkeit treffen, wie Sie sind«, fügte er kichernd hinzu.

Ich fühlte mich recht unbehaglich unter diesem trockenen Hohn. Den letzteren Teil der Frage schien er mir entschieden nicht mit dem gebührlichen Ernst zu behandeln.

»Sollten Sie nicht wissen, Freundchen«, sagte er weiter, »daß es für eine gescheite Frau ein großes Vergnügen ist, ein Hauswesen, einen Haushalt geschickt zu leiten, und zwar so, daß alle Hausgenossen zufriedengestellt und ihr dankbar sind? Und andererseits fügt sich ein jedes und läßt sich von ihr zu Arbeiten anstellen – ja, ich wüßte kaum eine reizendere Form der Liebeständelei und des Hofmachens. Sie sind so alt nicht, daß Sie sich nicht daran erinnern könnten. Erinnere *ich* mich doch recht gut daran!«

Und der alte Bursche kicherte aufs neue, um schließlich in ein lautes Gelächter auszubrechen.

»Entschuldigen Sie«, sagte er nach einer Weile, »ich lache über nichts anderes als über die abgeschmackte, im neunzehnten Jahrhundert unter den reichen, sogenannten gebildeten Leuten gang und gäbe Gewohnheit, alle Vorbereitungen zu ihrem täglichen Mittagsmahl als etwas unter ihrer erhabenen Geisteswürde Stehendes zu betrachten und nichts davon wissen zu wollen. Unnütze Idioten! Schauen Sie her, ich bin ein ›Gelehrter‹ und ›Schriftsteller‹, wie man uns wunderliche Tiere zu betiteln pflegte, deshalb bin ich aber doch ein ganz tüchtiger Koch.«

»Ich gleichfalls«, sagte ich.

»Nun, dann müssen Sie mich doch besser verstehen, als es nach Ihrem Reden und nach Ihrem Schweigen den Anschein hatte«, rief er aus.

»Vielleicht«, sagte ich, »daß aber die Leute dieses Interesse an den gewöhnlichen Beschäftigungen des Lebens planmäßig in der Praxis verwerten, das überrascht mich einigermaßen. Hierüber werde ich Ihnen gleich eine oder zwei Fragen vorlegen. Nur möchte ich erst auf die jetzige Stellung der Frauen zurückkommen. Sie haben sich mit der Frauenemanzipations-Frage des neunzehnten Jahrhunderts befaßt: Erinnern Sie sich der Tatsache, daß verschiedene ›höherveranlagte‹ Frauen den intelligenteren Teil ihres Geschlechts vom Gebären der Kinder befreit wissen wollten?«

Der Alte wurde sofort wieder ganz ernsthaft: »Wohl entsinn' ich mich dieses seltsamen Auswuchses einer bodenlosen Narrheit, die wie alle andern Narrheiten jener Periode aus der dazumal herrschenden abscheulichen Klassentyrannei hervorging. Sie möchten wissen, wie wir jetzt darüber denken? Die Frage ist leicht zu beantworten, mein lieber Freund. Wie könnte es anders sein, als daß die Mutterschaft bei uns hochgeschätzt wird? Es ist nur selbstverständlich und allgemein anerkannt, daß die natürlichen und unausweichlichen Schmerzen, welche die Mutter erdulden muß, zwischen Mann und Weib ein Band der Vereinigung bilden, einen neuen Sporn der Liebe und Zärtlichkeit. Übrigens müssen Sie bedenken, daß alle *künstlichen* Lasten der Mutterschaft jetzt abgeschafft sind. Der gemeinen niedrigen Sorge um die Zukunft ihrer Kinder sind die Mütter unserer Zeit enthoben. Die Kinder können mehr oder weniger gut geraten, sie können die stolzesten Hoffnungen täuschen – solche Befürchtungen bilden einen Teil der Mischung von Schmerz und Freude, aus der das Menschenleben besteht. Aber wenigstens die Furcht (die meistens einer Gewißheit gleichkam) bleibt der Mutter erspart, daß ihre Kinder durch künstliche Einrichtungen gesellschaftlich entwürdigt werden, sie darf sicher sein, daß die Kinder sich nach dem Maß ihrer Fähigkeiten heranbilden und handeln werden. In den vergangenen Zeiten stellte sich die 'Gesellschaft' sowohl wie der Mann der Wissenschaft auf Seite des Gottes Juda, der die Sünden der Väter an den Kindern heimsucht. Wie man diesen Prozeß umkehren und wie man der Vererbung den Stachel ausziehen kann, ist lange Zeit ein Gegenstand der Untersuchung für unsere scharfsinnigsten Geister gewesen. So ist's gekommen, daß die gesunde Durchschnittsfrau (und fast alle unsere Frauen sind sowohl gesund wie auch zum mindesten hübsch) als Mutter und Erzieherin der Kinder geachtet, als Weib begehrt, als Gefährtin geliebt und der Sorge für die Zukunft ihrer Kinder enthoben, in weit höherem Grade den Instinkt der Mutterschaft hat, als jemals möglich war bei den armseligen Lasttieren und Müttern von Lasttieren der vergangenen Zeit oder bei deren Schwestern aus den höheren Klassen, die, in heuchlerischer Unkenntnis natürlicher Tatsachen aufgewachsen, in eine aus Prüderie und Sinnenkitzel gemischte Atmosphäre versetzt wurden.«

»Sie sprechen mit einer Wärme, die Ihr Gegenstand rechtfertigt«, sagte ich.

»Ja«, fuhr er fort, »und lassen Sie mich auf ein Wahrzeichen all' der Segnungen hindeuten, die wir durch unsere Freiheit gewonnen haben. Wie gefiel Ihnen das Aussehen der Leute, denen Sie heute begegnet sind?«

»Ich hätte es kaum für möglich gehalten«, bekannte ich, »in einem zivilisierten Lande so viele schöne Menschen zu treffen.«

Er krähte lustig auf, wie ein alter Vogel mitunter tut. »Was? Sind wir noch zivilisiert?« fragte er. »Was nun unser Aussehen betrifft, so pflegte das englische und jütische Blut, das im ganzen hier vorherrscht, nicht viel Schönheit zu erzeugen. Nun, wir haben es tüchtig aufgefrischt. Ich kenne einen Mann, der eine große Sammlung von Porträts, nach Photographien aus dem neunzehnten Jahrhundert besitzt; wenn man diese Bilder mit den Durchschnitts-Gesichtern unserer Zeit vergleicht, so fällt das Ergebnis ohne Zweifel zu unseren Gunsten aus. Und es gibt Leute, die einen unmittelbaren Zusammenhang dieser Zunahme an Schönheit mit unserer Freiheit und Vernünftigkeit in geschlechtlichen Angelegenheiten zu entdecken glauben. Sie sind der Ansicht, daß ein der natürlichen und gesunden Liebe zwischen Mann und Frau entsprossenes Kind, selbst für den Fall, daß diese Liebe flüchtiger Natur ist, nach jeder Richtung hin und besonders auch im Punkt der körperlichen Schönheit besser ausgestattet ist als der Sprößling des ehrbaren Schacher-Ehebetts der Reichen oder der stumpfsinnigen Vermischung der Lasttiere des früheren Systems. Lust erzeugt Lust, sagen sie. Was denken Sie?«

»Ziemlich das nämliche«, sagte ich.

10. Kapitel

Fragen und Antworten

»Nun?« fragte der Alte und rückte unruhig in seinem Stuhl hin und her, »wollen Sie nicht mit Ihren Fragen fortfahren? Die Antwort auf die erste hat etliche Zeit gekostet.«

»Ich möchte von Ihnen wohl ein Extrawörtchen oder zwei über Ihre Ideen von Erziehung hören«, sagte ich, »wiewohl ich aus Dicks Reden bereits so viel entnommen habe, daß Sie Ihre

Kinder wild aufwachsen und nichts lernen lassen; daß Sie Ihr Erziehungswesen mit einem Wort derart vervollkommnet haben, daß Sie jetzt gar keine Erziehung mehr haben.«

»Da sind Sie schief gewickelt«, sagte er. »Aber natürlich begreife ich, daß Sie in Sachen der Erziehung den Standpunkt vergangener Zeiten vertreten, wo der Kampf ums Dasein, wie die Leute es nannten, das heißt Kampf um Sklavenrationen einerseits und um den fetten Löwenanteil der privilegierten Sklavenhalter andererseits, die Erziehung der meisten Menschen auf kümmerliche Dosen eines zum Teil sehr wenig genauen Wissens beschränkte – Dosen, die der Anfänger in der Lebenskunst wohl oder übel herunterzuwürgen hatte, einerlei ob er danach hungerte oder nicht, und die von Leuten, welche sich nichts daraus machten, vorgekaut und wieder und wieder verdaut wurden, um den Brei anderen Leuten vorzusetzen, die sich ebenfalls nichts daraus machten.«

Ich mußte über den aufsteigenden Zorn des Alten laut lachen: »Auf keinen Fall sind *Sie* in dieser Weise unterrichtet worden, lassen Sie deshalb Ihren Grimm verrauchen, Freund.«

»Wahr, wahr!« sagte er und lächelte wieder. »Ich danke Ihnen, daß Sie meiner üblen Laune Einhalt tun, ich versetze mich nämlich sofort in jede Periode, von der man gerade spricht. Um das Thema also ruhiger zu behandeln: Sie erwarteten, daß die Kinder schulpflichtigen Alters ohne Rücksicht auf ihre verschiedenen Fähigkeiten und Anlagen in Schulen gesperrt und, wenn einmal dort, mit gleich brutaler Rücksichtslosigkeit einem herkömmlichen Lehrkursus unterworfen würden. Begreifen Sie nicht, mein Freund, daß ein solches Vorgehen das körperliche und geistige Wachstum gleich sehr außer acht setzt? Niemand könnte ohne Schaden aus solch einer Tretmühle hervorgehen, und der Zermalmung würden nur die widerstehen, in denen der Geist der Rebellion stark genug ist. Zum Glück muß er den meisten Kindern zu allen Zeiten innegewohnt haben, sonst wüßte ich nicht, wie wir unsere jetzige Stellung hätten erreichen können. Alles das ist vorbei, wir werden nicht mehr hastig vorangepeitscht, und der Unterricht ist jedem erreichbar, dessen Neigungen ihn danach begehren lassen.«

»Ja«, wandte ich ein, »nehmen Sie aber an, daß das Kind, der Jüngling oder der Mann sich sträubt, Arithmetik oder Mathematik zu lernen. Wenn er erwachsen ist, können Sie ihn nicht zwingen. Könnten und sollten Sie es nicht tun, so lange er wächst?«

»Schön«, sagte er, »hat man Sie gezwungen, Arithmetik oder Mathematik zu lernen?«

»Ein bißchen.«

»Und wie alt sind Sie jetzt?«

»Sagen wir sechsundfünfzig.«

»Und wieviel Arithmetik und Mathematik wissen Sie jetzt?«

»Leider nicht das Geringste.«

Hammond lachte vor sich hin, äußerte sich jedoch sonst nicht über mein Zugeständnis, und ich ließ das Thema über Erziehung fallen, da es mir hoffnungslos schien, ihn in diesem Punkt auf andere Gedanken zu bringen.

Nach einigem Nachdenken bemerkte ich: »Sie sprachen von Haushaltung: Schmeckte das nicht etwas nach den Sitten der alten Zeit? Ich hätte gedacht, Sie würden jetzt mehr in der Gemeinschaft leben, mehr im öffentlichen Leben aufgehen.«

»Phalansterien[12], was?« rief er. »Nun, wir leben, wie es uns gefällt, und in der Regel gefällt es uns, mit bestimmten Hausgenossen zu leben, an die wir uns gewöhnt haben. Vergessen Sie doch nicht, daß es keine Armut mehr gibt und daß die Organisationen der Fourier und Konsorten nichts weiter waren als eine Zuflucht vor gänzlicher Entbehrung, wie's zur Zeit ja nicht anders zu verlangen war. Solch eine Lebensweise konnte nur von Leuten ausgeheckt werden, welche die Armut in ihrer bittersten Gestalt kannten. Wiewohl aber besondere Haushaltungen bei uns die Regel bilden und sie in ihren Gewohnheiten mehr oder minder voneinander abweichen, so ist es doch selbstverständlich, daß keine Tür einem freundlichen Gast verschlossen ist, der sich den Lebensgewohnheiten der übrigen Hausgenossen anzupassen bereit ist. Es wäre ja natürlich auch ein unbilliges Verlangen, wenn jemand in einen Haushalt eintreten wollte, um die andern zu zwingen, ihm zuliebe ihre Gewohnheiten aufzugeben und sich den seinigen zu fügen; er kann ja anderswohin gehen und nach seiner Neigung leben. Darüber brauch' ich mich indes des weiteren nicht auszulassen, da Dick mit Ihnen stromauf fährt und Sie aus eigener Wahrnehmung urteilen werden, wie diese Angelegenheiten bei uns geregelt sind.«

Nach einer Pause sagte ich: »Und wie steht's heutzutage mit Ihren großen Städten? Das London, das ich als das moderne Babel der Zivilisation bezeichnet fand, scheint verschwunden zu sein.«

»Nun, nun«, meinte der Alte, »vielleicht sieht es jetzt dem alten Babel ähnlicher als das ›moderne Babel des neunzehnten Jahrhunderts‹. Aber lassen wir das. Übrigens scheint mir die Gegend zwischen hier und Hammersmith dicht genug bevölkert zu sein, und den dichtest bevölkerten Teil der Stadt haben Sie noch gar nicht gesehen.«

»Sagen Sie mir also, wie steht es mit dem Ostende?[13]« fragte ich.

»Es gab eine Zeit«, sagte er, »wo man ein gutes Pferd besteigen und vor meiner Tür hier geradeaus in scharfem Trabe anderthalb Stunden reiten konnte und sich doch noch im dichten Gewühl Londoner Straßen befand, deren größerer Teil nach ihrer Beschaffenheit *slums,* Schmutzlöcher, genannt wurden, das will besagen, Orte der Qual für unschuldige Männer und Frauen oder, schlimmer noch, Brutstätten der Unzucht, in denen Männer und Weiber zu solcher Herabwürdigung erzogen wurden, daß ihnen diese Marter und Schande als ein gewöhnliches und natürliches Leben erschien.«

»Ich weiß, ich weiß«, unterbrach ich ihn ungeduldig. »Sie sprechen von dem, was war; sprechen Sie mir lieber von dem, was ist. Sind noch Spuren übrig geblieben?«

»Kein Jota«, sagte er; »aber eine Erinnerung hat sich erhalten, und das freut mich. Alle Jahre halten wir in jenen Ostbezirken am *Maitage*[14] eine Festfeier zum Andenken an die *Abschaffung des Elends,* wie es genannt wird. An diesem Tage gibt es Musik und Tanz, heitere Spiele und fröhlichen Schmaus an der Stätte der berüchtigsten alten Schmutz- und Fieberlöcher, an welche wir uns die Erinnerung bewahrt haben. Die hübschesten

Mädchen singen die alten Revolutionslieder und die Notlieder der einst so hoffnungslosen Unzufriedenen – an derselben Stelle, wo die fruchtbaren Frevel des Klassenmordes so viele Jahre hindurch tagaus, tagein verübt worden sind. Einem Manne wie mir, der ich so eifrig die Vergangenheit durchforscht habe, bewegt sich das Herz beim Anblick einer solchen zierlich gekleideten, mit Blumen aus den Nachbarfluren bekränzten Schönen, die, selbst glücklich, von glücklichen Menschen umgeben, auf einem grünen Erdhügel steht, da, wo einst die jämmerliche Karrikatur eines Hauses sich befand, eine Höhle, in der Männer und Weiber in ihrem Unrat wie Heringe in einer Tonne zusammengepfercht ein Leben lebten, das sie nur deshalb zu ertragen imstande waren, weil ihnen jedes Gefühl von Menschenwürde abhanden gekommen war. Und wie packt es mich, wenn von den süßen, rosigen Lippen die grauenhaften Drohungen und Klagen erklingen, z. B. *Hood's* Lied vom Hemde – Drohungen und Klagen, deren Bedeutung die Sängerin nicht einmal versteht –, da die Tragödie überwunden und ihr wie ihren Hörern unfaßbar geworden ist. Bedenken Sie das und stellen Sie sich vor, wenn Sie können, wie herrlich das Leben geworden ist.«

»Wirklich«, sagte ich, »dies mir vorzustellen, ist nicht leicht.«

Ich sah, wie seine Augen erglänzten und wie seine Wangen glühten, und ich staunte, daß er in seinen Jahren noch so viel Interesse an der Glückseligkeit der Welt bewahrt hatte, statt sich ausschließlich mit seinem nächsten Mittagsmahl zu beschäftigen.

»Und wie steht es mit den anderen Städten des Landes?« fragte ich.

»Was die früheren Fabrik-Mittelpunkte, die großen, finsteren, dumpfigen, rauchgeschwärzten Städte betrifft, so sind sie gleich der Ziegel- und Steinwüste Londons vom Erdboden verschwunden, nur haben sie, da sie eben nichts weiter als Fabrikstädte waren und keinem anderen Zwecke als dem Glücksspiel- und Schwindelmarkt dienten, weniger Spuren ihres Daseins hinterlassen als London. Der große Wechsel in der Benutzung mechanischer Kraft hat das auf leichte Weise herbeigeführt, und selbst wenn wir unsere Gewohnheiten nicht so sehr geändert hätten, würden diese Städte als Mittelpunkte in aller Wahrscheinlichkeit aufgehört haben zu bestehen.«

»Und die kleineren Städte? Die haben Sie wohl ganz abgeschafft?«

»Im Gegenteil, da hat man wenig niedergerissen – nur viel umgebaut. Die Vorstädte, soweit sie welche hatten, sind in der Landschaft aufgegangen und in der Mitte ist Raum gewonnen. Aber die Städte mit ihren Straßen, Plätzen und Märkten sind immer noch vorhanden, und diese kleinen Städte vermitteln uns heutzutage die Vorstellung vom Aussehen der ehemaligen großen Städte – in deren Blütezeit natürlich.«

»Im Vorbeigehen möchte ich fragen, ist Oxford noch eine Gelehrtenstadt?«

»Noch?« sagte er lächelnd, »es ist zu einigen seiner besten Überlieferungen zurückgekehrt. Daraus können Sie schließen, wie weit es über die Stellung, die es im neunzehnten Jahrhundert einnahm, hinaus ist. Es ist wirkliches Lernen, die Wissenschaft um ihrer selbst willen, kurz die Kunst des Wissens, was dort gepflegt wird, und nicht die feile Schacherwissenschaft der früheren Zeit. Sie wissen vielleicht nicht, daß im neunzehnten Jahrhundert Oxford und seine weniger interessante Schwester Cambridge ausgesprochene Geschäfts- und Schwindelstädte wurden. Sie waren – und das gilt besonders von Oxford – die Brutstätten einer besonderen Art von Schmarotzern, die sich selbst die Gebildeten nannten. Diese waren in der Tat unverschämt genug, so wie überhaupt die ganze sogenannte gebildete Klasse von damals, sie suchten aber eine noch größere Unverschämtheit zur Schau zu tragen, damit man sie für gelehrt und weltweise halten solle. Die reiche Mittelklasse (mit der Arbeiterklasse hatten sie keine Verbindung) behandelte diese Marktschreier mit jener verächtlichen Duldung, mit der ein mittelalterlicher Baron seine Hausnarren behandelte, obgleich sie nicht so unterhaltend waren wie die alten Hanswurste; sie waren in der Tat die langweiligsten Menschen von der Welt – eine Plage der Gesellschaft. Man lachte sie aus, verspottete sie und – bezahlte sie. Letzteres war, wonach sie strebten.«

»Ach Gott!« dachte ich. »Wie hübsch dreht doch die Geschichte die Urteile einer früheren Zeit um! Gewiß waren nur die schlechtesten unter ihnen so schlecht.« Ich mußte jedoch zugeben, daß die meisten derselben unnütze Burschen, wie auch, daß sie käuflich gewesen waren. Dann sagte ich laut, wenn auch mehr zu mir selbst als zu Hammond: »Wie konnten sie aber besser sein, als ihre Zeit?«

»Schon wahr«, sagte er, »allein ihre Ansprüche waren höher – sie wollten mehr und Besseres sein. Doch lassen wir das. Fragen Sie weiter.«

»Wir haben«, meinte ich, »von London, den Fabrikgegenden und den gewöhnlichen Städten gehört, wie steht es aber mit den Dörfern?«

»Sie müssen wissen, daß gegen Ende des neunzehnten Jahrhunderts die Dörfer fast gänzlich vernichtet wurden mit Ausnahme derer, welche sich den Fabrikdistrikten anschlossen oder selbst aus sich eine Art kleiner Fabrikdistrikte bildeten. Die Häuser ließ man verfallen und tatsächlich zu Ruinen werden, Bäume wurden niedergehauen wegen der wenigen Schillinge, welche die armseligen paar Scheiter eintrugen – man baute unaussprechlich schlecht und erbärmlich. Der Arbeiter waren wenige, und trotzdem fielen die Löhne beständig. Alle die kleinen Künste des Lebens, die einst zu den bescheidenen Vergnügen der Landleute beitrugen, gingen verloren. Der Ertrag des Bodens, der durch die Hände des Landarbeiters ging, erreichte niemals dessen Mund. Unglaubliche Armseligkeit und knickeriger Geiz machten sich auf den Feldern und Äckern bemerkbar, die trotz der rohen und nachlässigen Bewirtschaftung der damaligen Zeit doch so ergiebig waren. Hatten Sie von all diesem eine Ahnung?«

»Ich habe gehört, daß es so war, aber was folgte dann?«

Hammond fuhr fort: »Die Umgestaltung dieser Verhältnisse, welche sich schon sehr früh in unserer Epoche vollzog, ging außerordentlich rasch vor sich. Das Volk sammelte sich in den Dörfern und stürzte sich nun sozusagen auf das Land wie ein wildes Tier auf seine Beute, und in sehr kurzer Zeit waren die englischen Dörfer bevölkerter als im vierzehnten Jahrhundert und nahmen immer zu. Natürlich war es nicht leicht, mit dieser Land-Invasion, mit dieser Überrennung des Landes fertig zu werden, und sie würde sehr großes Elend zur Folge gehabt haben, wären wir noch in den Banden der Klassenherrschaft gewesen. So aber regelten sich die Dinge bald. Die Leute fanden heraus, zu was sie sich eigneten, und verzichteten auf den Versuch, sich zu Beschäftigungen zu zwingen, die ihrer Natur nicht entsprachen. Die Stadt eroberte das Land, die Eroberer jedoch gaben, gleich den kriegerischen Eindringlingen früherer Tage, dem Einfluß ihrer Umgebung nach und wurden Landleute; und da sie zahlreicher wurden als die Stadtleute, beeinflußten sie diese ihrerseits dermaßen, daß der Unterschied und Gegensatz zwischen Stadt und Land bald mehr und mehr verschwand. Diese ländliche Welt wurde in der Tat durch den Geist und die Regsamkeit der Städter belebt, und es entwickelte sich daraus jenes glückliche und gemütliche, aber doch voranstrebende Leben, von dem Sie einen Vorgeschmack bekommen haben. Nochmals sage ich: Es sind viele Mißgriffe gemacht worden, allein wir hatten Zeit, sie wieder gutzumachen. Vieles war noch übriggeblieben, was die Menschen in der Zeit meiner frühesten Jugend wegzuräumen hatten. Die unklaren Ideen der ersten Hälfte des zwanzigsten Jahrhunderts, wo die Menschen noch von der Furcht vor Armut niedergedrückt waren und die Ausschmückung der Alltäglichkeit nicht genug zu schätzen wußten, verdarben einen großen Teil der äußeren Schönheiten, die das Schwindel- und Schacher-Zeitalter uns übriggelassen hatte. Ich gebe zu, daß die Menschen sich nur langsam von den Übeln erholten, welche sie sich selbst auferlegt hatten, und das sogar noch, nachdem sie frei geworden waren. So langsam die Genesung auch kam, sie kam, und je mehr Menschen Sie hier sehen, um so klarer wird es Ihnen werden, daß wir glücklich sind, daß wir inmitten der Schönheit und des Schönen leben, ohne verweichlicht zu werden, daß wir vollauf zu tun haben und daß es uns Freude macht, es zu tun. Was können wir mehr vom Leben verlangen?«

Er hielt inne, als wenn er nach Worten suchte, um seine Gedanken auszudrücken, und fuhr fort:

»Wir stehen so: England war einst das Land der lieblichen Lichtungen zwischen Wäldern und Wüsteneien, mit nur wenigen Städten, welche Festungen für die feudalen Armeen, Märkte für das Volk und Sammelplätze für die Handwerker waren. Dann wurde es das Land ungeheurer giftiger Werkstätten und noch giftigerer Spielhöllen, umgeben von schlecht bewirtschafteten, armseligen Farmen und Hütten, und das arbeitende Volk wurde ausgeplündert durch die Herren der Werkstätten. Jetzt ist England ein Garten, in dem nichts öde, nichts verwahrlost ist, mit den nötigen Wohnungen, Scheunen und Werkstätten, die über das ganze Land zerstreut sind, alle schmuck, gesund und bequem. Denn in der Tat, wir würden uns vor uns selbst schämen, erlaubten wir – und nun gar im Großen! – die Anfertigung von Gütern unter Bedingungen, welche Nachteile und Verluste für die einzelnen oder für die Allgemeinheit mit sich brächten.«

Darauf sagte ich: »Nach dieser Seite hin hat die Umgestaltung zum Besseren geführt, da ich aber nun bald selbst einige dieser Dörfer sehen werde, so bitte sagen Sie mir, um mich vorzubereiten, in wenigen Worten, wie sie ungefähr aussehen.«

Er: »Vielleicht haben Sie eine leidlich gute Abbildung von Dörfern, wie sie zu Ende des neunzehnten Jahrhunderts waren, gesehen. Es gibt solche.«

Ich: »Ja, ich sah einige dieser Bilder.«

»Nun denn«, sagte Hammond, »unsere Dörfer gleichen einigermaßen den besten dieser ehemaligen Dörfer, mit der Kirche oder dem Versammlungshaus der Nachbarn als Hauptgebäude. Aber merken Sie wohl: ohne die Zeichen von Armut ringsherum – keine malerischen Umfall-Baracken, wie die Künstler sie – Ihnen die Wahrheit zu sagen – einst gerne benutzten, um ihre Unfähigkeit für architektonisches Zeichnen zu verbergen. Derartige Dinge gefallen uns nicht, selbst dann nicht, wenn sie kein Elend vorstellen. Wie die Leute des Mittelalters, so lieben auch wir alles nett, rein, ordentlich und freundlich, so, wie es das Volk macht, wenn es Sinn für architektonische Wirkung hat, denn jetzt wissen die Leute, daß sie haben können, was sie brauchen, und lassen sich in ihrem Verkehr mit der Natur keinen Unsinn gefallen.«

»Gibt es außer den Dörfern noch vereinzelte Landhäuser?« fragte ich.

»Ja, viele«, sagte Hammond, »in der Tat, wenn man die öden Gegenden und die Wälder ausnimmt, sieht man überall Häuser. Und da, wo die Häuser dünn gesät sind, sind sie sehr groß und gleichen mehr den alten Universitätsgebäuden[15] als den gewöhnlichen Häusern, wie sie zu sein pflegten. Man hat dies zum Besten der Gesellschaft so getan, weil viele Leute in solchen Häusern wohnen können und die Landbewohner nicht notwendig Landbauern sein müssen, obwohl beinahe alle zeitweise beim Landbau helfen. Das Leben in diesen großen Wohnungen ist sehr angenehm, besonders auch, weil einige der bedeutendsten Gelehrten unserer Zeit darin leben. Alles in allem herrscht da sehr viel Abwechslung durch die Verschiedenheit der Geister und der Stimmungen, wodurch die Gesellschaft angeregt und erheitert wird.«

»Alles dies überrascht mich«, sagte ich, »da mir das Land doch trotz alledem leidlich gut bevölkert zu sein scheint.«

»Gewiß«, antwortete er, »die Bevölkerung ist so ziemlich dieselbe wie zu Ende des neunzehnten Jahrhunderts; wir haben sie nur besser verteilt – über das Land ausgebreitet, das ist alles. Natürlich haben wir auch andere Länder bevölkern helfen – wo man uns brauchte und wir verlangt wurden.«

Ich erwiderte darauf: »Eins scheint Ihrer Bezeichnung des Landes als eines Gartens nicht zu entsprechen. Sie haben von Wüsteneien und Wäldern gesprochen, ich selbst habe den Anfang Ihres Middlessex- und Essex-Waldes gesehen. Warum halten Sie sich solche Dinge in einem Garten, ist das nicht sehr verschwenderisch?«

»Mein Freund«, sagte er, »wir lieben diese Stücke wilder Natur und nehmen sie, weil wir reich genug sind, sie haben zu können. Von den Wäldern abgesehen, brauchen wir viel Bauholz und hoffen, daß unsere Kinder und Kindeskinder ebensoviel brauchen. Warum soll das Land deswegen kein Garten sein? Ich habe gehört, daß ehedem Strauch- und Fels-Partien in den Gärten waren und wenn ich auch die künstlichen nicht leiden mag, so versichere ich Sie doch, daß einige unserer natürlichen Felsenlandschaften wert sind, gesehen zu werden. Gehen Sie diesen Sommer nach dem Norden, und sehen Sie sich die Felsen von Cumberland und Westmoreland an. Auf dem Wege dahin werden Sie einige Schafweiden finden, die Ihnen beweisen, daß die Gegend nicht so öde ist, wie Sie glauben, nicht so nutzlos wie der zu Treibhäusern verwandte Boden, auf dem man früher Obst außerhalb der Jahreszeit künstlich zeitigte.«

»Ich will hingehen, wenn ich es möglich machen kann«, sagte ich.

»Es wird nicht so schwer sein«, erwiderte er.

11. Kapitel

Betreffend Regierung

»Jetzt«, sagte ich, »bin ich so weit gekommen, Fragen an Sie zu richten, von denen ich voraussetze, daß sie für Sie trocken zum Beantworten und schwierig zum Erklären sein werden. Ich habe aber schon seit einiger Zeit vorausgesehen, daß ich sie stellen muß: Welche Art von Regierung haben Sie? Hat die Republik endlich triumphiert? Oder sind Sie nur zu einer Diktatur gelangt, welche einige Personen des neunzehnten Jahrhunderts als das Endergebnis der Demokratie zu prophezeien pflegten? Diese letztere Frage scheint in der Tat nicht so sehr unvernünftig, da Sie Ihr Parlamentsgebäude zu einem Kehrichtlager und Düngermarkt gemacht haben. Oder wo haben Sie Ihr jetziges Parlament untergebracht?«

Der alte Mann beantwortete mein Lächeln mit einem herzlichen Lachen: »Nun, nun, Dünger ist nicht die schlechteste Art der Verfaultheit und Verderbnis; aus dem Dünger kann Fruchtbarkeit kommen, während nur Mangel und Not von der *andern* Art der Fäulnis kam, deren Hauptstützen einst diese Mauern bargen. Lassen Sie mich Ihnen sagen, lieber Gast, daß unser jetziges Parlament sehr schwer in einem Hause unterzubringen wäre, weil *das ganze Volk* unser Parlament ist.«

»Ich verstehe Sie nicht.«

»Nein? Das konnte ich mir denken«, erwiderte er. »Auf die Gefahr hin, gegen alle Ihre Vorstellungen anzustoßen, muß ich Ihnen sagen, daß wir kein Ding mehr haben, welches Sie, als Eingeborener eines anderen Planeten, eine Regierung nennen würden.«

»Das ist mir keineswegs so anstößig, wie Sie vielleicht vermuten mögen«, erwiderte ich, »denn ich weiß etwas von Regierungen. Aber sagen Sie mir, wie haben Sie sich eingerichtet und wie sind Sie zu diesem Stand der Dinge gekommen?«

Darauf erwiderte er: »Wahr ist, daß wir in bezug auf unsere Geschäfte und Verhältnisse einige Anordnungen zu treffen haben, über welche Sie gleich mehr hören können; und wahr ist auch, daß nicht immer jeder mit den Einzelheiten dieser Anordnungen übereinstimmt. Es ist aber auch wahr, daß ein Mensch eine organisierte Regierung mit ihrer Armee, ihrer Kriegsflotte und ihrer Polizei ebensowenig braucht – ebensowenig nötig hat, um gezwungen zu werden, sich dem Willen der Majorität von seinesgleichen zu fügen, wie er eine derartige Maschinerie braucht, um zu begreifen, daß sein Kopf und ein Stein nicht zu gleicher Zeit denselben Raum einnehmen können. Wünschen Sie noch eine weitere Erklärung?«

Der alte Hammond ließ sich mit einem so vergnügten Blick auf seinen Sessel nieder, daß ich eine wissenschaftliche Auseinandersetzung zu fürchten begann; deshalb schwieg ich.

Er fuhr fort: »Zu welchem Zweck war ehedem die Regierung wohl da, als um den Reichen gegen den Armen, den Starken gegen den Schwachen zu schützen?«

»Sehr wahr, alles Elend früherer Zeit wurde wohl durch die unheilvolle Regierung verursacht, von der wir sprechen.«

»Nein, es würde nicht ganz richtig sein, sollten wir dies sagen. Die Regierung selbst war nur das notwendige Ergebnis der plan- und ziellosen Tyrannei jener Zeit. Sie war nur das Werkzeug der Tyrannei. Diese Tyrannei ist nun zu Ende, und so brauchen wir auch das Werkzeug nicht länger. Wir konnten es tatsächlich gar nicht brauchen, seitdem wir frei sind. Deshalb haben wir keine Regierung in Ihrem Sinn des Wortes. Verstehen Sie dies jetzt?«

»Ja, ich verstehe. Ich möchte aber noch mehrere Fragen an Sie richten, betreffend die Art und Weise, wie Sie als freie Menschen Ihre Angelegenheiten ordnen. Wollen Sie mir Aufschluß geben?«

»Von Herzen gern, fragen Sie nur zu!«

12. Kapitel

Wie das Leben eingerichtet ist

»Wohlan«, sagte ich, »könnten Sie mir Aufschluß über jene Anordnungen und Einrichtungen geben, von denen Sie sprechen und die bei Ihnen anstelle der Regierung getreten sind?«

»Nachbar«, sagte er, »wir haben zwar unser Leben im Vergleich mit früher sehr vereinfacht, haben viele gesellschaftliche Formen und viele falsche Bedürfnisse abgeschafft, die unseren Vorvätern viele Mühe machten; immerhin ist jedoch unser Leben zu verwickelt, als daß ich Ihnen bloß mit Worten in allen Einzelheiten sagen könnte, wie es geregelt ist. Sie müssen das selbst herausfinden, indem Sie unter uns leben. Es ist wahr, ich kann Ihnen besser sagen, was wir *nicht* tun, als was wir tun.«

»So?«

»Ja, und nun hören Sie. Wir leben wenigstens seit hundertundfünfzig Jahren mehr oder weniger auf unsere jetzige Art; eine Überlieferung oder Gewohnheit des Lebens ist mit uns verwachsen, und diese Überlieferung und Gewohnheit läßt uns zum allgemeinen Besten handeln. Für uns ist es leicht, zu leben, ohne uns gegenseitig zu berauben. Wir könnten einander befehden und berauben, es würde uns dies aber schwerer fallen, als die Enthaltung von Zank und Diebstahl. Das ist in Kürze die Grundlage unseres Lebens und unseres Glücks.«

»Während es in der alten Zeit sehr schwer war, ohne Streit und Raub zu leben. Das ist's doch was Sie damit sagen wollen«, fragte ich, »indem Sie mir die negative, die verneinende Seite Ihrer günstigen Lebensbedingungen zeigen?«

»Ja«, antwortete er, »es war so schlimm, daß die, welche gewohnheitsgemäß anständig gegen ihre Nächsten handelten, als Heilige und Helden gefeiert und mit der größten Verehrung betrachtet wurden.«

»Während sie lebten?« fragte ich.

»Nein«, antwortete er, »nach dem Tode.«

»Sie wollen mir doch nicht sagen«, erwiderte ich, »daß in der jetzigen Zeit kein einziger die Grenzen guter Kameradschaft überschreitet?«

»Gewiß nicht«, sagte Hammond, »wenn aber einmal eine Überschreitung vorkommt, dann weiß jedermann – der Überschreiter selbst und alle anderen –, was es ist; der Irrtum eines Freundes, nicht die gewohnheitsgemäße Handlung einer Person, die zur Feindschaft gegen die Gesellschaft getrieben wurde.«

»Ich sehe, Sie wollen sagen, daß Sie keine Verbrecherklasse haben.«

»Wie könnten wir sie auch haben, da es keine reiche Klasse mehr gibt, die durch die Ungerechtigkeit des Staates Feinde des Staates erzieht?«

»Mir ist«, erwiderte ich, »als hätten Sie vorher einmal gesagt, daß Sie das bürgerliche Gesetzbuch abgeschafft hätten. Ist dem wirklich so?«

»Es hat sich selbst abgeschafft, mein Freund. Die bürgerlichen Gerichtshöfe waren nur zur Verteidigung des Privateigentums dagewesen, denn jedermann glaubte, daß es nur durch rohe Gewalt möglich sei, die Leute anständig zu machen. Nachdem das Privateigentum abgeschafft war, hatten auch alle die Gesetze und all' die vom Gesetz statuierten Verbrechen, welche aus dem Privateigentum entstanden waren, ihr Ende erreicht. ›Du sollst nicht stehlen‹, mußte übersetzt werden in ›Du sollst arbeiten, um glücklich zu sein‹. Brauchen wir diesen Befehl durch Gewalt zu erzwingen?«

»Nun gut«, sagte ich, »das läßt sich verstehen, und ich stimme damit überein. Wie verhält es sich aber mit Verbrechern der Gewalttätigkeit? Machen sie – und Sie geben ja zu, daß solche Verbrechen vorkommen –, machen diese Verbrechen nicht ein Strafgesetz nötig?«

Darauf sagte er: »In Ihrem Sinne des Wortes haben wir kein Strafgesetz. Lassen Sie uns den Gegenstand näher betrachten und sehen, woraus die Verbrechen der Gewalttätigkeit entspringen. Der bei weitem größere Teil dieser Verbrechen war in früherer Zeit die Folge der Eigentumsgesetze, welche die Befriedigung der natürlichen Triebe nur den privilegierten wenigen gestatteten; und des allgemeinen greif- und sichtbaren Zwanges, der aus jenen Gesetzen hervorging. Diese Ursache der Gewaltverbrechen ist vollständig weggefallen. Viele Gewalttaten entstanden auch durch die künstliche Verkehrung der geschlechtlichen Leidenschaften, welche übertriebene Eifersucht und ähnlichen Jammer hervorriefen. Wenn Sie diese Verbrechen eingehend betrachten, so werden Sie finden, daß das, was ihnen zugrunde lag, meistens der Gedanke war (ein zum Gesetz gemachter Gedanke), daß die Frau das Eigentum des Mannes sei, ob er nun ihr Ehemann, Vater oder Bruder war. Dieser Gedanke ist natürlich mit dem Privateigentum verschwunden, ebenso wie gewisse Torheiten über den ›Fall‹ der Frau, weil sie ihren natürlichen Trieben in ungesetzlicher Weise folgte, was wieder nur die Folge einer aus den Eigentumsgesetzen hervorgegangenen Übereinkunft war.

»Eine andere verwandte Ursache der Gewaltverbrechen war die Familientyrannei, die früher so häufig den Gegenstand von Romanen und Erzählungen bildete und die gleichfalls dem Privateigentum entsprang. Natürlich ist dies alles vorüber, seitdem die Familien nicht mehr durch den Zwang sozialer oder gesetzlicher Bande, sondern nur durch gegenseitige Liebe und Zuneigung zusammengehalten sind und jeder und jede kommen und gehen kann, wie er oder sie will. Ferner ist unser Maßstab für Ehre und öffentliche Achtung sehr verschieden von dem früheren. Der Weg zum Ansehen durch Schädigung unseres Nächsten ist jetzt abgeschnitten und wir hoffen für immer. Jedermann kann frei seine besonderen Fähigkeiten bis zum

Äußersten ausbilden, und jedermann ermuntert ihn dazu. So sind wir die scheelsehende *Mißgunst* losgeworden, die von den Dichtern gewiß mit gutem Grund dem *Haß* vermählt wird. Unsägliches Unglück und viel böses Blut wurden durch dieses schlimme Paar verursacht, welches bei erregbaren und leidenschaftlichen Menschen, d. h. bei tatkräftigen Naturen zur Gewalttätigkeit führte.«

Ich lachte und sagte: »Mit anderen Worten, Sie behaupten jetzt, bei Ihnen gäbe es keine Gewalttätigkeit?«

»Nein«, sagte er, »das wäre nicht richtig. Derlei Dinge kommen freilich zuweilen vor. Heißes Blut irrt mitunter. Ein Mensch schlägt den anderen und dieser gibt's zurück und – nehmen wir das Schlimmste an – das Ende ist ein Totschlag. Was aber dann? Sollen wir, seine Nachbarn, das Schlimme dann noch schlimmer machen? Sollen wir so kleinlich voneinander denken, daß wir annehmen, der Getötete rufe uns zur Rache auf, da wir doch wissen, daß, wenn er bloß verkrüppelt worden wäre, er seinem Gegner verziehen hätte, sobald er zur Besinnung und ruhigen Überlegung gelangt wäre? Oder wird der Tod des Totschlägers den Toten wieder ins Leben zurückrufen oder das Unglück, welches sein Verlust verursacht, wieder gutmachen?«

»Ja«, sagte ich, »aber bedenken Sie, muß nicht die Sicherheit der Gesellschaft durch irgendwelche Strafe gewährleistet werden?«

»Nachbar«, sagte der alte Mann mit einiger Erregung, »das ist der Punkt, auf den es ankommt. Die Strafe, betreffs welcher die Menschen so weise zu sprechen und so töricht zu handeln pflegten, was war sie anders, als der Ausdruck ihrer Furcht? Und sie hatten auch Grund, sich zu fürchten, weil sie, d. h. die Führer der Gesellschaft, wie eine bewaffnete Bande in einem feindlichen Lande wohnten. Aber wir, die wir unter unsern Freunden leben, wir brauchen weder Furcht noch Strafe. Gewiß ist: Wenn wir aus Furcht vor einem gelegentlichen seltenen Totschlag oder vor einer gelegentlichen derben Mißhandlung feierlich und gesetzlich Mord und Gewalttat verübten, so wären wir nur eine Gesellschaft von elenden Feiglingen. Denken Sie nicht auch so, Nachbar?«

»Ja, wenn ich es von dieser Seite betrachte, allerdings.«

»Sie müssen begreifen«, fuhr der alte Mann fort, »wenn irgendeine Gewalttat begangen worden ist, so erwarten wir, daß der Angreifer die ihm mögliche Sühne gibt – und er selber erwartet dies. Und bedenken Sie doch: Kann die Vernichtung oder ernstliche Beschädigung eines Menschen, den Wut oder Raserei einen Augenblick überkommen hat, eine Sühne für das Gemeinwesen sein? Es würde doch sicherlich nur eine weitere Schädigung der Gesellschaft bilden.«

»Nehmen wir an«, fuhr ich fort, »der Mann habe einen Hang zu Gewalttätigkeit, er tötet z. B. jährlich einen Menschen?«

»So etwas ist uns unbekannt«, erwiderte Hammond; »in einer Gesellschaft, wo es keine Strafe gibt, der man zu entrinnen, kein Gesetz, über das man zu triumphieren sucht, folgen Gewissensbisse der Übertretung.«

»Und wie werden Sie mit den kleineren Gewaltausbrüchen fertig? Denn bis jetzt sprachen wir doch nur von großen Trauerspielen.«

»Wenn der Übeltäter weder krank noch wahnsinnig ist (und in diesem Fall muß er unter Bewachung gehalten werden, bis seine Krankheit oder sein Wahnsinn geheilt ist), so ist es klar, daß auf die schlechte Tat Reue und Zerknirschung folgen müssen; und die Gesellschaft weiß ihm dies klarzumachen, wenn er abgestumpft sein sollte. Und darauf wird wieder eine Art Sühne folgen – oder wenigstens ein offenes Bekenntnis der Reue und Zerknirschung. Ist es so schwer zu sagen: ich bitte um Verzeihung? – Ja, manchmal ist es schwer – indes, das schadet nichts.«

»Sie halten das für genügend?«

»Ja, und außerdem ist es alles, was wir tun können. Wenn wir mehr tun und den Mann quälen, so verwandeln wir seinen Schmerz in Wut und die Demütigungen, die er sonst ob seines Handelns empfinden würde, wird durch die Hoffnung auf Rache für das Unrecht, das wir ihn zugefügt, verschlungen.«

»Sie betrachten also das Verbrechen bloß als eine Krankheit, mit der sich das Strafgesetzbuch nicht zu befassen hat?«

»Ganz richtig! Und da wir, wie ich Ihnen schon sagte, im allgemeinen gesunde Leute sind, so werden wir durch diese Krankheit nicht sehr beunruhigt.«

»Nun wohl, Sie haben kein bürgerliches Gesetz und kein Strafgesetz. Haben Sie aber kein Gesetz für den Handelsverkehr, ich meine – keine Bestimmung für den Austausch der Waren; denn austauschen müssen Sie doch, wenn Sie auch kein Privateigentum haben.«

Hammond: »Wir haben keinen gegenseitigen persönlichen Austausch, wie Sie heute morgen gesehen haben, als Sie die Warenlager besuchten. Natürlich gibt es aber Handelsbestimmungen, die je nach den Verhältnissen verschieden sind und der allgemeinen Sitte entsprechend gehandhabt werden. Indes, da dies Dinge sind, welche die Allgemeinheit festzusetzen hat, und gegen die etwas einzuwenden niemand sich im Traume einfallen läßt, so haben wir auch keine Vorkehrungen getroffen, die Befolgung zu erzwingen, und deshalb nenne ich diese Bestimmungen auch nicht Gesetz. Und nun, was wird Ihre nächste Frage sein?«

13. Kapitel

Über Politik

»Wie halten Sie es mit der Politik?« fragte ich.

Hammond meinte lächelnd: »Es freut mich, daß Sie gerade mich hiernach fragen. Ich glaube, daß ein anderer Sie veranlassen würde, sich selber darüber auszusprechen, oder es wenigstens versuchen würde, bis Sie des Fragens von Herzen überdrüssig wären. In der Tat, ich glaube der einzige Mann in England zu sein, der weiß, was Sie meinen. Und da ich es weiß, will ich Ihnen Ihre Frage auch kurz beantworten, indem ich Ihnen sage, daß wir uns in bezug auf Politik sehr wohl befinden – *weil wir keine haben.* Wenn Sie jemals diese Unterhaltung zu einem Buch benutzen, so machen Sie aus dieser Frage ein eigenes Kapitel, nach dem Vorbild von Horrebow's ›Schlangen in Island‹[16].«

»Das soll geschehen.«

14. Kapitel

Wie die Geschäfte besorgt werden

Ich fragte: »Wie ist Ihr Verhältnis zu fremden Nationen?«

»Ich will mir nicht den Schein geben, nicht zu verstehen, was Sie meinen«, erwiderte er. »Ich will Ihnen aber sofort sagen, daß das ganze System von eifersüchtigen, einander hassenden oder verachtenden Nationen, welches einst eine so große Rolle bei den Regierungen der sogenannten zivilisierten Welt spielte, ebenso vollständig verschwunden ist wie die Ungleichheit der Menschen in der Gesellschaft.«

»Macht das die Welt nicht langweilig?«

»Warum?«

»Wegen der Vernichtung der nationalen Unterschiede.«

»Dummes Zeug!« sagte Hammond wegwerfend. »Gehen Sie über das Wasser und sehen Sie sich dort um. Sie werden genug Unterschiede finden. Die Gegend, die Art des Bauens, die Lebensweise, die Vergnügungen, alles ist anders. Männer und Frauen sehen anders aus und sind auch in ihren Ansichten anders. Die Trachten sind heute viel verschiedener, als sie unter der Herrschaft des Handels und Wuchers waren. Es ist uns klargeworden, daß gerade infolge dieser Mannigfaltigkeit die verschiedenen Rassen auf der Erde einander dienlich und angenehm sein können, ohne daß auch nur im Entferntesten der Wunsch erregt wird, sich gegenseitig zu berauben. Wir streben alle nach demselben Ziel, und das ist: unser Leben möglichst auszunutzen für uns und unsere Mitmenschen. Und ich kann Ihnen sagen, was immer für Streitigkeiten und Mißverständnisse vorkommen mögen, sie kommen sehr selten unter Leuten von verschiedener Rasse vor, und weil infolgedessen weniger Unvernunft in ihnen ist, werden sie auch rascher geschlichtet.«

»Gut«, sagte ich, »aber wie steht's mit den politischen Meinungsverschiedenheiten innerhalb eines Gemeinwesens? – Behaupten Sie, daß keine vorkommen?«

»Nein, nein, ganz und gar nicht«, antwortete er etwas bissig; »dagegen möchte ich sagen, daß Meinungsverschiedenheiten über greifbare Dinge die Menschen nicht zu veruneinigen und nicht in dauernd feindliche politische Parteien zu spalten brauchen, die verschiedene Theorien über den Bau des Weltalls und den Fortschritt der Zeit haben. Bei uns betreffen die Meinungsverschiedenheiten technische Fragen und gelegentliche Vorkommnisse, die mit denselben zusammenhängen, und diese Verschiedenheiten trennen und entzweien uns nicht dauernd. In der Regel zeigt die Summe der sofortigen Meinungsäußerungen, welche Ansicht über einen gegebenen Gegenstand die richtige ist; das ist eine Frage der Tatsächlichkeit und kein Hirngespinst. Zum Beispiel ist es sicher nicht leicht, aufgrund der Frage, ob die Heuernte in diesem oder jenem Landstrich diese oder die nächste Woche beginnen soll, eine politische Partei zustande zu bringen, wenn alle darin übereinstimmen, daß die Heuernte spätestens die übernächste Woche anfangen müsse und jeder selbst auf die Felder gehen und sich überzeugen kann, ob das Gras reif zum Schneiden ist.«

»Und Sie regeln diese Meinungsverschiedenheiten, große wie kleine, nach dem Willen der Mehrheit, vermute ich.«

»Gewiß, wie anders sollten und könnten wir sie regeln? In rein persönlichen Fragen, die mit dem Wohl des Ganzen nichts zu tun haben – z. B. wie sich ein Mensch kleiden, was er essen und trinken, was er schreiben und lesen soll und so fort – darüber kann es keine Meinungsverschiedenheiten geben, das macht jeder, wie's ihm beliebt. Ist aber die Sache von allgemeinem Interesse, so daß jedermann von dem Tun oder Lassen irgendwie berührt wird, dann muß die Mehrheit bestimmen, es sei denn, die Minderheit griffe zu den Waffen und zeigte durch die Gewalt, daß sie die tatsächliche und wirkliche Mehrheit ist, was jedoch in einer Gesellschaft von freien Menschen, in der einer dem anderen gleich steht, kaum vorkommen kann, weil in einem solchen Gemeinwesen die scheinbare Mehrheit auch die wirkliche Mehrheit ist. Und die anderen, wie ich vorhin angedeutet habe, wissen das zu gut, um sich aus bloßer Dickköpfigkeit dagegen aufzulehnen, zumal sie hinreichend Gelegenheit haben, ihre Ansicht auszusprechen und die Sache von ihrem Standpunkt aus zu beleuchten.«

»Wie verfährt man dabei?« fragte ich.

»Nun«, sagte er, »nehmen wir eine unserer Verwaltungseinheiten, eine Gemeinde, einen Bezirk oder ein Kirchspiel, wir haben all' diese Benennungen beibehalten, sie bezeichnen jetzt aber nur noch kleine tatsächliche Unterschiede, obgleich es eine Zeit gab, wo der Unterschied sehr wesentlich war. Also gesetzt den Fall, in einem solchen Bezirk sind einige Nachbarn der Ansicht, daß irgend etwas getan oder beseitigt werden soll, z. B. eine neue Stadthalle errichtet, geschmacklose, unbequeme Häuser abgerissen – oder sagen wir: anstelle einer alten, häßlichen, eisernen Brücke eine Steinbrücke gebaut – da haben Sie Schaffen und Umstürzen. Gut – bei der nächsten regelmäßigen Zusammenkunft oder Mote[17], wie wir es sagen, entsprechend der alten Sprache zu den Zeiten vor der Schreiberwirtschaft – Bureaukratie genannt – schlägt irgendein Nachbar diese Veränderungen vor, und wenn alle zustimmen, dann gibt es selbstverständlich bloß noch eine Besprechung über die Einzelheiten.

Ebenso ist's, wenn niemand den Vorschlag unterstützt, so wird die Sache für den Augenblick fallengelassen. Das kommt aber unter vernünftigen Menschen nicht so leicht vor, weil man gewiß ist, daß der Antragsteller schon vor der Versammlung mit andern über die Sache gesprochen hat.

Nehmen wir aber an, daß einige Nachbarn mit dem unterstützten Vorschlag nicht einverstanden sind, daß sie glauben, die häßliche eiserne Brücke könne noch eine Zeitlang Dienste leisten und daß sie nicht mit dem Bau einer neuen belästigt sein wollen, dann wird für dieses Mal nicht abgestimmt und die Beratung bis zur nächsten Sitzung vertagt. Inzwischen werden die Gründe für und wider überall erwogen, die wichtigeren Gutachten werden gedruckt – jeder kann sich das besorgen –, so daß jedermann weiß, um was es sich handelt; und wenn man dann wieder zusammenkommt, findet eine regelrechte Besprechung statt und zuletzt eine Abstimmung durch Erheben der Hände.[18] Ergibt die Abstimmung keine entschiedene Mehrheit, dann wird die Beratung nochmals auf eine spätere Zeit vertagt. Ist die Meinungsverschiedenheit eine tiefgehende, dann wird die Minderheit gefragt, ob sie sich der allgemeinen Ansicht fügen wolle, was sie oft – nein, was sie meistens tut. Verweigert sie es, dann wird die Sache zum dritten Mal beraten. Nun gibt die Minderheit nach, wenn sie nicht ersichtlich gewachsen ist. Ich glaube zwar, daß es eine halb vergessene Regel gibt, nach der sie es noch weiter treiben könnte, aber ich erinnere mich nicht, daß von diesem Recht je Gebrauch gemacht worden ist. Soviel ich erfahren habe, ist die Minderheit immer der Ansicht, wenn vielleicht auch nicht, daß ihr Standpunkt ein falscher sei, so doch, daß sie die Gesamtheit nicht überzeugen und sie nicht zwingen kann, ihre, der Minderheit, Ansicht, als die richtige anzunehmen.«

»Sehr schön«, sagte ich, »was geschieht aber, wenn die Abstimmung auch das zweite Mal keine entschiedene Mehrheit ergibt?«

Er erwiderte: »Dem Prinzip und der Regel für solche Fälle entsprechend muß dann die Angelegenheit bis auf weiteres fallengelassen werden, und die Mehrheit muß, wenn sie eine geringe ist, nachgeben und sich vorläufig den bestehenden Verhältnissen fügen. Ich kann Ihnen aber sagen, daß die Minderheit nur sehr selten auf der Anwendung dieser Regel besteht, gewöhnlich gibt sie in Güte nach.«

»Es ist wohl«, fragte ich, »niemand verpflichtet, an einer Arbeit teilzunehmen, mit der er nicht einverstanden ist?«

Er lächelte und sagte: »Recht scharfsinnig die Frage, jedoch nur von dem Gesichtspunkt des Bewohners eines anderen Planeten. Gewiß, ein Mitglied der Minderheit, das sich in seinen

Gefühlen verletzt glaubt, kann seinem Ärger etwas Luft machen, indem er seine Mitwirkung zum Beispiel beim Bau der Brücke verweigert. Aber, lieber Nachbar, das ist in unserer Gesellschaft keine sehr wirksame Salbe für die Wunde, welche die Tyrannei der Mehrheit geschlagen hat, weil alle Arbeit, die verrichtet wird, jedem einzelnen Glied der Gesellschaft entweder Vorteil oder Nachteil bringt. Der Mann hat Nutzen vom Brückenbau, wenn derselbe sich als zweckmäßig herausstellt, und er wird umgekehrt benachteiligt, wenn das Gegenteil der Fall ist – gleichviel ob er Hand dabei anlegt oder nicht; und in der Zwischenzeit unterstützt er die Brückenbauer durch seine Arbeit, mag sie sein, welche sie wolle. Tatsächlich sehe ich für ihn keine andere Genugtuung, als das Vergnügen, hinterher sagen zu können: ›ich hab's Euch ja voraus gesagt‹, wenn der Brückenbau sich als ein Mißgriff erweist und ihn schädigt; nützt er ihm aber, so muß er es eben schweigend über sich ergehen lassen. Eine entsetzliche Tyrannei, dieser Kommunismus, nicht wahr? Das Volk wurde in früheren Zeiten sehr oft vor diesem Unglück gewarnt – damals, als man noch für jeden wohlgenährten und zufriedenen Menschen tausend elende Hungerleider sehen konnte. Was hingegen uns anbelangt, so gedeihen wir und befinden uns sehr wohl bei dieser Tyrannei – einer Tyrannei, die beiläufig mit keinem Mikroskop, das ich kenne, zu entdecken ist.«

Er saß einige Augenblicke nachdenklich da, dann blickte er auf und sagte: »Haben Sie noch weitere Fragen, mein Gast? Der Morgen entschwindet rasch bei meiner Schwatzhaftigkeit.«

15. Kapitel

Über den fehlenden Reiz zur Arbeit in der kommunistischen Gesellschaft

»Ja«, sagte ich, »ich erwartete jeden Augenblick, daß Dick und Klara wiederkommen würden. Ist für eine oder zwei Fragen noch Zeit, ehe sie zurück sind?«

»Versuchen Sie es, lieber Nachbar, versuchen Sie es«, ermunterte der alte Hammond. »Je mehr Sie mich fragen, desto lieber ist mir's, und wenn die beiden auch kommen sollten, während ich gerade mitten in meiner Antwort bin, dann müssen sie sich gedulden und tun, als hörten sie zu, bis ich geendet habe. Das würde ihnen nicht schaden, sie fänden es sehr angenehm in dem Bewußtsein nebeneinander zu sitzen, daß sie zueinander gehören.«

Ich lächelte, wie das meine Pflicht war, und sagte: »Gut, ich will weiter sprechen und sie nicht beachten, wenn sie hereinkommen. Also das ist's, worüber ich Sie nun fragen will – nämlich: wie Sie die Leute zur Arbeit bringen, da es doch keine Belohnung für die Arbeit gibt, und namentlich, wie Sie es machen, daß die Leute fleißig arbeiten?«

»Keine Belohnung für die Arbeit?« sagte Hammond ernst. »Die Belohnung der Arbeit ist das Leben. Ist das nicht genug?«

»Aber keine Belohnung für besonders gute Arbeit«, bemerkte ich.

»Genügende Belohnung«, sagte er, »die Belohnung des Schaffens! Der Lohn, den Gott empfängt, wie die Menschen sich früher ausgedrückt haben mögen. Wenn Sie für die Freude des Schaffens, womit nur ausgezeichnete Arbeit gemeint ist, Belohnung verlangen, dann könnten wir es erleben, daß demnächst ein Gesetzentwurf zur Förderung der Kinderzeugung eingebracht wird.«

»Nun wohl«, sagte ich, »ein Mensch des neunzehnten Jahrhunderts würde sagen, die Zeugung von Kindern ist ein natürliches Verlangen, ebenso wie es ein natürliches Verlangen ist, nicht zu arbeiten.«

»Ja, ja«, erwiderte er, »ich kenne diese alte Plattheit – sie ist gänzlich unwahr und für uns in der Tat ganz sinnlos. Fourier, über den alle Menschen lachten, verstand die Sache besser.«

»Warum für Sie ganz sinnlos?« fragte ich.

Er antwortete: »Weil damit gesagt ist, daß alle Arbeit Plage sei; und wir sind von diesem Gedanken so weit entfernt, daß bei uns, die wir, wie Sie bemerkt haben werden, recht wohlhabend sind, schon die Besorgnis aufgestiegen ist, eines Tags könnten wir *zu wenig Arbeit* haben. Die Arbeit ist ein Vergnügen, welches wir zu verlieren fürchten, und nicht eine Plage.«

»Ja«, sagte ich, »ich habe so etwas bemerkt und wollte Sie auch darüber befragen, vorher wünsche ich aber näheres über die Gründe zu hören, warum bei Ihnen die Arbeit ein Vergnügen ist?«

»Weil *alle* Arbeit jetzt anziehend ist. Dies kommt entweder von der Hoffnung auf Gewinn an Ehre und Wohlbefinden, mit welcher die Arbeit verrichtet wird und welche angenehme Empfindungen erweckt, selbst wenn die augenblickliche Arbeit nicht angenehm sein sollte; oder es hat seinen Grund darin, daß die Arbeit zu einer angenehmen Gewohnheit wurde, wie z. B. in dem Fall der sogenannten mechanischen Arbeit; und schließlich liegt das Vergnügen (und der größte Teil unserer Arbeit gehört hierher) in der Arbeit selbst, weil unsere Arbeit Kunst, bewußte, echte Kunst ist und von Künstlern verrichtet wird.«

»Ich verstehe«, sagte ich. »Können Sie mir nun erklären, wie Sie zu diesem glücklichen Zustand gelangt sind? Denn offen gesagt, diese Änderung in den Verhältnissen der alten Welt scheint mir größer und bedeutender als jede andere Veränderung, von der Sie mir in bezug auf Politik, Verbrechen, Eigentum und Ehe erzählt haben.«

»Darin haben Sie recht«, erwiderte er. »In der Tat, Sie können sogar sagen, daß diese Veränderung alle anderen erst ermöglicht hat.«

»Wollen Sie mir nicht *mehr* darüber sagen?« fragte ich. Gerade dieser Gegenstand interessiert mich aufs lebhafteste.«

»Das will ich gern tun«, sagte er, »damit ich es aber kann, muß ich Ihre Geduld einigermaßen in Anspruch nehmen und etwas von der Vergangenheit sprechen. Der Gegensatz, die Gegenüberstellung ist zu dieser Erläuterung nötig. Fürchten Sie nicht, daß ich Sie langweilen werde?«

»Nein, nein!« rief ich aus.

Danach setzte er sich wieder behaglich auf seinem Stuhl zurecht und hub an: »Nach allem, was wir hören und lesen, ist es klar, daß die Menschen in der letzten Periode der Zivilisation in bezug auf die Erzeugung der Waren in einen *cercle vicieux* – einen Kreis, aus dem nicht herauszukommen ist – geraten waren. Sie hatten es zu einer wunderbaren Fertigkeit in der Warenerzeugung gebracht, und um diese Fertigkeit möglichst auszunutzen, hatten sie ein sehr fein ausgearbeitetes System des Kaufs und Verkaufs geschaffen – oder vielmehr sich entwickeln lassen –, welches man den *Weltmarkt* nannte, und dieser Weltmarkt, einmal in Gang, zwang sie, immer mehr von diesen Waren zu erzeugen, einerlei, ob sie gebraucht wurden oder nicht. Und während sie sich der Arbeit für die wirklich notwendigen Dinge natürlich nicht entziehen konnten, kam es auf diese Weise, daß sie eine endlose Menge nicht notwendiger Dinge schufen, die unter der eisernen Herrschaft des sogenannten Weltmarkts für sie gleiche Wichtigkeit erlangten wie die wirklich notwendigen Dinge, welche das Leben erhalten. Durch dies alles überbürdeten sich die Leute mit einer ungeheueren Masse von Arbeit, nur um ihr elendes System im Gang zu erhalten.«

»Ja, und dann?« fragte ich.

»Nun, da sie sich den Zwang auferlegt hatten, unter der fruchtbaren Last unnötiger Warenerzeugung zu keuchen, so wurde es ihnen unmöglich, die Arbeit und deren Früchte von einem anderen Gesichtspunkte zu betrachten als von einem – nämlich dem des unaufhörlichen Bestrebens, möglichst wenig Arbeit auf die Anfertigung jedes Gegenstandes zu verwenden und doch zugleich so viele Gegenstände wie möglich herzustellen. Diesem Herabdrücken der Produktionskosten, wie man es nannte, wurde alles geopfert, die Freude des Arbeiters an seiner Arbeit – und mehr als das, seine bescheidensten Bedürfnisse, seine Gesundheit, seine Nahrung und Kleidung, seine Wohnung, seine Muße, sein Vergnügen, seine Erziehung – kurz *sein Leben* – alles hatte nicht den Wert eines Sandkorns gegenüber der Notwendigkeit ›billiger‹ Erzeugung von Dingen, die zum großen Teil überhaupt nicht wert waren, erzeugt zu werden. Ja – man erzählt uns – und wir müssen es glauben, so überwältigend sind die Beweise, obgleich viele von uns es kaum glauben können – daß selbst reiche und mächtige Leute, die *Herren* der vorerwähnten armen Teufel, sich dazu verstanden, selber inmitten von Szenen des Elends, in Schmutz, Gestank und allen möglichen Greueln zu leben – welche der Mensch doch seiner Natur nach verabscheut und flieht –, bloß damit ihr Reichtum dieses System unbegreiflicher Verrücktheit aufrechterhalte. Das ganze Gemeinwesen wurde dem gefräßigen Ungeheuer: ›billige Warenerzeugung‹, die ihm durch den Weltmarkt aufgezwungen war, in den Rachen geworfen.«

»Wie stand es aber mit der Qualität der Waren, die für den Weltmarkt erzeugt wurden? Man sollte doch denken, daß Völker, die sich so gut darauf verstanden, Güter zu machen, sie doch gewiß auch gut machten.«

»Qualität!« sagte der alte Mann, »wie konnten die Leute sich um solche Kleinigkeiten, wie die Qualität der Waren, die sie verkaufen, bekümmern. Die besten ihrer Waren waren niedrige Durchschnittswaren, die schlechtesten erbärmliche Notbehelfe für Dinge, die gebraucht wurden – Schund, mit dem niemand zufrieden gewesen wäre, wenn man Besseres hätte haben können. Es war damals ein gewöhnlicher Scherz zu sagen: die Waren sind zum Verkauf und nicht zum Gebrauch gemacht – ein Scherz –, den Sie, weil Sie von einem andern Planeten kommen, verstehen mögen, den aber *unsere* Leute nicht verstehen.«

»Wie«, sagte ich, »machte das Volk der ›Zivilisation‹, was es machte, nicht gut?«

»Oh ja«, erwiderte er, »es gab eine Art von Gütern, die man damals in allen Teilen gut machte, und das waren die *Maschinen*, die man zur Anfertigung der Dinge brauchte. Sie waren vollendete Meisterstücke und ihrem Zwecke bewundernswert entsprechend, so daß man mit Recht sagen kann, die größte Tat des neunzehnten Jahrhunderts war die Anfertigung von Maschinen, die wahre Wunder der Erfindungskraft, Geschicklichkeit und Geduld waren, aber nur zur Herstellung ungeheurer Massen wertloser Gegenstände gebraucht wurden. In Wahrheit betrachteten die Eigentümer der Maschinen nichts von dem, was diese machten, als Gebrauchsgegenstand, sondern nur als Mittel, sich selbst zu bereichern. Natürlich war die einzige Probe für die Nützlichkeit der Waren die: Käufer für dieselben zu finden – Kluge oder Dumme –, wie es sich fügte.«

»Und die Leute ließen sich das gefallen?«

»Eine Zeitlang.«

»Und dann?«

»Und dann kam der Umsturz«, sagte lächelnd der alte Mann, »und dem neunzehnten Jahrhundert erging es wie einem Mann, der, während er sich badete, seine Kleider verloren hat und nackt durch die Stadt gehen muß.«

»Sie sind sehr erbittert auf das neunzehnte Jahrhundert«, sagte ich.

»Natürlich«, antwortete er, »da ich so viel darüber weiß.«

Er schwieg eine Weile und sagte dann: »In unserer Familie haben wir Sagen, – nein, wirkliche Geschichten, betreffend jenes Zeitalter – mein Großvater war eines der Opfer. Wenn Sie das neunzehnte Jahrhundert einigermaßen kennen, dann werden Sie verstehen, was er zu leiden hatte, wenn ich Ihnen sage, daß er damals ein wirklicher Künstler, ein Mann von Genie und ein Revolutionär war.«

»Ich glaube, Sie zu verstehen«, sagte ich, »nun aber scheint's, daß Sie alles dies umgekehrt haben.«

»Fast ganz«, erwiderte er. »Die Gegenstände, die wir verfertigen, werden gemacht, weil wir sie brauchen; man macht sie ebensogut für seinen Nächsten als für sich selbst und nicht für einen unbestimmten Markt, von dem man nichts weiß und über den man keine Kontrolle hat. Und da es kein Kaufen und Verkaufen gibt, würde es reiner Unsinn sein, Güter ins Blaue hinein zu verfertigen, auf die bloße Möglichkeit hin, daß sie vielleicht gebraucht werden; denn jetzt gibt es niemand mehr, der gezwungen werden kann, das Zeug zu kaufen. Und so kommt es, daß alles was verfertigt wird, gut und seinem Zweck entsprechend ist. Nichts kann gemacht werden, außer für den wirklichen Gebrauch und deshalb werden keine minderwertigen Güter mehr hergestellt. Überdies haben wir, wie ich schon sagte, allmählich genau herausgefunden, was wir brauchen, und wir machen deshalb nie mehr, als wir brauchen; und da wir nicht gezwungen sind, eine große Masse nutzloser oder gar schädlicher Dinge zu machen, so haben wir Zeit und Hilfsmittel genug, die Anfertigung der notwendigen Güter als ein Vergnügen zu betrachten. Alle Arbeit, die schwer mit der Hand zu verrichten wäre, wird mit außerordentlich verbesserten Maschinen gemacht, und alle Arbeit, die mit der Hand herzustellen ein Vergnügen ist, wird ohne Maschine angefertigt. Und es ist für niemanden schwierig, die Arbeit zu finden, die ihm besonders gefällt und seinen Neigungen und Fähigkeiten entspricht, so daß keiner für die Bedürfnisse der andern geopfert wird. Manchmal haben wir gefunden, daß die Herstellung irgendeines Gegenstandes zu mühsam oder zu unangenehm war und haben dann auf die Anfertigung verzichtet. Und nun, denke ich, werden Sie gewiß einsehen, daß unter diesen Verhältnissen alle Arbeit eine mehr oder weniger angenehme Beschäftigung für Geist und Körper ist und daß, statt der Arbeit aus dem Weg zu gehen, jedermann sie sucht. Da die Menschen von Generation zu Generation immer mehr Geschick und Fertigkeit erlangten, so wurde die Arbeit allmählich so leicht, daß es den Anschein hat, als würde weniger gemacht, obgleich tatsächlich viel mehr hergestellt wird. Und ich vermute, daß sich hieraus die Befürchtung erklärt, die ich jetzt gerade andeutete, die Arbeit könnte vielleicht knapp werden, was Sie wohl auch schon bemerkt haben – und diese Besorgnis, die schon vor Jahrzehnten sich zu regen anfing, wird stärker und stärker.«

»Glauben Sie«, sagte ich, »daß eine *Arbeitsnot* wirklich bei Ihnen zu befürchten ist?«

»Nein, ich glaube nicht«, erwiderte Hammond, »und ich will Ihnen sagen, warum. Es ist die Aufgabe eines jeden, seine Arbeit immer angenehmer zu machen, und das hat zur natürlichen Folge, daß die Ausführung eine sorgfältigere wird, weil niemand gerne eine Arbeit liefern will, die ihm nicht zur Ehre gereicht, und weil deshalb der Arbeitende mit seinem ganzen Geist bei der Arbeit ist. Außerdem gibt es eine so ungeheure Menge von Dingen, die als Kunstarbeit behandelt werden können, daß dadurch allein schon eine ganze Anzahl geschickter Arbeiter Verwendung findet. Und wenn die Kunst unerschöpflich ist, so ist es auch die Wissenschaft, und obgleich diese nicht mehr für die einzige unschuldige Beschäftigung gilt, die geistig begabter Menschen würdig ist, wie es einstmals war, so gibt es doch und wird es auch immer viele Menschen geben, die gerade durch die Schwierigkeiten der wissenschaftlichen Eroberungen angereizt werden und deshalb mehr Wert auf die Wissenschaft legen als auf irgend sonst etwas. Und da ferner die Arbeit mehr und mehr Vergnügen bereitet, so glaube ich, daß wir gewisse Arbeitszweige wiederaufnehmen werden, die begehrenswerte Ware liefern, und die wir in früherer Zeit nur deshalb eingestellt haben, weil wir nicht verstanden, die Arbeit angenehm zu machen. Übrigens sind es nur die vorgeschrittenen Teile von Europa, in denen man dieses Gerede von Furcht vor Arbeitsnot hört. Diejenigen Länder z. B., welche einst Kolonien von Großbritannien waren, besonders Amerika – und vor allen derjenige Landstrich, welcher einst die Vereinigten Staaten hieß, sind jetzt eine große Hilfsquelle für uns, und werden es noch lange Zeit bleiben. Denn diese Länder, und besonders der nördliche Landstrich von Amerika, litten unter der vollen Wucht der Zivilisation in ihrer letzten Periode so entsetzlich, das Leben dort wurde so roh und unerträglich, daß sie jetzt in allem, was das Leben angenehm macht, noch weit zurück sind. In der Tat, man kann sagen, daß die nördlichen Landstriche von Amerika wohl hundert Jahre gebraucht haben, um aus einem stinkenden Schmutzhaufen einen bewohnbaren Aufenthaltsort für Menschen zu machen; und es ist dort noch viel zu tun, zumal das Land so groß ist.«

»Ich freue mich außerordentlich«, sagte ich, »daß Sie so schöne Aussichten auf Glück vor sich haben. Doch ich möchte noch gern einige Fragen an Sie richten, dann bin ich für heute fertig.«

16. Kapitel

Mittagsmahl in der Markthalle von Bloomsbury

Während ich sprach, hörte ich Fußtritte vor der Türe, die Klinke wurde niedergedrückt und unsere zwei Liebenden traten ein. Sie sahen so glücklich und so schön aus, daß man sich nicht schämte, ihre wenig verhehlte Liebesbezeugung mit anzusehen; denn es war wirklich so, als müßte die ganze Welt in sie verliebt sein. Der alte Hammond betrachtete sie wie ein Künstler, der sein Bild betrachtet, das ihm ungefähr so geraten ist, wie er zu Beginn gehofft hatte. Er war ganz glücklich und sagte: »Setzt Euch, setzt Euch, Ihr jungen Leutchen, und haltet Ruhe. Unser Gast hat noch einige Fragen an mich zu richten.«

»Das vermutete ich«, sagte Dick. »Sie waren nur drei und eine halbe Stunde zusammen, und man kann nicht erwarten, daß man die Geschichte zweier Jahrhunderte in so kurzer Zeit erzählen kann. Und vermutlich sind Sie auch etwas in den Bereich der Geographie und Kunst abgeschweift.«

»Was die Ruhe anbelangt, mein lieber Großvater«, sagte Klara, »so werden Sie zwar nicht durch uns, aber sehr bald durch den Lärm der Tischglocke gestört werden, der für unsern Gast, denke ich, eine recht angenehme Musik sein wird; er hat, wie ich höre, früh gefrühstückt.«

»Ja«, erwiderte ich, »nun Sie davon gesprochen haben, fange ich an zu fühlen, daß dem so ist! Ich habe mich aber seit Tagesanbruch mit Wundern und Verwunderung gesättigt.«

Gerade jetzt ertönte von einem hohen Turm herab der Silberklang von Glocken, und die Töne einten sich zu einer lieblichen Melodie, die meinem ungewohnten Ohr wie der Gesang der ersten Amsel im Frühjahr klang.

»Vor Tisch keine Fragen mehr«, sagte Klara, und mich bei der Hand nehmend, wie ein liebevolles Kind es zu tun pflegt, führte sie mich, ohne sich um die beiden Hammond's weiter zu kümmern, aus dem Zimmer, die Treppe hinunter in den Vorhof des Museums.

Wir gingen auf den Marktplatz, wo ich vorher schon gewesen war – ein nicht allzu dichter Strom von hübsch gekleideten Leuten bewegte sich demselben Ziele zu. Wir bogen in den Kreuzgang und gelangten zu einem prächtigen, reich mit Schnitzwerk und kunstvoller Eisenarbeit verzierten Eingangstor, an dem ein sehr hübsches, schwarzhaariges Mädchen jedem Eintretenden ein reizendes Blumensträußchen überreichte. Wir traten in einen Saal, der viel größer, architektonisch besser durchgearbeitet und vielleicht auch schöner war als der Saal des Gästehauses zu Hammersmith. Es fiel mir schwer, meine Augen von den Wandgemälden zu entfernen, denn ich hielt es für ungehörig, immerfort nach Klara zu sehen, obgleich sie es wahrhaftig verdiente.

Beim ersten Blick sah ich, daß es Darstellungen aus den seltsamen Sagen und Dichtungen der alten Welt waren, von denen in der gestrigen Welt vielleicht nur ein halbes Dutzend Leute etwas wußten, und als die beiden Hammonds sich mir gegenübersetzten, sagte ich zu dem alten Mann, nach dem Fries deutend:

»Wie sonderbar, daß man hier solche Gegenstände behandelt.«

»Wie«, sagte er, »ich sehe nicht ein, warum Sie darüber erstaunen; jedermann kennt diese Sagen, sie sind unterhaltend und anmutig und nicht zu tragisch für einen Ort, wo die Leute zumeist essen, trinken und sich unterhalten, und sie geben doch auch zu denken.«

Ich lächelte und sagte: »Nun, ich erwartete wirklich nicht Darstellungen von den ›Sieben Schwänen‹, vom ›König des goldenen Berges‹ und vom ›Getreuen Heinrich‹ und ähnlichen, wunderbar anziehenden Phantasiebildern zu finden, wie sie Jakob Grimm aus der Kindheit der Welt gesammelt hat, von der unsere Zeit nur noch eine schwache Erinnerung besitzt. Ich dachte, Sie hätten für solche kindlichen Erzählungen jetzt kein Interesse mehr.«

Der alte Mann lächelte, sagte jedoch nichts. Dick dagegen wurde feuerrot und brach in die Worte aus:

»Was meinen Sie, Gast? Ich halte sie für sehr, sehr schön, nicht allein die Bilder hier, sondern auch die Erzählungen. Als wir noch Kinder waren, verwirklichten sich uns diese Märchen beim Spazierengehen, an jedem Waldessaum, bei jeder Stromesbucht. Jedes Haus auf dem Felde war für uns das Haus des Königs aus dem Feenlande. Erinnerst Du Dich, Klara?«

»Ja«, sagte sie, und es schien mir, als ob eine leichte Wolke über ihr schönes Gesicht zöge. Ich wollte sie gerade um den Grund fragen, als die hübschen Aufwärterinnen lächelnd und wie die Schilfsänger am Flussesrande süß plaudernd hereintraten und uns das Mittagsmahl vorsetzten.

Wie beim Frühstück war alles mit solcher Feinheit und Kunst gekocht und serviert, daß man sofort merkte: Die, welche das Mahl bereitet, hatten ihre Arbeit mit Lust und Liebe getan; doch war weder für eine unmäßige Vielesserei noch für eine übertriebene Feinschmeckerei der Tisch gedeckt. Alles war einfach, obgleich in seiner Art ausgezeichnet; und gelegentlich erfuhren wir, daß dies kein Festmahl, sondern nur ein gewöhnliches Alltagsmahl sei. Das Glas- und Porzellanwerk, das ganze Geschirr- und Tafelzeug – alles bot meinen im Studium des Mittelalters geübten Augen einen wohltuenden Anblick; ein vornehmer Wirtshausbesucher und Klubjünger des neunzehnten Jahrhunderts würde die Muster vielleicht für roh und mangelhaft in der Ausführung erklärt haben. Das Geschirr war bleiglasierte Topfware, prächtig verziert, das wenige Porzellan war durchweg echt chinesisch. Das Glas, obgleich fein, elegant und von sehr mannigfaltiger Form, war im Durchschnitt weniger glatt und massiver als die Handelswaren des neunzehnten Jahrhunderts. Die Möbel sowie die sonstige Einrichtung des Saales waren in ähnlichem Stil gehalten wie das Tischgeschirr, von schöner Form und reich geschmückt, aber ohne den äußerlichen Glanz der Kunsttischlerei unserer Zeit. Es fehlte vollständig das, was man im neunzehnten Jahrhundert ›Komfort‹ oder Bequemlichkeit nannte – d. h. es fehlte die Unbequemlichkeit des Zuviel, so daß, selbst abgesehen von den entzückenden Eindrücken des Tags, ich noch nie in meinem Leben ein so angenehmes Mittagsmahl gehabt hatte.

Als wir fertig gegessen hatten und, eine Flasche edlen Bordeauxweines vor uns, behaglich dasaßen, kam Klara noch einmal auf das Thema der Bilder zu sprechen, als wenn es sie beunruhigt hätte.

Nach ihnen hinsehend, sagte sie: »Wie kommt es, daß die Künstler, obgleich wir fast alle ein solches Interesse an unserem Leben nehmen – daß die Menschen, welche Gedichte machen oder Bilder malen, doch nur selten unser heutiges Leben behandeln oder wenn sie es tun, sich eifrigst bemühen, Gedicht und Bild dem Leben ganz unähnlich zu machen? Sind wir nicht gut genug, um uns selbst zu malen? Wie kommt es, daß wir die schrecklichen Zeiten der Vergangenheit in Bildern und in der Dichtkunst so interessant finden?«

Der alte Hammond lächelte: »So war es immer, und ich vermute, es wird immer so bleiben; es läßt sich auch erklären. Wahr ist, daß im neunzehnten Jahrhundert, als es so wenig Kunst und so viel Gerede von Kunst hatte, eine Theorie bestand, nach welcher die Kunst und Poesie sich mit dem Leben der Zeit befassen sollten, allein es kam niemals dazu. Machte einer Miene, die Theorie zu verwirklichen, so war er stets bemüht (wie Klara eben andeutete), das Leben zu entstellen, zu idealisieren – zu verschlechtern, kurz es so darzustellen, daß es nicht mehr zu erkennen war, daß man nicht wußte, ob es die Zeit der Pharaone oder irgendeine andere Zeit war, welche behandelt werden sollte.«

Darauf sagte Dick: »Es ist gewiß nur natürlich, daß diese seltsamen, wunderbaren Dinge Anziehungskraft auf uns ausüben. Ich sagte eben, wie wir uns als Kinder dies und jenes vorstellten, uns an diesen und jenen Ort versetzten und welchen Reiz dies für uns hatte. In gleicher Weise wirken diese Gedichte und Bilder, und warum sollte es nicht so sein?«

»Du hast es getroffen«, sagte der alte Hammond, »es ist die kindliche Seite unserer Natur, die diese Phantasiegebilde hervorbringt. Solange wir Kinder sind, vergeht die Zeit so langsam für uns, daß wir glauben, Zeit für alles zu haben.«

Er seufzte und sagte dann lächelnd: »Laßt uns wenigstens darüber fröhlich sein, daß wir unsere Kindheit wiedergefunden haben. Ich trinke auf die Tage, die sind!«

»Die zweite Kindheit«, sagte ich mit leiser Stimme, errötete aber sofort über meine zweifache Grobheit und hoffte, daß er meine Bemerkung nicht gehört habe. Allein er hatte sie gehört und wendete sich lächelnd zu mir: »Ja, und warum nicht? Und was mich anbelangt, so hoffe ich, daß die zweite Kindheit recht lange dauern und daß der nächste Abschnitt der Weltperiode weisen und unglücklichen Mannesalters, wenn es überhaupt noch dazu kommt, uns rasch zu einer dritten Kindheit führen möge – angenommen, daß unser Zeitalter nicht schon das der dritten Kindheit ist. Inzwischen, mein Freund, müssen Sie wissen, daß wir uns im einzelnen und in der Gesamtheit zu glücklich fühlen, um uns über das zu beunruhigen, was nachher kommt.«

»Ich für mein Teil«, sagte Klara, »wünschte, wir wären so interessant, daß man von uns schriebe und uns malte.«

Dick antwortete ihr mit den zärtlichsten Worten eines Liebenden, die sich nicht niederschreiben lassen; und einige Augenblicke schwiegen wir alle.

17. Kapitel

Wie der Umschwung kam

Dick brach endlich das Schweigen: »Verzeihen Sie uns, Gast, wenn wir nach Tisch etwas abgespannt und langweilig sind. Was möchten Sie jetzt tun? Wollen wir den Grauschimmel herausholen und zurück nach Hammersmith traben? Oder wollen Sie mit uns gehen und einige Waleser[19] in einer Halle hier in der Nähe singen hören? Oder möchten Sie jetzt gleich mit mir nach der Stadt kommen, um dort ein paar wirklich schöne Gebäude anzusehen? Oder was möchten Sie sonst?«

»Nun wohl«, sagte ich, »ich bin fremd und muß Sie für mich wählen lassen.« Ich verlangte in der Tat gerade jetzt nicht nach

Belustigung; mir war, als ob der alte Mann, mit seiner Kenntnis der vergangenen Zeiten und sogar einer gewissen umgeschlagenen, aus seinem Haß hervorgewachsenen Sympathie für sie, ein Schutz für mich gegen die Kälte dieser ganz neuen Welt sei, in der ich jedes gewohnten Gedankens und meiner ganzen Art zu handeln, sozusagen entkleidet war. Ich wollte ihn deshalb nicht zu bald verlassen. Er kam mir zu Hilfe:

»Warte ein bißchen, Dick, außer Dir und dem Gast muß noch jemand um Rat gefragt werden und das bin ich. Ich will jetzt nicht das Vergnügen seiner Gesellschaft entbehren, besonders da ich weiß, daß er mich noch allerhand fragen will. Geht deshalb jedenfalls zu Euren Welschmännern, vorher aber bringt uns in diese Ecke noch eine Flasche Wein, und dann geht fort, so rasch als es Euch beliebt; später kommt wieder und holt unseren Freund, um mit ihm westwärts zu gehen – jedoch nicht allzu bald.«

Dick nickte lächelnd, und bald war ich mit dem alten Mann allein in dem großen Saale. Die Nachmittagssonne schien funkelnd auf den Rotwein in unseren schlanken, schön geformten Gläsern. Hammond hub an: »Ist Ihnen irgend etwas besonders unverständlich in der Art und Weise, wie wir leben – jetzt, nachdem Sie viel davon gehört und auch einiges gesehen haben?«

Ich erwiderte: »Was mir am unverständlichsten ist: Wie ist es so gekommen?«

»Das glaube ich wohl«, sagte er, »weil die Umgestaltung so groß ist. Es würde in der Tat schwierig, vielleicht unmöglich sein, Ihnen den ganzen Verlauf der Dinge zu erzählen. Wissen, Unzufriedenheit, Verrat, Enttäuschung, Ruin, Elend, Verzweiflung – die Geister, die für die Umgestaltung arbeiteten, weil sie weitsichtiger waren als der große Haufe –, das alles wirkte und arbeitete zusammen. Die Menschen mußten durch all' diesen Jammer hindurch, und zweifellos sahen während dieser ganzen Zeit die meisten der Entwicklung zu, ohne sie zu verstehen und als etwas Unvermeidliches und Selbstverständliches – so selbstverständlich, wie, daß die Sonne auf- und untergeht – und es war ja auch so.«

»Sagen Sie mir, wenn Sie können«, sagte ich, »nur eins:

Vollzog sich die Umgestaltung, die ›Revolution‹, wie sie genannt wird, in friedlicher Weise?«

»Friedlich?« sagte er. »Welcher Friede war damals unter den wirrköpfigen, unaufgeklärten armen Teufeln des neunzehnten Jahrhunderts? Es war Krieg von Anfang bis zu Ende, bitterer, grimmiger Krieg, bis Hoffnung und Vergnügen ihm ein Ziel setzten.«

»Verstehen Sie unter Krieg tatsächlich Kampf mit den Waffen oder die *Strikes*[20], die Aussperrungen und die Aushungerung, wovon wir gehört haben?«

»Beides, beides« antwortete er, »die Geschichte der furchtbaren Zeit des Übergangs von der Kapitalsklaverei zur Freiheit mag als Tatsache so zusammengefaßt werden:

»Als die Hoffnung auf Verwirklichung eines Lebens der Gemeinschaft für alle Menschen gegen Ende des neunzehnten Jahrhunderts aufstieg, war die Macht der Mittelklassen, die damals die Tyrannen der Gesellschaft waren, so ungeheuer und so erdrückend, daß diese Hoffnung beinahe allen Menschen, selbst denen, die sie, man kann sagen, wider Willen, gegen ihr eigenes Urteil und gegen ihre eigene Vernunft hegten, nur ein schöner Traum zu sein schien. Es war dies in solchem Maße der Fall, daß einige jener aufgeklärten Menschen, die man Sozialisten nannte, obgleich sie wußten und es öffentlich aussprachen, daß die einzig vernünftige Grundlage der Gesellschaft der reine Kommunismus sei (so wie Sie ihn jetzt ringsum sehen), doch vor der ihnen nutzlos erscheinenden Aufforderung zur Verwirklichung eines glücklichen Traumes zurückschreckten. Wenn wir jetzt zurückblicken, können wir sehen, daß die große treibende Kraft zur Umgestaltung das Verlangen nach *Freiheit und Gleichheit* war – ein Gefühl, verwandt der unvernünftigen Leidenschaft des Liebenden; eine Krankheit des Herzens, die das ziellose, einsame Leben des wohlhabenden, wohlerzogenen Menschen jener Zeit mit Ekel und Abscheu verwarf; Phrasen, mein Freund, die für uns ihre Bedeutung verloren haben, so weit liegen die Tatsachen, welche sie bezeichneten, hinter uns.

Nun, diese Männer, obgleich jenes Gefühls sich bewußt, hatten in ihr Mittel doch nicht das Vertrauen, daß es die Umgestaltung herbeiführen werde. Zum Verwundern war dies nicht, denn, wenn sie um sich blickten, sahen sie die zahllosen Massen der unterdrückten Klasse zu tief im Elend, zu sehr von der Selbstsucht des Elends beherrscht, um sich irgendeine Vorstellung davon machen zu können, wie sie ihm anders entgehen könnten als auf dem gewöhnlichen Weg, den ihnen das System der Sklaverei, in der sie lebten, vorschrieb und der weiter nichts war, als die sehr entfernte Möglichkeit, aus der Hölle der Unterdrückten in den Himmel der Unterdrücker emporzuklettern. Obgleich sie wußten, daß das einzige vernünftige Ziel derer, welche die Welt verbessern wollten, ein Zustand der Gleichheit sei, so brachten sie es in ihrer Ungeduld und Verzweiflung doch fertig, sich selbst zu überreden, wenn sie durch allerhand Pfiffe und Kniffe die Produktionsweise und die Gesetze über das Eigentum so umändern könnten, daß die Sklaverei der ›unteren Klassen‹ (dieses entsetzliche Wort wurde gebraucht) etwas gebessert würde, daß diese sich der Maschinerie allmählich anpassen und sie mehr und mehr zur Besserung ihrer Lage benutzen könnten, bis die ›unteren Klassen‹ praktisch die Gleichheit erlangt hätten – man führte damals das Wort ›praktisch‹ mit Vorliebe im Mund –, weil die Reichen dann gezwungen wären, den Armen so viel zu geben, daß dieselben erträglich leben könnten und weil infolgedessen die Lebenslage der Reichen nicht länger besonderen Wert hätte und so der Klassenunterschied nach und nach von selbst verschwände. Können Sie mir folgen?«

»So ziemlich. – Fahren Sie fort!«

»Nun, da Sie mir folgen, werden Sie auch finden, daß, wenn die Theorie nicht ganz unvernünftig war, die praktische Ausführung doch fehlschlagen mußte.«

»Wieso?«

»Begreifen Sie nicht? Weil dies die Anfertigung einer Maschinerie durch Menschen erheischte, die nicht wußten, was sie mit der Maschinerie anfangen sollten. Soweit die Massen der Unterdrückten diesen Verbesserungsplan förderten, taten sie es, um für ihre Personen bessere Sklaven-Rationen zu bekommen – und zwar taten dies so viele von ihnen wie nur konnten. Und wenn diese Klassen wirklich unfähig gewesen wären, durch den

Instinkt, der die vorhin besprochene Leidenschaft für Freiheit und Gleichheit hervorbringt, bewegt zu werden, so würde sich meines Erachtens folgendes ereignet haben. Ein gewisser Teil der Arbeiterklasse hätte seine Lebenslage so verbessert, daß diese sich der Lage der wohlhabenden Mittelklasse genähert hätte; *unter* den glücklichen Arbeitern wäre dann aber eine große Klasse der denkbar elendsten Sklaven gewesen, deren Sklaverei viel hoffnungsloser gewesen wäre als die alte Klassensklaverei.«

»Was stand dem im Weg?« fragte ich.

»Selbstverständlich gerade der vorhin besprochene Instinkt der Freiheit. Es ist wahr, daß die Sklavenklasse nicht das Glück des freien Lebens begreifen konnte. Doch die Arbeiter lernten verstehen (und sehr rasch), daß sie von ihren Herren unterdrückt und ausgebeutet waren, und sie nahmen an – und wie Sie sahen mit vollem Recht –, daß sie auch ohne ihre Herren leben könnten, obgleich sie anfangs noch kaum wußten wie. Und so kam es, daß sie, wenn auch noch unfähig, das Glück und den Frieden der Freiheit und Gleichheit sich zu erkämpfen, den Krieg herbeisehnten, in der unbestimmten Hoffnung, daß er ihnen den Frieden und die Freiheit bringen werde.«

»Könnten Sie mir vielleicht kurz angeben, was nun geschah?« fragte ich, denn ich fand, daß er jetzt etwas unklar war.

»Ja, das kann ich. Diese Maschinerie des Lebens zum Gebrauch des Volks, das nicht wußte, was es damit machen sollte – sie war zu jener Zeit unter dem Namen *Staatssozialismus* bekannt –, wurde zum Teil in Bewegung gesetzt, wenn auch nur sehr stückweise. Aber sie arbeitete nicht glatt, bei jeder Umdrehung wurde sie von den Kapitalisten angehalten, was nicht zu verwundern war, denn sie hatte ja den Zweck, das Handels- und Schachersystem, von dem ich Ihnen gesprochen, mehr und mehr abzuschaffen, ohne daß etwas wirklich Brauchbares an dessen Stelle gesetzt wurde. So entstand zunehmende Verwirrung, das Elend der Arbeiterklassen wurde immer größer und infolgedessen auch die Unzufriedenheit. Lange Zeit ging es in dieser Weise fort. Die Macht der oberen Klassen hatte sich verringert in dem Maße, wie sich ihre Herrschaft über den Reichtum verringert hatte, und sie konnten die Dinge nicht mehr, wie sie früher gewohnt waren, von oben herab behandeln. Bis zu diesem Punkt waren die Staatssozialisten durch den Erfolg gerechtfertigt. Auf der anderen Seite war die Arbeiterklasse schlecht organisiert und wurde tatsächlich immer ärmer, trotz der Vorteile, die sie tatsächlich in der Länge der Zeit ihren Herren abgenötigt hatte. So hing alles in der Schwebe. Die Herren konnten ihre Sklaven nicht in völlige Unterwerfung zurückbringen, obgleich sie einige Aufstände mit Leichtigkeit niederschlugen. Die Arbeiter zwangen ihre Herren, ihnen wirkliche oder eingebildete Verbesserungen ihrer Lage zu gewähren, aber die Freiheit konnten sie nicht erzwingen. Zuletzt kam ein *großer Krach*. Um ihn zu verstehen, muß man bedenken, daß die Arbeiter bedeutende Fortschritte gemacht, aber wie ich schon sagte, in ihrer Lebenshaltung sich sehr wenig verbessert hatten.«

Ich spielte den Unschuldigen und sagte: »In welcher Beziehung konnten sie sich überhaupt verbessern, wenn nicht in ihrer Lebenshaltung?«

Er erwiderte: »In Beziehung auf ihre Macht, einen Zustand herbeizuführen, in dem ein jeder seinen vollen Lebensunterhalt leicht gewinnen konnte. Schließlich hatten sie nach langen Jahren der Irrtümer und Mißverständnisse gelernt, wie sie sich vereinigen müßten.

»Die Arbeiter hatten jetzt wenigstens eine regelrechte Organisation in dem Kampfe gegen ihre Herren – einem Kampfe, der mehr als ein halbes Jahrhundert lang für einen unvermeidlichen Bestandteil des modernen Arbeits- und Produktionssystems angesehen wurde. Diese Organisation hatte nun die Form eines Bundes aller oder beinahe aller wirklichen Lohnarbeiter angenommen, und vermittels ihrer war auch die Verbesserung in den Lebensbedingungen der Arbeiter erkämpft worden; und obgleich die organisierten Arbeiter sich nicht selten an Aufständen beteiligten, besonders zu Anfang ihrer Organisation, so gehörte dies doch nicht zu ihrer Taktik. Zu der Zeit, von der ich spreche, waren sie tatsächlich schon so stark geworden, daß gewöhnlich bereits die bloße Drohung, *striken* zu wollen, genügte, um untergeordnete Forderungen durchzusetzen. Sie hatten nämlich die törichte Taktik der alten Trades-Unions aufgegeben, die darin bestand, immer nur einen Teil der Arbeiter irgendeines Industriezweiges zum *Striken* aufzufordern und die *Strikenden* dann von den anderen Arbeitern unterstützen zu lassen. Damals hatten sie einen großen Geldfond zur Unterstützung der *Strikes* und konnte jede beliebige Industrie, wenn sie wollten, für einige Zeit zum Stillstehen verurteilen.«

Ich unterbrach den Alten: »War dabei keine Gefahr, daß das Geld der Arbeiter mißbraucht werde – zu korrupten Zwecken, wie das zu jener Zeit Mode war?«

Der alte Hammond bewegte sich auf seinem Sitz unbehaglich hin und her und sagte dann:

»Obgleich dies alles sich vor langer Zeit zutrug, so fühle ich mich doch tief beschämt, Ihnen sagen zu müssen, daß es mehr als bloß eine Gefahr war, daß Niederträchtigkeiten öfters vorkamen und daß die Vereinigung deshalb wiederholt nahe daran war, sich aufzulösen oder in Stücke zu zerfallen. Zu der Zeit aber, von der ich spreche, sah alles so drohend aus, und die Notwendigkeit, der immer unerträglicher werdenden Lage, welche der Arbeitskampf hervorgerufen hatte, ein Ende zu machen, wurde den Arbeitern durch die Verhältnisse endlich so klar, daß alle vernünftigen Menschen den tiefen Ernst der Zeit zu begreifen anfingen – eine Erkenntnis, die alles Unwesentliche beiseite setzen ließ und den denkenden Menschen die verhängnisvoll rasch herannahende Umwälzung ankündigte. Solche Aussicht war den Verrätern und Selbstlingen zu gefährlich – sie wurden einer nach dem anderen aus dem Bunde herausgeworfen und schlossen sich dann meistens den ausgesprochenen Reaktionären an.«

»Was wissen Sie von jenen Verbesserungen?« fragte ich, »was waren sie, oder vielmehr, welcher Art waren sie?«

Er erwiderte: »Einige derselben, und zwar die, welche für die Lebenshaltung der Arbeiter praktisch von der größten Bedeutung waren, wurden den Herren durch direkten Zwang seitens der Arbeiter abgetrotzt. Die so gewonnenen neuen Arbeitsbedingungen waren nur Gewohnheitsrechte, nicht durch das Gesetz erzwungen. Nachdem sie aber einmal eingeführt waren, durften die Herren angesichts der wachsenden Macht der vereinigten Arbeiter nicht wagen, die Zugeständnisse wieder zurückzuziehen. Andere dieser Verbesserungen waren Schritte auf dem Weg des ›Staatssozialismus‹. Die wichtigsten können rasch zusammengefaßt werden. Gegen Ende des neunzehnten Jahrhunderts erhob sich der Ruf, die Herren zur Verkürzung der Arbeitszeit zu zwingen. Der Ruf wurde bald lauter und immer allgemeiner, so daß die Herren schließlich nachgeben mußten. Diese Maßregel konnte selbstverständlich nur dann einen Sinn haben, wenn die Stunden der Arbeitszeit auch besser bezahlt wurden, und es war klar, daß die Herren es beim alten Stundenlohn lassen würden, wenn anders man nicht Zwang gegen sie ausübe. Deshalb wurde nach längerem Kampf ein Gesetz angenommen, das für die wichtigsten Industriezweige einen *Mindestlohn* – ein *Minimum* – festsetzte. Dieses Gesetz mußte jedoch bald durch ein anderes Gesetz ergänzt werden, das für die hauptsächlichsten Waren, die man damals zum Leben der Arbeiter für nötig hielt, einen *Höchstpreis* – ein *Maximum* – bestimmte.«

»Man kam den letzten Armenunterstützungen der Römer gefährlich nahe«, sagte ich lächelnd, »und dem Brotverteilen an die Proletarier.«

»Das sagten damals viele«, antwortete der alte Mann trocken; »und es war lange eine gebräuchliche Redensart, daß dieser Sumpf am Ende des Staatssozialismus liege – vorausgesetzt, daß er bis zum Ende käme, was aber, wie Sie wissen, bei uns nicht geschah. Nichtsdestoweniger ging er weiter als dieses Minimum- und Maximum-Geschäft, das beiläufig, wie wir jetzt einsehen, notwendig war. Die Regierung fand es nun geboten, dem lauten Geschrei der Unternehmerklasse über den zunehmenden Verfall des Handels zu begegnen (welcher Verfall, nebenbei bemerkt, ebenso wünschenswert war, wie das Erlöschen der Cholera, die wir jetzt auch glücklich los sind). Die Regierung war gezwungen, dies durch Maßregeln zu tun, die den Unternehmern feindlich waren; sie errichtete Staatsfabriken zur Herstellung der nötigen Waren und öffentliche Märkte zu deren Verkauf. Diese Maßregeln halfen etwas, sie glichen den Anordnungen des Befehlshabers einer belagerten Stadt. Natürlich glaubte die privilegierte Klasse, daß mit der Einführung solcher Gesetze das Ende der Welt gekommen sei.

Diese Besorgnis war nicht ganz ohne Grund. Die Verbreitung der kommunistischen Lehre und die teilweise Durchführung des Staatssozialismus hatte zur Folge, das wunderbare Handelssystem, unter dem die alte Welt so fieberkrank gelebt und das nur einer winzigen Minderheit das vergnügte Leben des Spielers, vielen, ja den meisten dagegen ein Leben des Elends gebracht hatte, erst zu stören und schließlich lahmzulegen. Wieder und wieder kamen ›schlechte Zeiten‹, wie man sie nannte, und, in der Tat, sie waren auch sehr schlecht für die Lohnsklaven. Das Jahr 1952 war eines der schlechtesten jener Periode – die Arbeiter litten furchtbar. Die unzureichenden Staatsbetriebe, die über ihre Kräfte in Anspruch genommen wurden, konnten ihrer Aufgabe nicht genügen und ein großer Teil der Bevölkerung mußte durch öffentliche Mildtätigkeit, wie man es nannte, erhalten werden. Die geeinigten Arbeiter verfolgten mit wechselnden Gefühlen der Hoffnung und Furcht die Entwicklung der Dinge. Ihre Hauptforderungen hatten sie schon aufgestellt – nun aber bestanden sie, nach einer feierlichen und allgemeinen Abstimmung sämtlicher verbündeten Genossenschaften auf der sofortigen Inangriffnahme der ersten Maßregeln zur Durchführung ihrer Forderungen. Diese Maßregeln würden dazu geführt haben, die Verwaltung aller natürlichen Hilfsquellen des Landes zugleich mit den nötigen Maschinen zu ihrer Benutzung in die Hände der vereinigten Arbeiter zu liefern, und die bevorzugten Klassen in die Lage von Pensionären zu versetzen, die selbstverständlich von dem guten Willen der Arbeiter abhingen. Die ›Resolution‹, wie es genannt wurde, die in der Tagespresse die weiteste Verbreitung fand, war tatsächlich eine Kriegserklärung und wurde von der Klasse der Unternehmer auch als solche aufgenommen. Sie fingen von jetzt an, sich zu festem Widerstand gegen den ›rohen und wilden Kommunismus‹, wie sie gedankenlos sagten, zu scharen, und da sie nach vielen Seiten hin noch sehr mächtig waren oder zu sein schienen, so hofften sie immer noch, durch brutale Gewalt einen

Teil dessen wiederzugewinnen, was sie verloren hatten, ja schließlich vielleicht alles. Sie behaupteten, die verschiedenen Regierungen hätten einen großen Fehler begangen, daß sie nicht früher Widerstand geleistet. Die Liberalen und Radikalen (das waren, wie Sie wohl wissen, die Bezeichnungen der mehr zur Demokratie hinneigenden Parteien unter den herrschenden Klassen) wurden scharf getadelt, daß sie durch ihre unzeitige Prinzipienreiterei und ihre törichte Sentimentalität die Welt in diese schlimme Lage gebracht hätten. Und ein gewisser *Gladstone* oder wahrscheinlich *Gledstein*, nach dem skandinavischen Ursprung des Wortes zu urteilen – ein hervorragender Politiker des neunzehnten Jahrhunderts, ward besonders zur Zielscheibe der Angriffe gemacht. Ich brauche Ihnen wohl kaum die Abgeschmacktheit dieser Angriffe und Vorwürfe darzutun. Aber eine furchtbare Tragödie war in diesem wüsten Treiben der reaktionären Partei verborgen. ›Die unersättliche Begehrlichkeit der unteren Klassen muß unterdrückt‹, ›dem Volke muß eine Lektion erteilt werden‹ – dies waren die geheiligten Lieblingsstichworte, die unter den Reaktionären im Umlauf waren, und sie kündigten nichts Gutes.«

Der alte Mann hielt inne, sah mir scharf in mein tief aufmerksames und verwundertes Gesicht und sagte dann: »Ich weiß, lieber Gast, daß ich Worte und Redensarten gebraucht habe, die bei uns nur von wenigen ohne lange und schwierige Erklärungen verstanden würden und selbst dann vielleicht nicht. Doch da Sie noch nicht zu Bett gegangen sind und ich zu Ihnen so spreche, als wären Sie von einem andern Planeten, so möchte ich Sie fragen, ob Sie mir bis hierher zu folgen vermocht haben?«

»O ja«, sagte ich, »ich verstehe alles ganz gut, bitte fahren Sie nur fort. Ein großer Teil dessen, was Sie gesagt haben, war bei uns Gemeinplatz, als – als –«

»Ja«, sagte er ernst, »als Sie auf dem andern Planeten wohnten. Nun zu dem besagten Krach.

Aus einem verhältnismäßig geringfügigen Anlaß wurde durch die Arbeiterführer eine Volksversammlung auf das Trafalgar Square einberufen. Sie erinnern sich wohl des Orts – über das

Recht, dort zusammenzukommen, war seit Jahren und Jahren viel gestritten worden, die bürgerliche Bourgeoisgarde, Polizei genannt, griff nach ihrer Gewohnheit die Versammlung mit Knütteln an. Viele Leute wurden in dem Durcheinander verletzt, fünf davon starben entweder an den Folgen der Knüppelei oder wurden auf dem Fleck zu Tod getrampelt. Die Versammlung wurde zersprengt und einige hundert Teilnehmer verhaftet und in den Kerker geworfen. Eine ähnliche Versammlung war einige Tage vorher in Manchester, das jetzt verschwunden ist, auf die nämliche Weise behandelt worden. So begann ›die Lektion‹. Das ganze Land war in Gärung versetzt. Meetings wurden abgehalten, um eine Organisation für eine andere Massenversammlung im Freien zu schaffen als Antwort auf das Vorgehen der besitzenden Klasse. Am bestimmten Tag versammelte sich eine ungeheure Menschenmasse auf dem Trafalgar Square und in der Nachbarschaft – damals lauter überfüllte Straßen. Die Versammlung war zu groß für die knüppelbewaffnete Polizei. Es kam nur zu einigen kurzen Knüppelgefechten, auf die das Volk sich aber vorbereitet hatte. Drei oder vier Arbeiter wurden getötet und ungefähr zwanzig Polizisten in dem Handgemenge zu Tode gedrückt; der Rest der Blauröcke machte sich so rasch aus dem Staub, als er konnte. Dies war ein Sieg für das Volk, wenn auch noch kein entscheidender.

Den nächsten Tag war ganz London – erinnern Sie sich, was es damals war – in Aufregung. Viele der Reichen flohen aufs Land, die Behörde zog Soldaten zusammen, wagte aber nicht, sie zu gebrauchen, und die Polizei konnte an keinem Ort angehäuft werden, weil überall Aufruhr war oder drohte. In Manchester, wo das Volk nicht so mutig oder nicht so verzweifelt wie in London war, wurden mehrere Führer verhaftet. In London war ein Kongreß der Arbeiterführer von dem vereinigten Arbeiterbund einberufen worden und tagte unter dem alten revolutionären Namen eines *Wohlfahrtsausschusses.* Da man jedoch über keine geschulten und bewaffneten Mannschaften zu verfügen hatte, so wagte man nicht anzugreifen, sondern beklebte nur die Mauern mit ziemlich unbestimmten Aufrufen an die Arbeiter, sich nicht niedertreten zu lassen. Es wurde aber auch vierzehn Tage nach dem erwähnten Scharmützel eine neue Massenversammlung nach dem Trafalgar Square einberufen.

Inzwischen verblieb die Stadt in Unruhe, und die Geschäfte lagen ganz danieder. Die Zeitungen – damals, wie immer bis dahin, fast ausschließlich in den Händen der Arbeitgeber – verlangten von der Regierung kräftige Unterdrückungs-Maßregeln, die reichen Bürger bildeten eine besondere Polizei und bewaffneten sich mit Knütteln. Viele von ihnen waren starke, wohlgenährte, feurige junge Männer und hätten gerne gekämpft. Die Regierung wagte aber nicht, ihre Dienste anzunehmen; sie begnügte sich mit der Vollmacht des Parlaments, jeden gewaltsamen Aufstand zu unterdrücken und mehr und mehr Soldaten nach London zu ziehen. So verstrich die Woche nach der großen Versammlung; eine beinahe ebenso große wurde am Sonntag abgehalten, die im ganzen friedlich verlief, weil ihr kein Hindernis in den Weg gelegt ward – und wieder rief das Volk ›Sieg!‹. Am Montag aber erwachte das Volk und fand, daß es *hungrig* war.

Während der letzten Tage hatten Arbeiter-Gruppen die Straßen durchzogen und um Geld gebeten – oder besser gesagt: Geld verlangt – um sich Essen kaufen zu können, und war es nun aus gutem Willen oder Furcht, genug – die reichen Leute gaben viel. Die Behörden der Kirchspiele – ich habe jetzt nicht Zeit, diesen Ausdruck zu erklären – gaben dem herumziehenden Volk, was sie nur geben konnten, und auch die Regierung fütterte mit den schwachen Mitteln ihres Staatsbetriebs eine ziemliche Anzahl halb verhungerter Leute. Im Anschluß hieran wurden mehrere Bäckerläden und andere Nahrungsmittel-Geschäfte geleert, ohne daß dies viel Aufsehen erregt hätte. So weit, so gut. Aber an dem bewußten Montag schickte der Wohlfahrtsausschuß, der einerseits eine allgemeine unsinnige Plünderung fürchtete, andererseits durch das schwankende Verhalten der Regierung kühn gemacht war, eine mit Vollmacht und allem Nötigen versehene Abordnung, welche in der Mitte der Stadt zwei bis drei große Magazine mit Lebensmitteln ausräumte und den Ladenbesitzern ein Papier zurückließ, enthaltend das Versprechen der Zahlung für die Ware. Und in den Teilen der Stadt, wo die organisierten Arbeiter am stärksten waren, nahm das

Volk Besitz von verschiedenen Backstuben und stellte Männer ein, welche sofort an die Arbeit zu gehen hatten. Alles dies war mit vergleichsweise wenig oder ganz ohne Ruhestörung geschehen. Die Polizei half bei dem Ausräumen der Läden die Ordnung aufrechterhalten, so wie sie es bei einem großen Feuer gemacht hätte.

Durch diesen gelungenen Streich wurden die Reaktionäre so erschreckt, daß sie beschlossen, die Regierung zum Einschreiten zu zwingen. Am nächsten Tag schürten die Zeitungen die Wut der tollgewordenen Angstmeier und drohten dem Volk, der Regierung und jedem, der ihnen mißfiel, es würde Fürchterliches geschehen, wenn die Ordnung nicht um jeden Preis hergestellt würde. Eine Abordnung der tonangebenden Kaufleute und Fabrikanten erklärte der Regierung, wenn sie den Wohlfahrtsausschuß nicht sofort verhafte, so würden die Bürger selbst eine bewaffnete Streitmacht bilden und über die Mordbrenner, wie sie die Arbeiter nannten, herfallen.

Die Mitglieder der Abordnung nebst einigen Zeitungsverlegern hatten eine lange Zusammenkunft mit den Häuptern der Regierung und zwei oder drei Militärpersonen, den geübtesten in ihrer Kunst, die das Land aufzuweisen hatte. Sie kehrten, wie ein Augenzeuge berichtet, lächelnd und befriedigt von der Zusammenkunft zurück, und man sprach nicht mehr davon, eine Armee gegen das Volk auszuheben; die Mitglieder verließen aber an jenem Nachmittag mit ihren Familien London und begaben sich auf ihre Landsitze oder sonst wohin.

Den nächsten Morgen proklamierte die Regierung für London den Belagerungszustand – etwas Gewöhnliches unter den damaligen absolutistischen Regierungen des Festlandes, allein in England zu jener Zeit unerhört. Sie ernannte den jüngsten und geübtesten ihrer Generäle zum Befehlshaber des belagerten Distrikts – einen Mann, der sich in den schändlichen Mord- und Raubkriegen, in welche das Land von Zeit zu Zeit verwickelt war, ein gewisses Ansehen erworben hatte. Die Zeitungen waren im hellsten Jubel, und die ärgsten Reaktionäre kamen jetzt in den Vordergrund: Leute, die in gewöhnlichen Zeiten ihre Meinung für sich zu behalten hatten oder sie doch nur in ihrem nächsten Bekanntenkreis mitzuteilen wagten, die aber nur darauf warteten, ein für allemal die Sozialisten, ja selbst die demokratischen Bestrebungen zu vernichten, die man, wie sie sagten, in den letzten sechzig Jahren mit solch törichter Nachsicht behandelt hatte.

Der kluge General offenbarte keinen bestimmten Plan, doch einige untergeordnete Zeitungen schmähten ihn deshalb; die überlegteren Leute schlossen aber aus seinem scheinbaren Nichtstun, daß irgendein Schlag vorbereitet werde. Was nun den Wohlfahrtsausschuß anbelangt, so konnte er, was immer er über die Lage dachte, nicht mehr zurückgehen. Verschiedene Mitglieder waren der Ansicht, die Regierung werde nicht einschreiten. Der Dienst zur Beschaffung der nötigen Lebensmittel wurde ruhig weiter organisiert – freilich nur ein Tropfen auf einen heißen Stein –, und als Antwort auf den Belagerungszustand bewaffnete man in den Stadtteilen, wo die Arbeiter am stärksten waren, so viele Leute, als nur irgend ging, versuchte aber nicht, sie zu drillen oder zu organisieren. Vielleicht glaubte man auch nicht, sie in der kurzen Zeit zu guten, geübten Soldaten machen zu können. Der kluge General sowie seine Soldaten und die Polizei ließen alles ruhig geschehen, so daß am Ende der Woche London ziemlich ruhig erschien, obgleich an vielen Orten in den Provinzen Aufstände ausgebrochen waren, die indes ohne Mühe von der öffentlichen Gewalt erstickt wurden. Die ernsthaftesten dieser Ausbrüche fanden in Glasgow und Bristol statt.

Der Versammlungs-Sonntag kam, und große Volksmassen zogen in Prozession nach dem Trafalgar Square, unter ihnen die meisten Mitglieder des Wohlfahrts-Ausschusses, umgeben von einer notdürftig bewaffneten Schar. Die Straßen waren friedlich und still, trotz der ungeheuren Masse von Zuschauern, die zusammengeströmt waren, um den Zug zu sehen. Auf dem Trafalgar Square war keine Polizei, das Volk nahm ungehindert Besitz von dem Platz, und die Versammlung wurde eröffnet. Die Bewaffneten standen um die Hauptplattform, außer ihnen waren nur wenige in der Menge bewaffnet, der bei weitem größere Teil der Versammelten aber war gänzlich unbewaffnet.

Fast allgemein war man der Ansicht, die Versammlung würde ruhig verlaufen. Die Mitglieder des Ausschusses aber hatten aus verschiedenen Stadtteilen gehört, daß man etwas im Schilde führe; die Gerüchte waren jedoch so unbestimmt, daß niemand sich eine Idee machen konnte, was drohte. Bald wußte man es.

Noch ehe die Straßen um den Trafalgar Square mit Menschen angefüllt waren, rückte eine Abteilung Soldaten von der Nordwestseite auf das Square und stellte sich an den Häusern der westlichen Seite auf; das Volk murrte beim Anblick der Rotröcke[20], die Bewaffneten des Ausschusses standen unentschlossen da, sie wußten nicht, was sie tun sollten, und durch das Eindringen der Soldaten war die Menge auch so zusammengekeilt worden, daß sie nur wenig Aussicht hatten, sich durchzuarbeiten. Kaum waren sie sich der Tatsache bewußt geworden, daß ihre Feinde da waren, als schon eine zweite Abteilung Soldaten aus den Straßen, die südlich zu dem Parlamentsgebäude führten, das heute noch steht und der Düngermarkt genannt wird, und von der Uferseite der Themse heranmarschierte, das Menschengewühl in eine immer dichtere Masse zusammendrängte und sich der Südseite des Squares entlang aufstellte. Wer sehen konnte, was vorging, wußte sofort, daß das Volk in einer Falle war, und mußte abwarten, was nun weiter geschehen würde.

Die dicht zusammengequetschte Menge wollte oder konnte sich nicht rühren, außer unter dem Einfluß des höchsten Schreckens, in den sie bald versetzt werden sollte. Ein kleiner Teil der bewaffneten Männer arbeitete sich nach der Front hindurch oder kletterte auf den Sockel des Denkmals, das zu jener Zeit dort stand, damit sie dem Wall verborgenen Feuers vor sich die Stirn bieten könnten. Den meisten – es waren viele Frauen auf dem Square – schien es, als ob das Ende der Welt gekommen sei.

Sobald die Soldaten ihre Aufstellung genommen hatten, so erzählt ein Augenzeuge, kam ein goldbetreßter Offizier aus den Reihen hervorgesprengt und las von einem Papier, das er in der Hand hielt, etwas ab, das aber nur von wenigen gehört wurde. Später erfuhr ich, daß es ein Befehl war, uns zu zerstreuen, und eine Warnung, daß er das gesetzliche Recht habe, auf uns zu feuern, und daß er dies, wenn wir dem Befehl nicht sofort Folge leisteten, auch tun würde. Die Menge nahm dies als eine Herausforderung auf. Ein wilder, drohender Zornesschrei erdröhnte, worauf für einen Augenblick verhältnismäßige Ruhe eintrat, bis der Offizier in die Reihen zurückgekehrt war. ›Ich war ziemlich am Rande des Menschenknäuels, nahe den Soldaten‹ – erzählt der Augenzeuge – ›und sah, wie drei kleine Maschinen vor die Front gefahren wurden, von denen ich wußte, daß es mechanische Kanonen waren. Ich schrie: ›Werft euch nieder, sie schießen!‹ Aber kaum einer konnte sich niederwerfen, so fest war die Menge zusammengekeilt. Ich hörte einen kurzen, scharfen Befehl, und der Gedanke zuckte mir durch den Kopf, wo ich die nächste Minute wohl sein würde? und dann – es war, als hätte sich die Erde geöffnet und die Hölle wäre leibhaftig über uns gekommen – – Die nun folgende Szene zu beschreiben, hat keinen Zweck. Breite Gassen waren in die dichte Masse gemäht. Tote und Sterbende bedeckten den Boden; Stöhnen, Kreischen, Klagen, Ausrufe des Schreckens und der Wut erfüllten die Luft, es schien, als gäbe es nur noch Mord und Tod auf der Welt.

Diejenigen unserer Bewaffneten, die noch nicht tot oder verletzt waren, brachen in ein wildes Hurrah! aus und eröffneten ein lebhaftes Feuer auf die Soldaten. Ein paar Soldaten fielen, und ich sah, wie die Offiziere die Reihen auf- und abgingen und ihre Leute antrieben, nochmals zu schießen; diese verharrten aber in finsterem Schweigen und ließen die Gewehrkolben fallen. Nur ein Sergeant lief zur Maschinenkanone und fing an, sie in Gang zu setzen; allein ein großer junger Mann, auch ein Offizier, eilte aus den Reihen hervor und zerrte ihn am Kragen zurück. Die Soldaten standen regungslos, und die entsetzte Menge, darunter nur wenige Bewaffnete – denn die meisten unserer Bewaffneten waren gefallen –, eilte so schnell es ging aus dem Square. Später wurde mir gesagt, daß die Soldaten der Westseite ebenfalls gefeuert und sich an dem Gemetzel beteiligt hätten. Wie ich aus dem Square herauskam, weiß ich nicht. Ich war so voller Wut, Schrecken und Verzweiflung, daß ich den Boden nicht unter mir fühlte.‹

So erzählt unser Augenzeuge. Die Zahl der in einer Minute auf seiten des Volkes Gefallenen war ungeheuer; sie festzustellen, d. h. die Wahrheit zu erfahren, war nicht leicht – sorgfältigen Schätzungen nach müssen es zwischen zwei- und dreitausend gewesen sein. Auf seiten der Soldaten waren sechs getötet und ein Dutzend verwundet.« – –

Ich lauschte, vor Erregung zitternd. Die Augen des alten Mannes flammten und blitzten, und sein Gesicht leuchtete wie das eines Verzückten, während er das erzählte, was ich mir so oft als wahrscheinliches Ereignis vorgestellt hatte. Doch es wunderte mich, daß er über ein bloßes Gemetzel so begeistert sein konnte, und ich sagte:

»Wie schrecklich! Ich vermute, daß dieses Gemetzel der ganzen Revolution für jene Zeit ein Ende machte?«

»Nein, nein«, rief der alte Hammond, »es war der *Anfang der Revolution*!«

Er füllte sein und mein Glas und sagte, sich erhebend: »Trinken wir dieses Glas auf das Andenken jener, die dort starben, denn es würde zu lange dauern, wollte ich Ihnen sagen, wieviel wir ihnen schulden.«

Ich trank, und sich wieder niedersetzend, fuhr er fort:

»Das Gemetzel auf dem Trafalgar Square war der Anfang des Bürgerkriegs, obgleich dieser, wie alle derartigen weltumgestaltenden Ereignisse, erst langsam Gestalt bekam und die Leute erst allmählich begriffen, in welch folgenschwerer Krisis sie sich befanden.

So furchtbar das Gemetzel auch war, so gräßlich und überwältigend auch der erste Schrecken gewesen, sobald das Volk Zeit hatte, über das Geschehene nachzudenken, empfand es eher Zorn und Ingrimm als Furcht, obwohl die militärische Organisation des Belagerungszustandes von dem talentvollen jungen General erbarmungslos durchgeführt wurde. Denn wenn auch die herrschenden Klassen, als sich am nächsten Morgen die Nachricht von dem Gemetzel verbreitete, von Angst und Grausen, ja selbst von Furcht erfüllt wurden, so begriff doch die Regierung mit ihren unmittelbaren Stützen, daß die Suppe nun eingebrockt war und auch ausgegessen werden mußte. Nichtsdestoweniger waren auch die reaktionärsten Zeitungen, mit Ausnahme von zweien, wie betäubt von der furchtbaren Nachricht und berichteten einfach die Tatsachen, ohne ein Urteil abzugeben. Die Ausnahmen waren: erstens ein sogenanntes ›liberales Blatt‹ – die Regierung war damals von dieser Farbe –, welches, nach einer salbungsvollen Einleitung, in der es seine ungeteilte Sympathie für die Sache der Arbeiter beteuerte – mit heuchlerischem Pathos auseinandersetzte, daß in Zeiten revolutionärer Ausbrüche die Regierung verpflichtet sei, gerecht, aber auch fest zu sein, und daß die bei weitem schonendste und humanste Art des Vorgehens gegen die armen Rasenden, welche die Grundlagen der Gesellschaft angreifen (einer Gesellschaft, die sie arm und rasend gemacht hat), die sei, sie gleich tot zu schießen und auf diese Weise zu verhindern, daß andere sich in eine Lage bringen, in der sie Gefahr liefen, auch totgeschossen zu werden. Kurz, sie lobte das Vorgehen der Regierung als den Gipfel menschlicher Weisheit und Barmherzigkeit und schwelgte im Vorgefühl einer Zeit vernünftiger Demokratie, die frei von den tyrannischen Hirngespinsten des Sozialismus sei.

Die zweite Ausnahme war eine Zeitung, die man bisher für eine der heftigsten Gegnerinnen der Demokratie gehalten hatte, was sie in der Tat auch war. Der Redakteur war aber mannhaft genug, für sich selbst und nicht für seine Zeitung zu sprechen. In kurzen, einfachen, entrüsteten Worten forderte er das Volk auf, doch zu überlegen, was eine Gesellschaft wert sei, die durch die Niedermetzelung armer Bürger verteidigt werden müsse, und er verlangte von der Regierung, daß sie den Belagerungszustand aufhebe und den General und den Offizier, die auf das Volk hätten schießen lassen, des Mordes anklage. Er ging noch weiter und sagte, welches immer seine Ansicht über die Lehrsätze des Sozialismus sei, er würde sein Schicksal so lange mit dem des Volkes verknüpfen, bis die Regierung ihre Grausamkeit wieder gutzumachen suche und sich bereit zeige, auf die Forderungen von Männern zu hören, die wüßten, was sie wollten und die durch die Verkommenheit der Gesellschaft gezwungen seien, ihre Forderungen auf die eine oder die andere Weise durchzudrücken.

Selbstverständlich wurde der Redakteur sofort durch die militärische Behörde verhaftet, seine unerschrockenen Worte waren aber schon in den Händen des Publikums und machten den tiefsten Eindruck; ja der Eindruck war so groß, daß die Regierung nach einigem Schwanken den Belagerungszustand aufhob, zu gleicher Zeit freilich auch die militärische Organisation kräftigte und befestigte.

Drei Mitglieder des Wohlfahrts-Ausschusses waren auf dem Trafalgar Square getötet worden, die übrigen, der größte Teil, kehrten auf den alten Versammlungsplatz zurück und erwarteten dort ruhig den Ausgang. Sie wurden am Montagmorgen verhaftet und würden auch sofort von dem General, der nur eine militärische Maschine war, erschossen worden sein, wenn die Regierung nicht vor der Verantwortlichkeit, Menschen zu töten, ohne ihnen den Prozeß gemacht zu haben, zurückgeschreckt wäre. Zuerst war die Rede davon, sie vor ein Ausnahmegericht zu stellen – oder vor eine ›Besondere Kommission von Richtern‹, wie es genannt wurde –, d. h. vor Männer, deren Geschäft es war, sie schuldig zu finden. In der Regierung hatte aber die Gluthitze der Leidenschaft inzwischen kalter Überlegung Platz gemacht, und die Gefangenen kamen vor das regelmäßige, öffentliche Schwurgericht. Da wartete der Regierung ein neuer Schlag, denn obwohl der Richter den Gerichtshof angewiesen hatte, die Gefangenen für schuldig zu finden, wurden diese von den Geschworenen freigesprochen, und der Gerichtshof fügte seinem Wahrspruch noch eine feierliche Erklärung bei, in welcher das Vorgehen der Soldaten, in der eigentümlichen Sprache von damals, als ›unnötig, unglücklich und übereilt‹ verurteilt ward. Der Wohlfahrts-Ausschuß nahm seine Sitzungen wieder auf und war von nun an ein Vereinigungspunkt für das Volk, im Gegensatz zum Parlament; die Regierung gewährte nach allen Richtungen hin freien Spielraum und tat, als wolle sie den Forderungen des Volks nachgeben. Es bestand aber ein weitverbreitetes Komplott, an welchem die Führer der zwei sogenannten Oppositionsparteien in den parlamentarischen Parteikämpfen beteiligt waren. Es handelte sich um einen *Staatsstreich.* Der wohlmeinende Teil des Publikums hatte hiervon keine Ahnung, war überfroh und glaubte alle Gefahr eines Bürgerkriegs beseitigt. Der Sieg des Volkes wurde durch Umzüge und große Volksversammlungen in den Parks und an andern Orten sowie durch sonstige Kundgebungen zum Andenken an ›das große Gemetzel‹ in dem ganzen Lande gefeiert. Die Maßregeln zugunsten der Arbeiter, welche im Parlament durchgingen, wurden zwar von den höheren Klassen als ›verderblich revolutionär‹ angesehen, reichten jedoch tatsächlich nicht aus, um dem Volke Nahrung und ein menschenwürdiges Dasein zu verschaffen. Sie mußten durch ungeschriebene Verordnungen, die nicht durch das Gesetz geschützt waren, ergänzt werden. Obgleich die Regierung und das Parlament die Gerichte, die Armee und die 'Gesellschaft' zu ihrer Unterstützung hatten, so war dennoch der Wohlfahrts-Ausschuß eine Macht im Lande und vertrat in Wirklichkeit die arbeitende Klasse. Er besserte sich wesentlich in den Tagen, die auf die Freisprechung seiner Mitglieder folgten. Die alten Mitglieder hatten wenig Geschick für die Verwaltung, wenn sie auch mit Ausnahme einiger Selbstlinge und Verräter ehrliche und entschlossene Männer waren, darunter viele mit bedeutenden Talenten anderer Art. Allein jetzt, wo die Zeit rasches Handeln verlangte, traten die Männer hervor, welche fähig waren, die Dinge und die Kräfte auf den richtigen Punkt zu lenken. Ein Netz von Arbeiterorganisationen wurde schnell geschaffen, deren ausgesprochener einziger Zweck es war, das Schiff der Gesellschaft in den Hafen des *Kommunismus* zu steuern. Und da diese Organisationen auch die praktische Führung des gewöhnlichen Arbeitskrieges und Klassenkampfes übernahmen, erlangten sie bald die Leitung und Vermittlung für alle Angelegenheiten der Arbeiterklasse; und die habsüchtigen Unternehmer befanden sich machtlos gegenüber dieser gewaltigen Arbeiterorganisation. Die Entscheidung war nicht hinauszuschieben. Der Ausschuß der Unternehmerklasse, das Parlament, mußte sich zu dem Entschluß aufraffen, entweder den Bürgerkrieg wieder zu beginnen und rechts und links schießen zu lassen – oder den Forderungen der Arbeiter, die sie beschäftigten, nachzugeben und immer höheren Lohn für immer kürzere Arbeitszeit zu zahlen. Freilich einen Verbündeten hatten sie, und das war das rasche Zusammenbrechen des ganzen Weltmarktsystems. Der wirtschaftliche Auflösungsprozeß wurde durch die Logik der Tatsachen allen so klargemacht, daß die Mittelklassen, die, einen Augenblick verblüfft, die Regierung wegen des großen Gemetzels verdammt hatten, nun fast ausnahmslos umschwenkten und von der Regierung verlangten, daß sie sich um die bedrohten Interessen kümmern und der Tyrannei der sozialistischen Führer ein Ende machen solle.

Unter diesem Druck kam das reaktionäre Komplott – wahrscheinlich noch ehe es reif war – zum Ausbruch. Allein diesmal war das Volk und waren seine Führer vorher gewarnt, und die nötig erscheinenden Maßregeln wurden getroffen, noch ehe die Reaktionäre an der Arbeit waren.

Die liberale Regierung wurde (augenscheinlich nach heimlichem Einverständnis) von den Konservativen geschlagen, obgleich die letzteren der Zahl nach in der Minderheit waren. Die wirklichen Volksvertreter im Unterhaus wußten sehr wohl, was das bedeutete, und nach einem Versuch, die Sache durch Abstimmungen im Hause der Gemeinen auszufechten, erhoben sie Verwahrung, verließen das Haus und begaben sich sämtlich in den Wohlfahrts-Ausschuß: Und jetzt fing der Bürgerkrieg von neuem an.

Der erste Akt desselben war aber nicht einer des bloßen Kampfs. Die neue Toryregierung beschloß zu handeln, wagte aber nicht, den Belagerungszustand zu erneuern; sie schickte deshalb eine Abteilung Soldaten und Polizei und ließ den ganzen Wohlfahrts-Ausschuß verhaften. Dieser leistete keinen Widerstand, obgleich er es hätte tun können, da er jetzt über eine beträchtliche Anzahl von Männern verfügte, die zum Äußersten bereit waren. Allein er wollte es erst mit einer Waffe versuchen, die er für wirksamer hielt als Straßenkämpfe.

Die Mitglieder des Ausschusses gingen ruhig ins Gefängnis, ließen sie doch ihren Geist und ihre Organisation zurück. Sie verließen sich nicht auf eine sorgfältig zusammengesetzte, mit allen möglichen Befugnissen und Verrichtungen ausgestattete Zentralstelle, sondern auf die breiten Massen des Volkes, die voll und ganz mit der Bewegung sympathisierten und durch eine große Anzahl kleiner Zentren mit sehr einfachen Verhaltungsregeln fest miteinander verbunden waren. Diese Verhaltungsregeln wurden nun zur Anwendung gebracht.

Am nächsten Morgen, als die Führer der Reaktion sich vergnügt ins Fäustchen lachten beim Gedanken an die Wirkung, welche der Zeitungsbericht über ihren Staatsstreich auf das Publikum haben würde – erschien keine Zeitung. Erst gegen Mittag wurden hier und da einige Blätter von dem Format der Zeitungen aus der Mitte des siebzehnten Jahrhunderts, die von Polizisten, Soldaten, Geschäftsführern und Preßkosaken angefertigt waren, in den Straßen verteilt. Gierig wurden sie ergriffen und gelesen; zu dieser späten Stunde war aber der meiste Teil der Nachrichten veraltet, und jedermann war es klar, daß die *allgemeine Arbeitseinstellung* begonnen hatte. Die Eisenbahnen gingen nicht, die Telegraphendrähte wurden nicht bedient, Fleisch, Fische und grüne Waren, die auf den Markt gebracht waren, nichts wurde ausgepackt, und alles verdarb. Tausende von Familien der Mittelklassen, die für jedes Mahl vollständig von den Arbeitern abhingen, machten verzweifelte Anstrengungen, um das Nötigste für den Tag zu beschaffen, und in den Kreisen derer, die keine Furcht vor dem Kommenden zu haben brauchten, hatte man sogar, wie mir gesagt wurde, seine Freude an diesem ›unerwarteten Picknick‹[21] – ein Vorgeschmack der erhofften Tage, wo alle Arbeit nur Vergnügen ist.

So verging der erste Tag. Gegen Abend schon wußte die Regierung nicht mehr, was sie machen sollte. Sie hatte nur ein Mittel, die Volksbewegung niederzuhalten, und das war die rohe Gewalt, aber sie hatte nichts sich gegenüber, gegen das sie Polizei und Soldaten hätte verwenden können. Keine bewaffneten Haufen erschienen in den Straßen. Die Geschäftslokale der vereinigten Arbeiter-Organisationen waren in Bureaux zur Unterstützung der aus der Arbeit Entlassenen umgewandelt. Unter diesen Verhältnissen wagten die Behörden nicht, die Beamten der Arbeiter-Organisation zu verhaften, um so weniger, als an jenem Abend auch sehr viele angesehene Bürger in diesem Bureau um Unterstützung nachgesucht und die Barmherzigkeit der Revolutionäre zur Beschaffung des Abendbrots in Anspruch genommen hatten. Die Regierung zog wohl hier und da Polizei zusammen, verhielt sich aber die Nacht über ruhig und erwartete, daß der nächste Morgen irgendein Manifest der ›Rebellen‹, wie man sie nannte, bringen und die erwünschte Gelegenheit zum Handeln bieten würde. Sie wurde in ihrer Hoffnung getäuscht. Die gewöhnlichen Zeitungen gaben diesen Morgen den Kampf auf, und nur ein äußerst reaktionäres Blatt (der ›Tägliche Telegraph‹[22] genannt) versuchte zu erscheinen und schmähte, in wohlgeformten Sätzen die ›Rebellen‹ wegen ihres ›Aberwitzes‹ und ihrer ›Undankbarkeit‹, daß sie ›ihrer gemeinsamen Mutter, der englischen Nation, zum Besten einiger geldgieriger Agitatoren und der von ihnen getäuschten Toren, die Eingeweide herausreißen wollten‹. Dagegen erschienen die sozialistischen Blätter (von denen nur ungefähr drei, die verschiedenen Schulen vertretend, in London herauskamen) schön gedruckt und von oben bis unten gefüllt mit Schriftsatz. Sie wurden von dem gesamten Publikum gierig gekauft, weil jeder – ebenso wie die Regierung – ein Manifest erwartete. Aber es stand kein Wort darin, das sich auf die große Sache bezogen hätte. Es schien, als ob die Redakteure und Herausgeber ihre Schubladen nach Artikeln durchsucht hätten, die vierzig Jahre vorher am Platz gewesen wären als sogenannte ›erzieherische‹ oder ›theoretische Artikel‹. Die meisten waren bewundernswerte, klare Aufsätze über sozialistische Lehren und deren praktische Durchführung; sie waren frei von Übereilung, Gehässigkeit und persönlichen Beleidigungen und wirkten inmitten der Schrecken und Qualen des Augenblicks wohltuend auf das Publikum wie die Frische eines Maientags; und obgleich die Unterrichteten sehr wohl wußten, daß dieser Schachzug nur eine Herausforderung und das Zeichen unversöhnlicher Feindschaft gegen die Leiter der Gesellschaft war, und obgleich die ›Rebellen‹ damit auch nichts anderes beabsichtigten, so erfüllten diese Artikel doch ihren Zweck als ›erzieherische Artikel‹.

Doch noch eine andere Art der ›Erziehung‹ wirkte auf das Publikum mit unwiderstehlicher Gewalt und räumte manches Vorurteil aus den Köpfen. Die Regierungsleute, durch diese Art des *Boykott* (das war damals der Ausdruck für Aushungerung) verblüfft und in Schrecken versetzt, waren in größter Aufregung und schwankten hin und her. Den einen Tag waren die Machthaber dafür, alles gehen zu lassen, bis ein neues Komplott ausgeheckt sei; den folgenden Tag wollten sie alle Mitglieder der Arbeiterausschüsse verhaften lassen, und den dritten Tag waren sie auf dem Punkt, ihrem eifrigen, jungen General den Befehl zu geben, daß er unter irgendeinem Vorwand ein neues Gemetzel veranstalten müsse. Als sie sich aber erinnerten, wie die Soldaten in der Schlacht von Trafalgar Square über das von ihnen angerichtete Blutbad so entsetzt gewesen waren, daß man sie nicht zu einer zweiten Salve bewegen konnte, hatten die Herren nicht den Mut, ein zweites Gemetzel zu wagen. Inzwischen wurden die Gefangenen zum zweiten Mal unter militärischer Eskorte vor den Magistrat gebracht, und das Verhör wurde auch zum zweiten Mal hinausgeschoben.

Der *Strike* dauerte auch diesen Tag fort. Der Arbeiterausschuß hatte sich erweitert und unterstützte eine große Anzahl Leute. Er hatte eine beträchtliche Menge Lebensmittel durch Männer, auf die er sich verlassen konnte, zusammengebracht. Eine ganze Anzahl wohlhabender Bürger war nun gezwungen, Unterstützung bei den Arbeitern zu suchen. Aber noch etwas Merkwürdiges ereignete sich: Banden von jungen Leuten der höheren Klassen bewaffneten sich, zogen plündernd und stehlend durch die Straßen; sie schleppten kaltblütig alles Eß- und Tragbare, was ihnen anstand, aus den Läden weg, deren Besitzer gewagt hatten zu öffnen. Sie taten dies namentlich in der Oxfordstreet – damals eine große Straße mit Kaufläden aller Art. Zu dieser Zeit war die Regierung gerade in ihrer nachgiebigen Stimmung und hielt das für eine günstige Gelegenheit zu zeigen, wie unparteiisch sie in der Aufrechterhaltung der Ordnung sei. Sie schickte Polizei, welche die reichen, hungrigen Leute verhaften sollte. Diese aber setzten der Polizei tapferen Widerstand entgegen, und alle, bis auf drei, entwischten. Die Regierung gewann nicht den Ruf der Unparteilichkeit, den sie von ihrem Vorgehen erhofft hatte, sie vergaß, daß es keine Abendzeitungen gab. Die Nachricht von dem kleinen Scharmützel verbreitete sich zwar bald, aber die Tatsachen wurden ganz entstellt. Der

Krawall wurde meist nur als eine Verzweiflungstat der hungernden Proletarier des East-End dargestellt, und jedermann hielt es nur für natürlich, daß die Regierung die Armen niederdrückte, wo und wie sie konnte. An jenem Abend hatten die gefangenen Rebellen den Besuch sehr höflicher und sehr sympathischer Leute, die warmen Anteil an ihnen nahmen und ihnen auseinandersetzten, was für eine selbstmörderische Politik sie eingeschlagen hätten und wie gefährlich dieses extreme Vorgehen für die Sache des Volks sei. Einer der Gefangenen erzählte über diesen Besuch: ›Als wir dahintergekommen waren, daß die Regierung den Versuch gemacht hatte, durch Einzelverhör im Gefängnis an uns heranzukommen, machte es uns großes Vergnügen zu vergleichen, wie wir die Freundlichkeit der ›hoch intelligenten‹ und gebildeten Personen, die uns aushorchen sollten, beantwortet hatten. Der eine lachte den Abgesandten einfach aus, der andere erzählte ihm lange unglaubliche Geschichten, ein dritter schwieg trotzig, ein vierter sagte dem 'elenden Polizeispion', er solle den Mund halten – und dies war alles, was sie von uns herausbekamen.‹

So verging der zweite Tag des großen *Strikes*. Allen denkenden Leuten war es klar, daß der dritte Tag eine Entscheidung bringen mußte; denn die Ungewißheit und das schlecht verhehlte Schreckenssystem konnten nicht andauern. Die herrschende Klasse und die Nicht-Politiker des Mittelstands, die ihre Stärke und ihre Stütze ausgemacht hatten, glichen einer Schafherde, welcher der Hirt fehlt – sie wußten buchstäblich nicht, was sie machen sollten. Nur eins wußten sie: die Rebellen zu veranlassen, daß sie irgend etwas taten. Am nächsten Morgen, dem Morgen des dritten *Striketags*, als die Mitglieder des Wohlfahrts-Ausschusses wieder vor dem Magistrat erschienen, wurden sie mit äußerster Höflichkeit behandelt; in der Tat mehr als Abgeordnete oder Gesandte denn als Gefangene. Kurz, der Magistrat hatte seine Befehle empfangen, und ohne eine lange, alberne Rede, die Dickens vielleicht zum Spott hätte verfaßt haben können, entließ er die Gefangenen, die an ihren Versammlungsort zurückkehrten und sofort zu einer regelmäßigen Sitzung zusammentraten. Es war hohe Zeit. Denn an diesem dritten Tag waren die Volksmassen wirklich in Gärung. Natürlich gab es eine Menge Arbeiter, die nicht im geringsten organisiert waren, Leute, daran gewöhnt, das zu tun, wozu ihre Herren sie drängten oder vielmehr das System, von dem ihre Herren einen Teil bildeten. Dieses System bröckelte jetzt auseinander – und da der gewohnte Druck, den ihre Herren auf sie ausgeübt, von diesen armen Menschen genommen war, so konnte man erwarten, daß sie sich nur von den rein tierischen Bedürfnissen und Leidenschaften würden leiten lassen und daß ein vollständiger Umsturz aller Dinge bevorstehe. Und zweifellos wäre dies auch eingetroffen, wenn die breiten Volksmassen nicht von der sozialistischen Weltanschauung durchdrungen und in tatsächlicher Fühlung mit ausgesprochenen Sozialisten gewesen wären, von denen viele, ja die meisten Mitglieder der Arbeiterorganisationen waren.

Hätte Derartiges einige Jahre vorher sich zugetragen, als die Arbeitgeber noch für die natürlichen Beherrscher des Volks galten und als selbst der Ärmste und Unwissendste sich an sie als an eine notwendige Stütze anlehnte, während er von ihnen geschoren ward – dann würde allerdings die ganze Gesellschaft in Trümmer gegangen sein. Allein die lange Reihe von Jahren, in denen die Arbeiter ihre Herren verachten gelernt, hatte den Arbeitern Selbständigkeit gegeben, und sie fingen nun an, den nichtgesetzlichen Führern, welche durch die Ereignisse in den Vordergrund gebracht waren, zu vertrauen.

Die Wirkung der Freilassung des Ausschusses gab der Regierung Zeit zum Aufatmen, denn die Nachricht wurde von den Arbeitern mit der größten Freude aufgenommen, und auch die Reichen erblickten darin einen Aufschub des gänzlichen Zerfalls, den sie zu fürchten begannen – eine Besorgnis, welche durch die Schwäche der Regierung genährt ward. Und für den Moment hatte diese Schwäche in der Tat die Wirkung, den Auflösungsprozeß zu beschleunigen, den übrigens auch keine Energie verhindert hätte.«

»Wie meinen Sie das?« fragte ich, »was *konnte* die Regierung tun? Ich dachte oft, daß sie in einer solchen Krisis ganz hilflos sein würde.«

Darauf sagte der alte Hammond: »Gewiß, ich bezweifle nicht, daß schließlich die Dinge unter allen Umständen so gekommen wären, wie sie gekommen sind. Wenn aber die Regierung ihre Armee als richtige Armee hätte betrachten und gebrauchen können, wie ein richtiger General es getan hätte, und wenn sie das Volk als offenen Feind hätte betrachten können, auf den geschossen und der angegriffen werden muß, wo er sich zeigt, dann würde sie damals wohl gesiegt haben.«

»Würden aber die Soldaten in dieser Weise gegen das Volk vorgegangen sein?« fragte ich.

Er sagte: »Nach allem, was ich darüber gehört und gelesen habe, bin ich der Meinung, die Soldaten hätten es getan, wenn sie auf eine auch noch so schlecht bewaffnete und organisierte Menschenmenge gestoßen wären. Es scheint, daß die Truppen vor dem Trafalgar Square-Gemetzel im ganzen bereit waren, in unbewaffnete Massen zu schießen, obgleich sie vom Sozialismus schon stark angesteckt waren. Der Grund war: Sie fürchteten, die scheinbar unbewaffnete Menge würde von einem Sprengstoff, *Dynamit* genannt, Gebrauch machen, der am Vorabend dieser Ereignisse sehr laut von den Arbeitern gerühmt worden war. Er erwies sich beiläufig von sehr geringem Nutzen als Kriegsmaterial, wenigstens zur Verwendung in der Weise, wie man erwartet hatte. Natürlich nährten die Offiziere diese Furcht, soviel sie nur konnten, so daß die Soldaten wahrscheinlich glaubten, sie würden bei dieser Gelegenheit in einen verzweifelten Kampf mit Männern kommen, die wirklich bewaffnet seien und deren Waffen um so furchtbarer, weil verborgen. Nach dem Trafalgar Square-Gemetzel aber war es immerhin zweifelhaft, ob die regulären Soldaten auf eine unbewaffnete oder halbbewaffnete Menge schießen würden.«

Darauf ich: »Die regulären Soldaten? Es kämpften also noch andere gegen das Volk?«

»Ja«, antwortete er, »hierzu kommen wir jetzt.«

»Gewiß«, bemerkte ich, »Sie tun besser, die Geschichte ohne Umschweife zu erzählen. Ich sehe, die Zeit läuft ab, und ich will Sie nicht mehr unterbrechen.«

Hammond fuhr nun fort: »Die Regierung verlor keine Zeit, mit dem Wohlfahrts-Ausschuß in Verhandlung zu treten, denn selbstverständlich konnte sie nur an die augenblickliche Gefahr denken. Sie schickte einen gehörig beglaubigten Abgesandten, um mit den Männern zu verhandeln, welche die Herrschaft über den Geist des Volks erlangt hatten, während die gesetzlichen Herrscher nur noch über die Körper Macht hatten.

Auf die Einzelheiten des Waffenstillstandes – denn ein solcher war es – zwischen diesen hohen kontrahierenden Parteien: der Regierung des Großbritannischen Reichs auf der einen und einer Handvoll Arbeiter, wie man sie damals spottweise nannte, auf der andern Seite – brauche ich nicht einzugehen. Das Ende war, daß alle bestimmt formulierten Forderungen des Volks gewährt werden mußten. Jetzt wissen wir, daß die meisten dieser Forderungen nicht wert waren, aufgestellt oder verweigert zu werden. Damals wurden sie jedoch für sehr wichtig gehalten, und sie waren Zeichen der Auflehnung gegen das elende Lebenssystem, das am Zusammenbrechen war. *Eine* Forderung war indes von der äußersten, brennendsten Bedeutung. Die Machthaber suchten ihr auszuweichen, mußten aber, da sie nicht mit Narren verhandelten, zuletzt nachgeben. Ich meine die Anerkennung und förmliche Legalisierung des Wohlfahrts-Ausschusses und aller Organisationen, die er unter seine Leitung genommen hatte. Es ist klar, daß dies zweierlei in sich schloß: erstens Amnestie für die ›Rebellen‹ groß und klein, welche ohne einen be-
werden konnten; und zweitens die Fortsetzung der organisier-
stimmten Akt des Bürgerkriegs jetzt nicht mehr angegriffen
ten Revolution.

Nur *eins* konnte die Regierung gewinnen, und das war ein Name. Der fürchterliche revolutionäre Titel fiel weg, die Körperschaft mit ihren Zweigvereinen übte ihre fernere Tätigkeit aus unter dem ehrbaren Namen: *›Versöhnungsamt und örtliche Zweigämter‹*. Unter diesem Namen hatte der Ausschuß in dem bald darauffolgenden Bürgerkrieg die Führung des Volks.«

»Oh«, sagte ich, etwas erstaunt, »der Bürgerkrieg ging also weiter ungeachtet alles dessen, was sich ereignet hatte?«

»Ja natürlich«, sagte der alte Hammond. »In der Tat, es war

gerade diese gesetzliche Anerkennung, die den Bürgerkrieg, in dem gewöhnlichen Sinne des Wortes: Krieg, möglich machte. Der Kampf verlor dadurch den Charakter eines bloßen Gemetzels auf der einen Seite und den zäher Ausdauer und passiven Widerstands mit *Strikes* auf der andern.«

»Können Sie mir sagen, in welcher Weise der Krieg geführt wurde?« fragte ich.

»Ja«, erwiderte er, »wir haben Urkunden, die uns alles mitteilen, und das Wichtigste daraus kann ich Ihnen in wenigen Worten sagen. Wie ich Ihnen erzählte, konnten die Reaktionäre sich nicht auf die Liniensoldaten verlassen; die Offiziere im ganzen genommen waren zu allem bereit, denn sie waren meistens die dümmsten Leute im Lande. Die Regierung mochte tun, was sie wollte, ein großer Teil der oberen und der Mittelklasse war entschlossen, eine Gegenrevolution ins Werk zu setzen, denn der Kommunismus, der jetzt sein Haupt erhob, schien ihnen ganz unerträglich. Banden von jungen Männern – wie die Marodeure (Plünderer) bei dem großen *Strike,* von denen ich Ihnen erzählte – bewaffneten sich, übten sich militärisch ein und suchten in den Straßen unter jedem beliebigen Vorwand und bei jeder beliebigen Gelegenheit Streit mit dem Volke. Die Regierung half den Skandalmachern nicht und hinderte sie nicht – sie sah ruhig zu in der Hoffnung, daß irgend etwas sich daraus entwickeln würde. Diese ›Freunde der Ordnung‹, wie sie genannt wurden, hatten anfänglich einigen Erfolg, wodurch sie kühner wurden – viele Offiziere der regulären Armee leisteten ihnen Vorschub, und durch die Vermittlung solcher Offiziere gelang es den raublustigen ›Ordnungsfreunden‹, sich mit jeder Art von Kriegsmunition zu versehen. Ein Teil ihrer Taktik bestand darin, daß sie die großen Fabriken bewachten und besetzten – sie hatten z. B. einmal den ganzen Ort Manchester, von dem ich gerade jetzt sprach, in ihrem Besitz. Ein unregelmäßiger Krieg – Guerillakrieg hieß es, glaube ich – wurde mit wechselndem Erfolg im ganzen Lande geführt, bis die Regierung, die anfangs getan hatte, als merke sie nichts vom Kampfe – höchstens sprach sie von Aufruhr – sich plötzlich für die ›Freunde der Ordnung‹ erklärte und alles, was sie an regulären

Truppen auftreiben konnte, mit den Banden vereinigte. Sie machte nun die verzweifeltsten Anstrengungen, um der ›Rebellen‹, wie man die Arbeiter jetzt wieder nannte und wie sie sich selbst nannten, Herr zu werden.

Es war zu spät. Jeder Gedanke an einen Frieden auf der Grundlage von Kompromissen war auf beiden Seiten aufgegeben. Das Ende mußte sein: entweder vollständige Sklaverei für alle mit Ausnahme der bevorzugten Klassen oder eine auf Gleichheit und Kommunismus beruhende Lebensordnung – das war nun auch dem Blödesten und Zaghaftesten klar. Die Trägheit, die Hoffnungslosigkeit, ja man kann sagen die Feigheit des letzten Jahrhunderts hatte dem leidenschaftlichen, unbeugsamen Heldenmut einer ausgesprochen revolutionären Zeit weichen müssen. Ich will nicht sagen, daß die Leute von damals das Leben, welches wir jetzt führen voraussahen, aber im allgemeinen strebte man einem wesentlich ähnlichen Leben zu, und hinter dem verzweifelten Kampf in der Gegenwart sahen viele den Frieden, den er in Zukunft bringen sollte. Die Menschen jener Zeit, welche auf seiten der Freiheit standen, waren, glaube ich, nicht unglücklich, obgleich sie zwischen Furcht und Hoffnung hin und her geworfen und häufig auch durch Zweifel und den Zwiespalt mit ihren Pflichten, die sich schwer damit vereinigen ließen, innerlich zerrissen wurden.«

»Wie aber führte das Volk – die Revolutionäre den Krieg? Welches waren die Elemente ihrer Erfolge?«

Ich stellte diese Frage, weil ich gerne den alten Mann zu der wirklichen Geschichte zurückbringen und aus seiner träumerischen, bei einem alten Mann so natürlichen Stimmung herausreißen wollte.

Er antwortete: »An Organisatoren und Führern war kein Mangel, denn der Kampf selbst entwickelte in einer Zeit, wo Männer von Seelenstärke alle Rücksichten auf die gewöhnlichen Anforderungen des Alltagslebens in den Wind schlagen mußten, die nötigen Talente aus der Mitte des Volks heraus. In der Tat, nach allem, was ich gelesen und gehört habe, muß ich bezweifeln, daß ohne diesen augenscheinlich furchtbaren Bürgerkrieg die für die Verwaltung nötigen Talente sich unter den Arbeitern entwickelt hätten. Wie dem auch sei, der Krieg war da, und das Volk fand Führer, die denen der Reaktionäre mehr als gewachsen waren. Außerdem hatte man keine Schwierigkeiten in bezug auf das ›Rohmaterial‹ für die Volksarmee, denn der revolutionäre Instinkt wirkte auf den gemeinen Mann in der Linienarmee so mächtig, daß der größte und jedenfalls der beste Teil zur Sache des Volks überging. Die Hauptursache des Erfolgs war aber, daß die Arbeiter da, wo sie nicht unter Zwang waren, nicht für die Reaktionäre, sondern für die ›Rebellen‹ arbeiteten. Die Reaktionäre konnten keine Arbeit außerhalb der Bezirke, in denen sie allmächtig waren, gemacht bekommen, und auch in diesen Bezirken wurden sie durch fortwährende Aufstände beunruhigt. Nirgends aber und in keinem Fall wurde anders als mit Widerwillen und verhaltenem Ingrimm für sie gearbeitet, so daß nicht allein ihre Armeen durch die Schwierigkeiten, die das Volk ihnen überall und bei jeder Gelegenheit bereitete, ermüdet und geschwächt wurden, sondern auch die Nichtkämpfenden, die auf ihrer Seite standen, unter dem Haß und den tausend kleinen Hindernissen und Plackereien, die ihnen bei jedem Schritt begegneten, schwer zu leiden hatten. Kurz, das Leben wurde ihnen unerträglich gemacht, und nicht wenige starben tatsächlich vor Ärger und Aufregung. Viele begingen Selbstmord. Natürlich beteiligte sich eine große Anzahl von ihnen tätlich an der Sache der Reaktion und schöpften aus der Leidenschaft des Kampfes einigen Trost in ihrem Elend. Viele Tausende wurden mit der Zeit mürbe und unterwarfen sich den Rebellen, deren Zahl fortwährend anschwoll, bis es allen klar wurde, daß die Sache des Volkes, welche einst hoffnungslos geschienen, die siegreiche, und die Sache der Sklaverei und der Vorrechte die hoffnungslose Sache war.«

18. Kapitel

Der Anfang des neuen Lebens

»Nun wohl«, sagte ich, »also auf diese Weise wurden Sie aller Schwierigkeiten Herr. Waren die Leute mit der neuen Ordnung der Dinge zufrieden, als sie eintrat?«

»Die Leute?« sagte Hammond. »Gewiß, *alle* mußten sich über den Frieden freuen, besonders als man fand – was jeder bald finden mußte –, daß man recht gut lebte. Selbst die, welche einstmals reich gewesen waren, konnten sich dieser Tatsache nicht verschließen. Und was *die* anbelangt, welche arm waren, so hatte sich ihre Lage trotz des Krieges, der ungefähr zwei Jahre dauerte, sehr wesentlich gebessert, und als endlich Friede wurde, machten sie in kurzer Zeit rasche Fortschritte auf der Bahn zu einer höheren Lebenshaltung. Die große Schwierigkeit bestand darin, daß die, welche einst arm waren, so wenig Begriff von den wirklichen Annehmlichkeiten des Lebens hatten, daß sie nicht genug Ansprüche machten. In ihrer verwünschten Bedürfnislosigkeit verlangten sie nicht genug, wußten sie nicht genug von der neuen Ordnung der Dinge zu verlangen. Es war vielleicht mehr ein Vorteil als ein Nachteil, daß die Notwendigkeit, den Wohlstnd, welchen der Krieg zerstört hatte, wiederherzustellen, die Leute im Anfang zwang, fast so angestrengt zu arbeiten, wie sie es vor der Revolution hatten tun müssen. Alle Geschichtsschreiber sind darin einig, daß in keinem Krieg so viele Waren und so viele Werkzeuge für die Herstellung der Waren zerstört worden sind, als in diesem Bürgerkrieg.«

»Und wie stand es mit dem Fortschritt nach den Kriegsjahren?« fragte ich; »können Sie mir einiges darüber mitteilen?«

Darauf erwiderte er: »Ich könnte Ihnen mit Leichtigkeit mehr erzählen, als Sie Zeit haben anzuhören; ich will aber wenigstens eine der Hauptschwierigkeiten, der wir zu begegnen hatten, erwähnen. Als die Menschen nach dem Krieg wieder zur Ruhe kamen und als ihre Arbeit den Verlust wieder teilweise ersetzt hatte, der durch die Zerstörungen des Kriegs verursacht worden war, schien eine Art von Enttäuschung sich unser zu bemächtigen, und die Prophezeiungen einiger Reaktionäre der früheren Zeit schienen sich zu erfüllen, nämlich, daß eine stumpfe Gleich- und Einförmigkeit, ein rein auf das Nützliche und Angenehme gerichtetes Phäakentum (Wohlleben) das Ende unserer Bestrebungen und unseres Erfolgs sein werde. Daß der unerläßliche ›Sporn des Antriebs zur Arbeit‹: der Wettbewerb, jetzt weggefallen war, hatte auf die Erzeugung der für die Allgemeinheit nötigen Waren gar nicht störend eingewirkt – wie aber, wenn der Wegfall der ›freien Konkurrenz‹, wie man es nannte, die Menschen stumpf machte, indem ihnen zu viel Zeit zum Denken oder zu müßigen Träumereien gegeben wäre? Indes die dunkle Gewitterwolke drohte nur und zog vorüber, ohne Schaden getan zu haben. Nach dem, was ich Ihnen vorhin erzählt habe, werden Sie wohl das Heilmittel gegen ein solches Mißgeschick erraten. Man muß nur bedenken, daß viele Waren, die ehemals verfertigt worden waren – Sklavenwaren für die Armen und verschwenderische Luxuswaren für die Reichen –, nicht mehr gemacht wurden. Kurz, das Heilmittel war die Produktion dessen, was einst *Kunst* hieß, aber bei uns jetzt keinen Namen mehr hat, weil es ein notwendiger Teil der Arbeit jedes einzelnen Menschen ist.«

Darauf ich: »Was? Hatten die Menschen Zeit und Gelegenheit, die feinen Künste zu pflegen, inmitten des verzweifelten Kampfes für Leben und Freiheit, von dem Sie mir erzählten?«

Hammond: »Sie dürfen nicht voraussetzen, daß die neue Form der Kunst hauptsächlich auf das Gedächtnis der alten Kunst begründet war; übrigens war auch der Bürgerkrieg – so seltsam es klingen mag – der Kunst viel weniger gefährlich als andere Dinge, und so entwickelte sich, was von der Kunst in alter Form noch übrig war, während der letzten Zeit des Kampfes zu wundervoller Blüte, besonders die Ton- und die Dichtkunst.

Die Kunst oder das Arbeitsvergnügen, wie man das nennen sollte, wovon ich jetzt spreche, entstand von selbst, aus einer Art von Instinkt des Volks, das nicht länger verzweifelt zu mühevoller und aufreibender Überanstrengung getrieben war und nun die Arbeit, welche es in der Hand hatte, so gut und so ausgezeichnet zu machen strebte, als nur irgend möglich. Nachdem das so eine Zeitlang fortgegangen war, erwachte allmählich ein Sehnen nach Schönheit in dem Geist der Menschen; sie fingen an, die Gegenstände, die sie anfertigten, zu verzieren, anfänglich zwar noch ungeschickt und plump; nachdem sie sich aber einmal ernstlich an die Arbeit gemacht hatten, ging es immer besser. Alles dies wurde sehr unterstützt durch das Wegfallen des Schmutzes und Unrats, den unsere unmittelbaren Voreltern sich so ruhig gefallen ließen, und durch das gemütliche, jedoch nicht geistlose Landleben, welches nun, wie ich Ihnen schon erzählte, bei uns zur Gewohnheit wurde. Auf diese Weise und durch langsames Voranschreiten fanden wir mehr und mehr Vergnügen an unserer Arbeit, und dann wurden wir uns bald dieses Vergnügens bewußt; wir pflegten es und sorgten, daß wir zur Genüge hatten – damit war alles gewonnen, und wir waren glücklich. Und so möge es durch Jahrhunderte und Jahrhunderte hindurch bleiben!«

Der alte Mann verfiel in ein Träumen, das, wie ich glaubte, nicht ohne Melancholie war: doch wollte ich ihn nicht unterbrechen. Plötzlich raffte er sich auf und sagte: »Wohlan, mein lieber Gast, hier kommen Dick und Klara, um Sie abzuholen, und das setzt meinem Erzählen ein Ziel, worüber Sie wohl nicht betrübt sein werden. Der lange Tag neigt sich seinem Ende zu, und Sie werden eine angenehme Rückfahrt nach Hammersmith haben.«

19. Kapitel

Die Rückfahrt nach Hammersmith

Ich erwiderte nichts, weil ich nach einem so ernsten Gespräch nicht zu Worten leerer Höflichkeit aufgelegt war. Allerdings hätte ich mit dem alten Mann gerne noch weitergesprochen; er verstand wenigstens etwas von den Anschauungen, in denen ich groß geworden, während ich für die jüngeren Leute trotz aller ihrer Freundlichkeit in der Tat ein Geschöpf von einem andern Planeten war. Nichtsdestoweniger machte ich gute Miene zu dem Spiel, das ja gar nicht bös war, sondern mich bloß im Augenblick etwas verstimmte – ich lächelte dem jungen Paar so liebenswürdig zu, wie ich nur konnte, der alte Mann aber rief lustig aus: »Nun, meine Kinder, nehmt unseren Gast mit fort und tut für ihn, was Ihr könnt! Es ist Eure Aufgabe, ihm das Leben behaglich zu machen, so daß er körperlich wie geistig sich wohl fühlt; er war in keiner Weise so glücklich wie Ihr. Leben Sie wohl, Gast!« Und er drückte mir warm die Hand.

»Leben Sie wohl!« sagte ich. »Ich danke Ihnen vielmals für alles, was Sie mir erzählt haben, und werde Sie besuchen, sobald ich wieder nach London komme. Darf ich?«

»Ja«, sagte er, »kommen Sie auf alle Fälle, wenn Sie irgend können.«

»Es wird nicht so bald werden«, bemerkte Dick mit seiner fröhlichen Stimme; »denn wenn das Heu flußaufwärts eingeheimst ist, werde ich ihn zwischen der Heu- und Weizenernte ein wenig durch das Land führen, damit er sieht, wie unsere Freunde im Norden leben.«

»Du nimmst mich aber mit, nicht wahr, Dick?« sagte Klara, ihre hübsche Hand ihm auf die Schulter legend.

»Natürlich!« erwiderte Dick mit einem gewissen Stolz. »Wir werden es schon einrichten, daß Du jeden Abend hübsch müde ins Bett geschickt wirst. Und mit gebräuntem Nacken und braunen Händen wirst Du in Deinem blütenweißen Kleid so hübsch aussehen, daß Du, meine Liebe, gewiß bald etwas von Deiner Hypochondrie verlierst. Wie dem auch sei, eine Woche lang Heuernte wird Wunder bewirken.«

Das Mädchen wurde rot, aber nicht aus Scham, sondern vor Vergnügen, und der alte Mann sagte lachend:

»Ich sehe, Gast, daß Sie es so behaglich haben werden, wie Sie nur wünschen können, denn Sie brauchen nicht zu fürchten, daß beide Ihnen durch übergroße Dienstfertigkeit zur Last fallen; sie haben so miteinander zu tun, daß Sie sich gewiß viel selbst überlassen bleiben, und das ist meines Erachtens die größte Freundlichkeit einem Gaste gegenüber. Sie brauchen auch nicht zu fürchten, daß Sie zu viel sind. Diese Vögel in ihrem Nest lieben es gerade, einen guten, zu ihnen passenden Freund zu haben, an den sie sich wenden können, um die Seligkeit der Liebe von Zeit zu Zeit mit dem ernsten und prosaischen Gefühl der Freundschaft abwechseln zu lassen. Außerdem lieben Dick und Klara zuzeiten eine kleine Unterhaltung, und wie Sie wissen, sprechen Liebende nur dann, wenn sie in Verlegenheit kommen, sonst kosen sie nur. Leben Sie wohl, Gast; seien Sie glücklich!«

Klara ging zu dem alten Hammond, schlang ihren Arm um seinen Hals, küßte ihn herzlich und sagte: »Sie sind ein lieber, alter Mann, mögen Sie über mich scherzen, soviel Sie wollen. Bald werden wir uns wiedersehen. Seien Sie versichert, daß wir unsern Gast glücklich machen werden, obgleich einige Wahrheit in dem ist, was Sie sagen.«

Wir schüttelten uns darauf nochmals die Hände, verließen die Halle und gingen in den Kreuzgang und von da hinaus auf die Straße, wo unser munteres Rößlein, schon angespannt, uns erwartete. Es war gut versorgt – ein kleiner Bursche von ungefähr sieben Jahren hatte die Zügel in der Hand und sah ihm feierlich ins Gesicht; obendrauf saß ein Mädchen von vielleicht vierzehn Jahren, das sein kleines, drei Jahre altes Schwesterchen vor sich hatte, während ein anderes Mädchen, das ein Jahr älter sein mochte als der Junge, hinten hing. Die drei teilten ihre Aufmerksamkeit zwischen Kirschen, die sie verspeisten, und zwischen unserem Pferd, das sie streichelten und liebkosten und das alle ihre Zärtlichkeiten mit freundlicher Herablassung aufnahm, aber die Ohren spitzte, als Dick erschien. Die Mädchen stiegen ruhig ab, und zu Klara eilend, sprangen sie froh lachend an ihr herauf. Wir setzten uns in den Wagen, Dick zog die Zügel an, und fort ging's.

Unser Grauschimmel trabte ruhig zwischen den lieblichen Bäumen der Londoner Straßen, die Fluten von Wohlgeruch in die kühle Abendluft entsandten, denn es war gegen Sonnenuntergang.

Wir konnten auf diesem ganzen Weg nur gemächlich und langsam voran kommen, weil so viele Menschen sich im Freien der Abendkühle erfreuten. Ich betrachtete mir die Leute im Vorbeifahren genau, und ich muß sagen, daß mein im düsteren Grau oder vielmehr Braun des neunzehnten Jahrhunderts entwickelter Geschmack geneigt war, den Farbenreichtum und Glanz der Kleidung zu verurteilen, was ich Klara auch zu sagen mich erkühnte. Sie schien überrascht und selbst etwas entrüstet zu sein und erwiderte:

»Nun, was ist denn da auszusetzen? Die Leute haben keine schmutzige Arbeit, sie vergnügen sich an dem schönen Abend, und nichts ist da, was ihre Kleider verderben könnte. Gehen Sie doch! Sieht das alles nicht hübsch aus? Es ist doch kein übertriebener Aufputz.«

Und in der Tat, sie hatte recht. Denn viele von den Leuten waren in nüchterne, wenn auch hübsche Farben gekleidet, deren Übereinstimmung ich vollendet fand, so daß ich bei näherem Zuschauen ganz entzückt war.

Ich sagte also: »Ja, Sie haben recht. Wie kann aber jeder sich solch kostbare Kleidung erlauben? Sehen Sie, dort geht ein älterer Mann in einem dunkelgrauen Anzug, und ich kann von hier sehen, daß es ein sehr feiner, wollener Stoff und mit Seidenstickerei bedeckt ist.«

Klara: »Er könnte ja schäbige Kleider tragen, wenn er Lust hätte – das heißt, wenn er nicht dächte, daß er das Gefühl der andern Leute dadurch verletze.«

Ich: »Aber bitte, sagen Sie mir, wie können sie das erschwingen?«

Kaum waren die Worte heraus, so bemerkte ich, daß ich wieder in meinen alten Fehler verfallen war und eine Dummheit gesagt hatte, denn ich sah, wie Dick sich vor Lachen schüttelte. Er sagte jedoch kein Wort, sondern überlieferte mich auf Gnade und Ungnade der schönen Klara, welche sagte:

»Ich verstehe nicht, was Sie meinen. Natürlich können wir es erschwingen, sonst würden wir es nicht tun. Es wäre für uns ein leichtes, zu sagen: Wir wollen unsere Arbeit nur dazu verwenden, unsere Kleider bequem zu machen; allein hierbei wollen wir nicht stehenbleiben. Warum tadeln Sie uns? Glauben Sie etwa, wir darbten uns das Essen ab, um schöne Kleider tragen zu können? Oder ist es vielleicht unrecht, daß wir die Gewandhülle, mit der wir unseren Körper bedecken, ebenso schön haben wollen, wie unser Körper selbst ist? Gerade wie das Fell eines Rehes oder der Pelz einer Otter von Anfang an schön gewesen sind. Was finden Sie da unrecht?«

Ich beugte mich vor dem Sturm und murmelte irgendeine Entschuldigung. Und in der Tat hätte ich mir denken sollen, daß ein Volk, welches im allgemeinen die Baukunst so liebt, auch verstehen mußte, sich selbst zu schmücken, um so mehr, als der Schnitt der Kleider, abgesehen von den Farben, sowohl hübsch als zweckmäßig war – die Formen verhüllend, ohne sie zu vermummen oder zu verunstalten.

Klara war bald besänftigt, und während wir dem vorhin erwähnten Wald zufuhren, sagte sie zu Dick:

»Ich will Dir etwas sagen, Dick. Unser Verwandter, Hammond der Älteste, hat unseren Gast jetzt in seiner sonderbaren Tracht gesehen – ich dächte, wir sollten ihm für unsere morgige Reise etwas Anständiges zum Anziehen aussuchen; tun wir es nicht, so werden wir alle möglichen Fragen über seine Kleider und woher sie stammen, zu beantworten haben. Und«, fügte sie schelmisch hinzu, »ist er selbst erst einmal hübsch gekleidet, dann wird er so leicht nicht mehr sich darüber aufhalten, daß wir uns ein freundliches Aussehen zu geben suchen.«

»Ganz recht, Klara«, sagte Dick, »er soll alles haben, was Du wünschst – das heißt, was er wünscht. Ich werde etwas für ihn aussuchen, ehe er morgen aufsteht.«

20. Kapitel

Noch einmal das Gasthaus in Hammersmith

Unter solchem Gespräch fuhren wir ruhig durch die balsamische Abendluft und kamen nach Hammersmith, wo wir von unsern Freunden herzlich empfangen wurden. Boffin, in neuem Anzug, bewillkommte mich mit majestätischer Höflichkeit. Der Weber wollte mich ausholen und aufs genaueste erfahren, was der alte Hammond gesagt hatte, war aber sehr freundlich und munter, als Dick ihm abwinkte. Annie hoffte, daß ich einen angenehmen Tag verlebt habe, und drückte mir die Hand so herzlich, daß ich einiges Bedauern empfand, als unsere Hände sich trennten. Die Wahrheit zu sagen, mir gefiel Annie besser als Klara, die immer etwas Zurückhaltendes und Abwehrendes hatte, während Annie so offen wie möglich war und an allem und jedermann um sie herum Vergnügen fand, ohne sich den geringsten Zwang anzutun.

Diesen Abend hatten wir ein richtiges kleines Fest, teilweise mir zu Ehren und, wie ich vermutete – obgleich nichts gesagt worden war –, auch zu Ehren von Dicks und Klaras Wiedervereinigung. Wir tranken vom besten Wein, die Halle war vom Duft der prachtvollsten und wohlriechendsten Sommerblumen erfüllt, und nach dem Abendbrot hatten wir Musik (Annie übertraf, nach meinem Urteil, alle anderen in bezug auf Wohlklang und Reinheit der Stimme wie auch in bezug auf Gefühl und Verständnis); und schließlich kamen wir zum Geschichtenerzählen und saßen lauschend da, ohne ein anderes Licht als das des Mondes, der durch die schönen gotischen Schnörkelfenster hereinstrahlte, als gehörten wir einer längst vergangenen Zeit an, in der es nur wenig Bücher gab und das Lesen noch selten war. Hier will ich bemerken, daß meine Freunde, obgleich sie, wie man bemerkt haben wird, meistens etwas von Büchern zu sagen wußten, doch keine sonderlich großen Leser sein konnten, wenn man die Feinheit ihres Benehmens und die viele Muße bedenkt, welche sie augenscheinlich hatten. Wenn namentlich

Dick ein Buch erwähnte, tat er es mit der Miene eines Mannes, der eine große Tat vollbracht hat, als wolle er sagen: »Seht, ich habe das gelesen!«

Der Abend verging zu schnell für mich. Zum ersten Mal in meinem Leben hatte ich eine Augenweide gehabt ohne das störende Bewußtsein der Disharmonie, ohne die Furcht vor nahendem Verfall, von der ich bisher immer ergriffen worden war, wenn ich herrliche Kunstwerke der Vergangenheit und die liebliche Natur der Gegenwart genossen hatte – diese Natur und jene Kunst, beide das Ergebnis vieler Jahrhunderte und Jahrtausende der Überlieferung, welche die Menschen gezwungen hatte, die Kunst hervorzubringen, und die Natur, sich in die Formen der Jahrhunderte zu fügen.

Hier konnte ich alles genießen ohne quälenden Gedanken an die Ungerechtigkeit und die elende Sklavenarbeit, der ich meine Muße verdankte; an die Unwissenheit und Stumpfheit des Lebens, die mich die Geschichte der Vorzeit so hoch schätzen ließen; an die Tyrannei und den Kampf voller Furcht und Greuel, der meine Dichtung ausmachte!

Das einzige, was mir auf dem Herzen lastete, war beim Nahen der Schlafenszeit eine unbestimmte Angst, wo ich den nächsten Morgen erwachen würde. Ich unterdrückte sie aber, ging heiter zu Bett und war nach wenigen Augenblicken in traumlosem Schlaf.

21. Kapitel

Den Fluß aufwärts

Als ich zu einem herrlichen, sonnigen Morgen erwachte, sprang ich aus dem Bett noch unter dem Eindruck der Besorgnis, die abends zuvor mein Gemüt überschattet hatte. Sie verschwand aber sofort, als ich mich in meinem kleinen Schlafzimmer umsah und an den Wänden die in zwar blassen, aber reinen Farben gemalten Bilder ansah, unter denen die mir zu gut bekannten Verse standen. Ich kleidete mich rasch an; der blaue Anzug, der für mich bereit lag, war so hübsch, daß ich ordentlich in Verlegenheit kam; ich fühlte mich unsagbar wohlig und hatte das nie vergessene Wonne-Vorgefühl freier Tage, das ich seit meiner Jugend, seit jener glücklichen Zeit, wo ich zu den Sommerferien nach Hause eilte, nicht wieder empfunden hatte.

Es schien mir noch sehr früh am Morgen zu sein; als ich vom Korridor, wo mein Schlafzimmer war, nach dem Saal ging, erwartete ich niemand dort zu finden, aber sofort trat mir Annie entgegen, ließ ihren Besen fallen und gab mir einen Kuß, wie ich fürchte, ganz ohne Bedeutung, nur als Zeichen der Freundschaft, obgleich sie dabei errötete, jedoch nicht aus Verlegenheit, sondern aus freundschaftlicher Freude. Flink hob sie ihren Besen wieder auf und fuhr fort zu kehren, wobei sie mir zunickte, als wollte sie mich bitten, aus dem Weg zu gehen und zuzusehen. Und das Zusehen war wirklich ein Vergnügen, denn es halfen ihr noch vier oder fünf Mädchen, deren anmutige Gestalten wert waren gesehen und deren fröhliches Plaudern und Lachen bei ihrer mühelosen Beschäftigung wert war gehört zu werden. Es war ein wunderbar reizendes Schauspiel. Annie rief mir einige Worte zu, als sie nach der andern Seite der Halle ging: »Gast, es freut mich, daß Sie früh auf sind, obgleich wir Sie nicht stören wollten – frühmorgens um halb sieben Uhr, an einem Junimorgen, ist unsere Themse ein lieblicher Fluß. Und da Ihnen dieser Genuß nicht entgehen soll, so bin ich beauftragt, Ihnen draußen eine Tasse Milch und einen Bissen Brot zu geben und Sie zum Boot zu bringen, denn Dick und Klara sind schon dort.«

Sofort stellte sie den Besen in eine Ecke, kam zu mir und führte mich bei der Hand hinaus auf die Terrasse über dem Fluß an ein zwischen Büschen verstecktes und von Bäumen beschattetes kleines Tischchen, wo meine Milch und mein Brot sich zu einem so leckeren Frühstück entwickelten, wie der verwöhnteste Gaumen es nur wünschen konnte; und sie setzte sich zu mir, während ich aß. Nach wenigen Minuten kamen Dick und Klara, die letztere frisch wie der junge Tag und wunderschön aussehend in einem hellseidenen, gestickten Kleide, das meinen hieran nicht gewöhnten Augen zu farbenreich und prächtig vorkam; Dick war ebenfalls sehr hübsch in gestickten weißen Flanell gekleidet.

»Heute ist ein besonderer Tag«, sagte Dick, »ich meine alle die nächsten Tage. Die Heuernte ist im ganzen angenehmer als die Kornernte, wegen des meist herrlichen Wetters, und wirklich, solange Sie nicht bei schönem Wetter auf dem Heufeld gearbeitet haben, können Sie nicht wissen, was angenehme Arbeit ist. Die Frauen und Mädchen sehen dabei auch so hübsch aus«, sagte er pfiffig, »so daß wir, alles in allem betrachtet, wohl recht haben, diese schöne Zeit einfach, aber festlich zu begehen.«

»Arbeiten die Frauen in seidenen Kleidern?« fragte ich lächelnd.

Dick wollte mir eine ernsthafte Antwort geben, aber Klara legte ihm die Hand auf den Mund: »Nicht doch, Dick, er darf nicht zu viel belehrt werden, sonst muß ich denken, daß Du Dein Urgroßvater bist. Laß es ihn selbst herausfinden, er braucht ja nicht lange zu warten.«

»Ja«, sagte Annie, »mache Deine Beschreibung nicht gar zu verlockend, sonst wird er enttäuscht, wenn der Vorhang aufgezogen ist. Ich möchte nicht, daß er enttäuscht wird. Doch nun ist's Zeit für Euch zu gehen, wenn Ihr die Flut und den schönen sonnigen Morgen genießen wollt. Leben Sie wohl, Gast.«

Sie küßte mich in ihrer unbefangenen herzlichen Art und benahm mir dadurch beinahe die Lust zu dem Ausflug, ich mußte meine Gefühle aber zurückdrängen, da es klar war, daß solch ein reizendes, weibliches Wesen gewiß einen Geliebten ihres eigenen Alters hatte.

Wir stiegen die Stufen des Landungsplatzes hinab in ein zierliches Boot, das hübsch geschmückt war und groß genug, um uns und unseren Bedarf bequem fassen zu können; und gerade als wir einstiegen, kamen Boffin und der Weber, um uns abfahren zu sehen. Boffin hatte seine Pracht in einen einfachen und bequemen Arbeitsanzug gehüllt, den ein breitkrämpiger Hut krönte. Diesen nahm er ab, um uns mit seiner altspanischen Höflichkeit ein Lebewohl zuzuwinken. Dick stieß dann ab in den Strom, ruderte kräftig – und Hammersmith mit seinen mächtigen Bäumen und schönen, am Wasser gelegenen Häusern entschwand bald unseren Augen.

Beim Weiterfahren konnte ich nicht umhin, neben Dicks versprochenes Bild von der Heuernte das Bild zu stellen, welches mir aus meiner Zeit in der Erinnerung war; namentlich die dabei beschäftigten Weiber erhoben sich vor mir, diese eckigen, plumpen, mageren, flachbrüstigen, häßlichen Gestalten, ohne Anmut der Bewegung oder des Gesichts, in ärmlichen, gedruckten Kleidern und abscheulichen Stroh-Schlapphüten, – diese Vogelscheuchen, die lautlos und mechanisch ihre Rechen handhabten. Wie oft hat ein solcher Anblick mir die Lieblichkeit eines Junitags verdorben, wie oft hatte ich mich danach gesehnt, die Heufelder mit Männern und Frauen belebt zu sehen, die den prachtreichen Überfluß des Sommers entsprächen, des Sommers mit seinem unendlichen Reichtum, seinen herrlichen Ansichten und entzückenden Tönen und Düften. Und nun war die Welt älter und weiser geworden, und ich sollte meine Hoffnung endlich erfüllt sehen.

22. Kapitel

Einer, der die alten Zeiten lobt

So fuhren wir weiter, Dick ruderte gemächlich, Klara saß an meiner Seite und bewunderte seine männliche Schönheit und sein herzlich gutmütiges Gesicht, und ich, ich dachte vermutlich an nichts. Als wir den Fluß weiter hinauf kamen, fand ich keinen Unterschied zwischen der Themse von heute und der Themse, an die ich mich noch erinnerte, denn abgesehen von der abscheulichen Geschmacklosigkeit der alten Londoner Cockney-Villen[23], in denen die Wohlhabenden – die Börsenmakler und ähnliche Leute – gewohnt und die früher die Schönheit der von Bäumen beschatteten Ufer verdorben hatten, war selbst damals der Anfang dieses Gebiets der Themse immer noch hübsch. Und als wir durch das liebliche Grün hindurchglitten, war mir, als kehre meine Jugend zurück und ich beteiligte mich an einer der Wasserpartien, die mir so viel Freude gemacht zu einer Zeit, als ich mich noch zu glücklich fühlte, um an Unglück auf der Welt glauben zu können.

Unser Mittagsmahl nahmen wir im Gästehaus von Hampton Court ein und fuhren nach der Rast einiger Stunden weiter.

Ich machte einige schwache Versuche, die Ruder zu nehmen; Dick wies mich aber ab – offen gestanden gerade nicht zu meinem Bedauern, denn ich war durch die Freude an der herrlichen Gegend und meine eigenen Gedanken hinlänglich in Anspruch genommen. Was Dick betraf, so war es ganz in Ordnung, ihn rudern zu lassen, denn er war so stark wie ein Pferd, und jede körperliche Übung machte ihm das größte Vergnügen. Es kostete uns wirklich Mühe, ihn zum Anhalten zu bewegen, als es schon mehr als dämmerig wurde und wir bei leuchtendem Mondschein bei Runnymede[24] angekommen waren. Hier landeten wir und sahen uns nach einer Stelle um, wo wir unsere Zelte aufschlagen könnten – denn wir hatten zwei mitgebracht –; ein alter Mann kam auf uns zu und fragte, guten Abend wünschend, ob wir Obdach für die Nacht hätten und da er hörte, daß dies nicht der Fall war, bat er uns, zu ihm zu kommen. Nicht ungern nahmen wir seine Einladung an. Klara ergriff liebevoll seine Hand, wie sie es bei älteren Leuten zu tun pflegte, und machte, während wir unseres Wegs gingen, einige allgemeine Bemerkungen über den schönen Tag. Der alte Mann blieb stehen, sah sie an und sagte: »Das Wetter gefällt Ihnen also wirklich?«

»Ja«, sagte sie offenbar erstaunt, »Ihnen nicht?«

»Nun«, antwortete er, »vielleicht doch. Jedenfalls gefiel es mir so, als ich jünger war, jetzt aber wünschte ich es etwas kühler.«

Sie sagte nichts und ging weiter, bis wir – es war inzwischen so ziemlich dunkel geworden – gerade am Fuße eines Hügels zu einer Hecke mit einem Pförtchen kamen, das der alte Mann öffnete. Wir traten in einen Garten und hatten vor uns ein kleines Haus, durch dessen kleine Fenster uns Licht entgegenschimmerte. Selbst bei dem zweifelhaften Licht des Mondes und dem letzten Schein von Westen her konnten wir sehen, daß der Garten voller Blumen war; der Duft, den sie in der Abendkühle ausströmten, war so wunderbar lieblich, daß wir alle drei unwillkürlich stehenblieben und Klara ein süßes »Oh!« aushauchte, wie ein Vogel, der anfangen will, zu singen.

»Was gibt's?« fragte der alte Mann etwas grämlich und zog sie an der Hand, »hier ist kein Hund, oder sind Sie in einen Dorn getreten und haben sich den Fuß verletzt?«

»Nein, nein, Nachbar«, sagte sie, »aber wie reizend, wie reizend ist es!«

»Natürlich ist es ganz hübsch«, sagte er, »was ist da zu bewundern?«

Sie lachte glockenhell, und wir folgten ihrem Beispiel mit unseren rauhen Stimmen.

»Ich will mit Ihnen nicht rechten«, sagte unser Wirt; »es ist nicht der Mühe wert. Kommen Sie herein und nehmen Sie Ihr Abendbrot.«

Wir schritten über einen gepflasterten Fußweg zwischen blühenden Rosen geradeaus in ein sehr hübsches Zimmer, das getäfelt und mit Schnitzwerk verziert war und so rein wie eine neue Stecknadel.

Der Hauptschmuck aber war ein junges blondhaariges und grauäugiges Mädchen – das Gesicht, die Hände und die nackten Füße von der Sonne ganz braun gebrannt. Sie war sehr leicht und einfach gekleidet, jedoch mit Absicht und nicht aus Armut, wie ich sofort erkannte, obgleich dies die ersten Hüttenbewohner waren, denen ich begegnete. Ihr Kleid war von Seide, und die Armbänder, die sie trug, schienen mir sehr wertvoll. Sie lag auf einem Schaffell am Fenster, sprang aber bei unserem Eintreten rasch auf und als sie die Gäste hinter dem alten Mann sah, klatschte sie vergnügt in die Hände, jubelte, und nachdem sie uns in die Mitte des Zimmers geleitet hatte, tanzte sie vor Freude über unseren Besuch um uns herum.

»Wie«, sagte der alte Mann, »Du freust Dich, Ellen, ja?«

Das Mädchen tanzte zu ihm hin, schlang den Arm um seinen Nacken und sagte: »Ja, das tue ich, Großvater, und Du solltest Dich auch freuen!«

»Ja, ja, ich freue mich auch so gut ich es kann. Gäste, bitte, setzen Sie sich!«

Dies alles kam mir sonderbar vor, sonderbarer wohl noch meinen Freunden als mir. Als der Wirt und seine Enkelin einmal nicht im Zimmer waren, benutzte Dick die Gelegenheit, mir zuzuflüstern: »Ein Mißvergnügter, es gibt deren noch immer einige. Ehedem sollen sie aber eine wahre Landplage gewesen sein.«

Der alte Mann kam wieder herein, während Dick noch sprach, und setzte sich neben uns mit einem Seufzer, der in der Tat darauf berechnet schien, von uns gehört zu werden. Da aber gerade in diesem Augenblick das Mädchen die Speisen hereinbrachte, so kümmerten wir uns nicht weiter um den alten Grobian; wir stillten unseren Hunger, der nicht gering war, und ich hatte meine Freude an der Anmut, mit welcher die Enkelin sich bewegte.

Speisen und Getränke, obgleich etwas verschieden von dem, was wir in London hatten, waren besser als gut. Der alte Mann jedoch betrachtete mißvergnügt die Hauptschüssel, auf der mehrere Barsche lagen, und sagte:

»Hm, Barsch! Es tut mir leid, daß wir Ihnen nichts Besseres bieten können, meine Gäste. Es gab eine Zeit, wo wir ein gutes Stück Lachs von London für Sie hätten beschaffen können, allein die Zeiten sind eben schmal und schlecht geworden.«

»Ja, aber Du hättest auch jetzt Lachs haben können«, sagte das Mädchen kichernd, »wenn Du gewußt hättest, daß sie kommen.«

»Es ist unser Fehler, daß wir keinen Lachs mitbrachten«, sagte Dick gutgelaunt. »Wenn die Zeiten schlecht geworden sind, dann doch gewiß nicht die Barsche. Der Bursche hier in der Mitte muß gut zwei Pfund gewogen haben, als er seine schwarzen Streifen und roten Flossen den Elritzen dort zeigte. Und was den Lachs betrifft, so war mein Freund hier, der vom Ausland kommt, gestern morgen ganz erstaunt, als ich ihm sagte, daß es massenhaft Lachse in Hammersmith gäbe. Ich für mein Teil habe vom Schlechterwerden der Zeiten nichts gehört und nichts gemerkt.«

Er sah etwas unmutig drein. Der alte Mann wendete sich zu mir und sagte sehr höflich:

»Wohl, mein Herr, ich bin sehr glücklich, jemanden von jenseits des Wassers zu sehen, und ich bitte Sie, mir einige Fragen zu beantworten.«

»Was wollen Sie wissen?« fragte ich.

»Erstens – entschuldigen Sie mein Katechisieren – gibt es in dem Lande, aus dem sie kommen, noch Wettbewerb nach der alten Art?«

»Ja«, sagte ich, »der ist dort die Regel.«

Ich war nun begierig, welch neue Verwicklungen meine Antwort herbeiführen würde.

»Erlauben Sie«, sagte der alte Bursche, »Frage Nummer zwei: Sind Sie infolgedessen nicht im allgemeinen freier, energischer – mit einem Wort gesünder und glücklicher als wir?«

Ich lächelte. »Sie würden nicht so sprechen, wenn Sie nur irgendeinen Begriff von unserem Leben hätten. Mir ist, als lebten Sie im Himmel, verglichen mit dem Leben in dem Lande, aus welchem ich komme.«

»Im Himmel?« sagte er. »Lieben Sie den Himmel?«

»Ja«, sagte ich – wohl etwas ärgerlich – denn seine Art, mich zu befragen, fing an, mir unangenehm zu werden.

Er: »Ich bin weit davon entfernt, Ihrer Meinung zu sein, denn ich glaube, man kann mit dem Leben etwas Besseres anfangen, als auf einer feuchten Wolke zu sitzen und Hymnen zu singen.«

Ich ärgerte mich und bemerkte: »Nachbar, um kurz zu sein und keine Bilder zu gebrauchen, sage ich Ihnen: In dem Lande, aus welchem ich komme und wo der Wettbewerb, nach welchem Sie sich sehnen, noch die Herrschaft hat, sind die meisten Menschen sehr unglücklich, hier dagegen, so scheint es wenigstens mir, sind alle Menschen glücklich.«

»Nehmen Sie es nicht für ungut«, erwiderte der Alte, »aber erlauben Sie mir zu fragen, ob Ihnen unser sogenanntes Glück gefällt?«

Diese Fragen, die er mit so eigensinniger Zähigkeit fortsetzte, machten uns alle herzlich lachen, und der alte Mann lachte selbst heimlich mit. Nichtsdestoweniger war er in keiner Weise geschlagen und fuhr sogleich fort:

»Nach allem, was ich höre, sollte ich denken, daß ein so hübsches Mädchen wie meine Ellen eine Dame, wie man es in der alten Zeit nannte, geworden wäre und nicht wie jetzt die paar seidenen Fetzen hätte tragen und sich von der Sonne verbrennen lassen müssen. Was sagen Sie dazu?«

Jetzt fiel Klara, die bisher geschwiegen hatte, in das Gespräch ein: »Ich glaube wirklich nicht, daß Sie es besser gehabt hätten oder daß die Verhältnisse verbessert zu werden brauchen. Sehen Sie nicht, daß sie für dieses herrliche Wetter vorzüglich gekleidet ist? Und was den Sonnenbrand auf Ihren Heufeldern anbelangt, so hoffe ich auch etwas davon abzubekommen, wenn wir weiter stromaufwärts sind. Sehen Sie, ob ich nicht etwas Sonne für meine bleiche Haut brauche.«

Dabei streifte sie den Ärmel in die Höhe und legte ihren Arm neben den Ellens, die ihr zur Seite saß. Offen gestanden, war es für mich ergötzlich zu sehen, wie Klara sich als feine Stadtdame aufspielte. Tatsächlich war sie so kräftig gebaut und hatte eine so reine Haut, wie man sie nur bei den Gesündesten finden kann.

Dick streichelte schüchtern den prächtigen Arm und zog den Ärmel wieder herunter, während Klara bei der Berührung errötete. Der alte Mann sagte lächelnd: »Ich vermute, er gefällt Ihnen nicht?«

Ellen küßte ihre neue Freundin und eine Zeitlang saßen wir schweigend da, bis Ellen mit wohlklingender Stimme ein sanftes Lied anstimmte und uns alle entzückte, insbesondere auch den alten Brummbär, der sie liebevoll anblickte. Später sangen auch die andern jungen Leute und schließlich führte uns Ellen in die kleinen Schlafzimmer, die so duftend, sauber und schmuck waren wie die Ideale der alten Dichter des Landlebens. Meine

Besorgnis vom Abend zuvor, daß ich wieder in der alten elenden Welt erwachen würde, wo das Vergnügen schal ist und die Hoffnung halbe Furcht – war durch die Luft des Abends ganz verscheucht worden.

23. Kapitel

Frühmorgens in Runnymede

Obgleich mich kein roher Lärm weckte, konnte ich den nächsten Morgen doch nicht lange im Bett liegen, wo die Welt so heiter und trotz des alten Mannes auch so glücklich erwacht zu sein schien.

Ich stand auf und fand, so früh es auch noch war, daß schon jemand sich geregt hatte, denn alles in dem kleinen Wohnzimmer war geordnet, schmuck und nett und der Tisch zum Frühstück gedeckt. Ich hörte und sah aber niemand im Hause, und so trat ich hinaus, und nachdem ich ein paarmal durch den üppigreichen Garten gegangen war, schlenderte ich über die Wiese. Ich bemerkte nun, daß noch vier Häuser von beinahe derselben Form auf der Erhöhung am Fluß standen. Die Wiese, auf der ich ging, war noch nicht gemäht, aber eine Reihe von niedlichen Hürden trennte sie von einer andern Wiese ab, auf der das Heu gebunden wurde, ganz in derselben Weise wie in meiner Jugend. Unwillkürlich trugen meine Füße mich dahin; ich wollte doch wissen, wie die Grasschnitter in dieser besseren und glücklicheren Zeit aussahen, und außerdem hoffte ich auch Ellen dort zu finden. Ich blickte über die Hürden hinweg und sah, daß ich beinahe am Ende der langen Reihe von Heumachern war, die das Gras umwendeten und ausbreiteten. Die meisten waren junge Frauen und Mädchen, ähnlich gekleidet wie Ellen am letzten Abend, nur nicht in Seide, sondern in leichte

Wolle mit freundlicher Stickerei. Die Männer trugen weiße, in hellen Farben gestickte Flanellanzüge. Die buntgekleideten Schnitter und Schnitterinnen gaben der Wiese dadurch das Aussehen eines riesigen Tulpenbeets. Alle arbeiteten freiwillig, aber gut und stetig, obgleich es so lebhaft zuging wie in einem Hain voller Stare im Herbst. Ein halbes Dutzend Männer und Frauen kamen zu mir, gaben mir die Hand und den Morgengruß, richteten einige Fragen an mich: woher? und wohin?, wünschten mir dann viel Glück und gingen weiter an ihre Arbeit. Ellen war zu meiner großen Enttäuschung nicht unter ihnen, aber gleich darauf sah ich eine leichte Gestalt von dem oberen Heufeld kommen und unserem Hause zugehen. Es war Ellen mit einem Korb in der Hand. Ehe sie noch das Gartentor erreichte, kamen Dick und Klara heraus und zu mir, Ellen im Garten zurücklassend. Wir gingen plaudernd nach dem Boot, aus dem wir das herausgenommen hatten, was der Nachttau beschädigen konnte. Nachdem Dick alles in Ordnung gebracht, gingen wir wieder zurück.

Auf dem Wege nahm ich wahr, daß Klara den Abstand zwischen ihr, der Städterin, und der Sommerlandschaft bemerkt haben mußte, die wir alle so sehr bewunderten: Sie hatte sich diesen Morgen ebenso einfach und leicht gekleidet wie Ellen, war auch barfuß und trug nur leichte Sandalen.

Der alte Mann empfing uns mit freundlichem Gruß in seinem Wohnzimmer, wollte aber bald wieder anfangen, das Lob der guten, alten Zeit zu singen. Doch wir konnten ihm nicht viel Gehör schenken. Es war schon spät, und der Tag versprach heiß zu werden.

24. Kapitel

Stromaufwärts. Der zweite Tag

So machten wir uns denn auf den Weg nach unserem Boot. Ellen war in Gedanken und zerstreut und der alte Mann freundlich und höflich, als wenn er den Eindruck, den die Schroffheit seiner Ansichten auf uns gemacht, mildern wolle. Klara war heiter und ungezwungen dabei, aber sie schien mir doch etwas gedrückt, ihr war es sicher wenigstens nicht unangenehm, daß gegangen wurde, und ich bemerkte, wie sie öfter scheu und verstohlen nach Ellen blickte und deren wilde Schönheit bewunderte. Wir stiegen in das Boot, und Dick sagte, indem er seinen alten Platz wieder einnahm: »Ja, es ist ein schöner Tag!« Worauf der Alte wieder antwortete: »Was, gefällt Ihnen das Wetter?« Dick machte sofort die Ruder frei, tauchte sie in das Wasser und durchfurchte leicht den durch Wasserpflanzen etwas gehemmten Strom. In der Mitte des Flusses wendete ich mich um und sah, als ich unserem Wirt mit der Hand winkte, daß Ellen sich an seine Schulter gelehnt hatte und die gesunden, apfelroten Wangen des Alten streichelte. Schmerzlich traf mich der Gedanke, daß ich das herrliche Mädchen niemals wiedersehen würde. Ich bestand darauf, auch einmal die Ruder nehmen zu dürfen und behielt sie denn auch einen großen Teil des Tages, woraus es sich erklärt, daß wir erst sehr spät den von Dick bestimmten Ort erreichten. Klara war sehr zärtlich gegen Dick, wie ich von meinen Rudern aus bemerken konnte, er dagegen war so ungezwungen heiter und lustig wie immer. Ich freute mich darüber, denn ein Mann von seinem Temperament hätte ihre Zärtlichkeit nicht ohne Verlegenheit aufnehmen können, wenn er von der Zauberin unseres letzten Aufenthaltsortes auch nur ein wenig bestrickt gewesen wäre.

Die Fahrt selbst zeigte nichts Außerordentliches, sie trug den gleichen anmutigen Charakter wie die vom vorigen Tag.

Es war schon ziemlich spät in der Nacht, als Dick anhub: »Und nun lustig, Gast, wir sind nahe am Ende unserer heutigen

Fahrt. Ich muß Sie um Entschuldigung bitten, daß ich an keinem der Häuser hier oder weiter unten haltgemacht habe, aber ein Freund von Klara und mir, der in einem sehr hübschen Hause auf den Wiesen von Maple Durham wohnt, hat uns ausdrücklich gebeten, ihn auf unserem Weg die Themse aufwärts zu besuchen, und ich dachte, daß das kleine Stückchen Nachtfahrt Ihnen nicht unangenehm sein würde.«

Er hätte mich nicht zur Lustigkeit zu ermahnen brauchen, denn ich war so guten Muts wie nur möglich, wenn auch die Fremdheit und die Aufregung des glücklichen und ruhigen Lebens, das ich um mich herum beobachtete, etwas Abspannendes hatte, so empfand ich doch eine tiefe Befriedigung, die so verschieden wie möglich von Erschlaffung war, und ich fühlte mich in Wirklichkeit neugeboren.

Wir landeten gleich darauf da, wo der Fluß, wie ich mich erinnerte, eine Biegung nach Norden zu machte, bei dem alten Hause der Blunts – rechts endlose Wiesen und links die Äste einer Reihe herrlicher alter Bäume über das Wasser hängend.

Als wir aus dem Boot stiegen, sagte ich zu Dick: »Gehen wir nach dem alten Hause?«

»Nein«, erwiderte er, »obgleich es in seinem ehrwürdigen grauen Alter noch steht und gut bewohnt ist. Beiläufig habe ich bemerkt, daß Sie Ihre Themse noch gut kennen. Aber mein Freund Walter Allen, der mich eingeladen hat, wohnt in einem nicht sehr großen Hause, das erst kürzlich erbaut wurde. Diese Wiesen sind nämlich ganz besonders im Sommer so sehr besucht, daß es zu viele Zelte im Freien gab und die Gemeinden der Umgegend, denen das nicht ganz angenehm war, drei Häuser zwischen hier und Caversham errichteten und ein großes weiter oben in Basildon. Sehen Sie da unten die Lichter von Walter Allens Haus?«

Wir gingen nun bei vollstrahlendem Mondlicht über die Wiese und kamen bald zu dem Hause, das niedrig, mit einem geräumigen viereckigen Platz in der Mitte, gebaut war, so daß es genug Sonnenschein hatte. Dicks Freund, Walter Allen, der an der Türe gewartet, nahm uns nach freundlicher Begrüßung, ohne überflüssige Worte zu machen, mit in die Halle. Wir fanden nur wenig Leute darin, weil einige der Bewohner beim Heumachen in der Nachbarschaft waren, andere, wie Walter uns sagte, auf den Wiesen, um die herrliche Mondnacht zu genießen.

Dick's Freund sah wie ein Mann von ungefähr vierzig Jahren aus, er war schlank, mit schwarzem Haar, freundlich und nachdenklich. Auf seinem Gesicht lag aber, zu meinem Erstaunen, ein Schatten von Schwermut, und er schien etwas zerstreut bei unserem Gespräch, trotz seiner sichtbaren Bemühung, zuzuhören.

Dick schaute ihn von Zeit zu Zeit an; er war offenbar etwas beunruhigt. Nach einer kurzen Pause sagte er: »Höre, alter Bursche, wenn irgend etwas los ist, wovon wir nichts wußten, als Du uns schriebst, dann besser gleich heraus mit der Sprache. Sonst müssen wir denken, daß wir zu einer ungelegenen Zeit hergekommen und nicht erwünscht sind.«

Walter wurde rot und schien mit Mühe die Tränen zurückzuhalten; endlich sagte er: »Natürlich ist jedermann hier sehr erfreut, Dich, Dick, und Deine Freunde hier zu sehen, wahr aber ist, daß es uns nicht zum besten geht, trotz des herrlichen Wetters und der prachtvollen Heuernte. Wir haben einen Todesfall gehabt.«

»Nun«, sagte Dick, »Du mußt Dich darüber hinwegsetzen, das sind unvermeidliche Dinge.«

»Ja«, sagte Walter, »allein dies war ein gewaltsamer Tod, und er droht noch einen zweiten, vielleicht sogar einen dritten nach sich zu ziehen. Und wir sind gegenseitig etwas befangen und mißtrauisch geworden; – die Wahrheit zu sagen, das ist auch der Grund, warum heute abend so wenige hier sind.«

»Erzähle uns die Geschichte, Walter«, sagte Dick, »vielleicht verschwindet beim Erzählen Deine Verstimmtheit.«

»Ja, ich will es tun«, sagte Walter. »Ich will die Geschichte ganz kurz erzählen, obgleich man sie lange ausspinnen könnte, wie es bei solchen Anlässen in den alten Romanen zu geschehen pflegte. Also hier ist ein sehr reizendes Mädchen, welches wir alle gern haben, und welches einige von uns noch mehr wie nur gernhaben. Sie fand natürlich an einem von uns größeres Gefallen als an den andern. Und einer der andern – seinen Namen will ich nicht nennen – wurde völlig vom Liebeswahnsinn ergriffen und machte sich durch sein Betragen so unangenehm, wie er nur konnte – nicht aus Bosheit, sondern von seiner Leidenschaft hingerissen –, so daß das Mädchen, welches ihn anfänglich ganz gut leiden konnte, obgleich sie ihn nicht liebte, nun eine wirkliche Abneigung gegen ihn bekam. Selbstverständlich gaben wir alle, die ihn kannten, und so auch ich, ihm den Rat, von hier wegzugehen, weil er sich seine Aussichten selbst immer mehr verdarb. Er wollte unseren wohlgemeinten und gewiß auch vernünftigen Rat aber nicht annehmen, und so sahen wir uns genötigt, ihm zu sagen, daß er gehen *müsse,* oder wir würden den Verkehr mit ihm abbrechen, denn sein persönlicher Kummer hatte ihn in einen solchen Gemütszustand gebracht, daß wir fühlten, wenn *er* nicht gehe, müßten *wir* gehen.

Er nahm dies besser auf, als wir erwartet hatten – da kam er aber durch irgend etwas, wohl eine Besprechung mit dem Mädchen oder einige hastige Worte des bevorzugten Liebhabers, ganz aus dem Gleichgewicht –, er ergriff eine Axt und überfiel seinen Nebenbuhler, als niemand in der Nähe war. Bei dem Kampf, der nun folgte, versetzte ihm der Angegriffene einen Schlag, der ihn tötete. Und nun ist der, welcher den unglücklichen Schlag geführt hat, so außer sich, daß er sich töten will; und wenn er es tut, so fürchte ich, wird das Mädchen sich auch töten. Und dies alles konnten wir so wenig verhindern wie das Erdbeben vergangenes Jahr.«

»Das ist eine recht schlimme Geschichte«, sagte Dick, »aber der Mann ist tot und kann nicht mehr ins Leben zurückgebracht werden, und der Totschläger hat nicht böswillig gehandelt; und so kann ich nicht begreifen, warum er nicht bald darüber hinwegkommen sollte. Außerdem war es der richtige, der getötet wurde und nicht der falsche. Warum sollte ein Mann wegen eines unglücklichen Zufalls sein Lebtag sich Gewissensbisse machen? Und das Mädchen?«

»Es scheint«, sagte Walter, »daß die ganze Sache sie mehr mit Schrecken als mit Kummer erfüllt hat. Was Du über den Mann sagst, ist wahr und sollte es sein, aber die Aufregung und

Eifersucht, welche die Veranlassung zu dieser Tragödie waren, hat eine fieberhafte Stimmung in ihm erzeugt, der er sich noch nicht zu entziehen vermochte. Wir haben ihm geraten fortzugehen über die See – er ist jedoch in einem solchen Zustand, daß ich glaube, es geht nur, wenn jemand ihn *nimmt*, und ich vermute, daß mich das Los treffen wird, dies zu tun, und das ist gerade keine angenehme Aussicht für mich.«

»Oh, Du wirst schon Interesse daran gewinnen«, bemerkte Dick. »Natürlich muß er früher oder später die Geschichte von einem vernünftigen Standpunkte aus betrachten.«

»Jedenfalls«, sagte Walter, »wollen wir jetzt nicht weiter von der Sache sprechen, nachdem ich mein Herz erleichtert und Dich wahrscheinlich etwas verstimmt habe.«

Ich hatte der Erzählung mit großem Erstaunen zugehört; zunächst wunderte ich mich, daß man den Mann, der einen andern getötet, nicht ins Gefängnis gesetzt hatte, bis bewiesen war, daß er nur im Fall der Notwehr gehandelt habe. Je mehr ich aber nachdachte, desto klarer wurde es mir, daß noch so viele Zeugenaussagen nichts anderes hätten feststellen können, als daß die beiden Gegner aufeinander erbittert gewesen wären, was man auch ohne Zeugenaussagen wußte. Ich konnte nicht umhin mir zu sagen, daß die Gewissensbisse dieses Totschlägers dem, was der alte Hammond über die Art, wie dieses wunderbare Volk das sogenannte Verbrechen behandelt, eine kräftige Bestätigung gaben. Gewiß, die Gewissensbisse waren übertrieben, allein, es war ganz klar: Der Totschläger nahm alle Folgen seines Tuns auf sich und erwartete nicht von der Gesellschaft, daß sie ihn durch Bestrafung wieder reinwasche. Ich fürchtete nicht länger, daß die Heiligkeit des menschlichen Lebens bei meinen Freunden unter dem Mangel an Galgen und Gefängnis leiden könne.

25. Kapitel

Der dritte Tag auf der Themse

Als wir am nächsten Morgen zum Boot gingen, konnte Walter den Unterhaltungs-Gegenstand des letzten Abends nicht ganz unerwähnt lassen, obgleich er mehr Hoffnung hatte als vorher. Er schien zu glauben, der unglückliche Totschläger könne, falls er durchaus nicht über die See gehen wollte, auf jeden Fall irgendwo in der Nachbarschaft ganz gut einige Zeit lang für sich leben – wenigstens hatte er ihm dies vorgeschlagen. Dick und auch mir erschien dieses Heilmittel etwas sonderbar; Dick sprach das auch aus:

»Freund Walter, laß den Mann doch nicht über die Tragödie brüten, indem Du ihn zur Einsamkeit verurteilst. Er wird nur in dem Gedanken bestärkt, daß er ein Verbrechen begangen habe, und er kommt schließlich dazu, daß er sich selbst tötet.«

Hierauf bemerkte Klara: »Ich weiß nicht. Wenn ich sagen soll, was ich von der Sache denke, so glaube ich, es wäre das beste, wenn man ihn jetzt seinen Kummer bis zur Neige auskosten läßt, dann wird er zuletzt sehen, wie wenig Grund er hat, sich des Lebens für unwürdig zu halten; später wird er dann glücklich leben. Daß er Selbstmord begeht, das fürchte ich nicht, denn nach allem, was Sie mir sagen, liebt er das Mädchen sehr, und um offen zu sprechen, so lange seine Liebe nicht befriedigt ist, wird er sich, so fest er nur kann, ans Leben anklammern und aus jedem Ereignis seines Lebens den möglichst großen Genuß zu ziehen verlangen – und ich glaube, dies ist auch die richtige Erklärung dafür, daß er die ganze Geschichte so sehr tragisch nimmt.«

Walter blickte nachdenklich vor sich hin und sagte: »Wohlan denn, Sie können recht haben, vielleicht hätten wir alles weniger tragisch auffassen sollen, Sie sehen aber, Gast«, sagte er, sich zu mir wendend, »solche Dinge kommen so selten vor, daß, wenn sie einmal geschehen, wir von ihnen ganz in Anspruch genommen sind. Übrigens verzeihen wir alle gerne unserem Freund, daß er uns so unglücklich macht, weil er es nur aus übertriebener Achtung vor dem menschlichen Leben und Glück tut. Doch nun genug – nur noch dies: willst Du mich stromaufwärts eine Strecke mitnehmen? Ich will mich nach einer abgelegenen Wohnung für den armen Burschen umsehen, da er es nun einmal so haben will; und ich höre, daß dort ein Eckchen ist, das sehr gut für ihn passen würde – auf den Dünen bei Streatley –, wenn Du mich dort ans Ufer setzen willst, werde ich den Hügel hinaufgehen und mir den Platz ansehen.«

»Ist das fragliche Haus leer?« fragte ich.

»Nein«, erwiderte Walter, aber der Mann, der jetzt drin ist, wird herausgehen, sobald er hört, daß wir das Haus brauchen. Wir hoffen, daß die frische Luft der Dünen und die Einförmigkeit der Landschaft unserem Freund gut tun werden.«

»Und«, fügte Klara schalkhaft lächelnd hinzu, »er wird nicht so weit von der Geliebten sein, daß sie nicht zusammenkommen könnten, wenn sie Lust haben – die nicht fehlen wird.«

Unter diesem Gespräch kamen wir ans Boot und waren im Nu mitten auf dem herrlichen, breiten Strom, Dick trieb das Boot pfeilschnell durch die windstille Flut des Sommermorgens.

An einer Biegung des Flusses begegneten wir einem halben Dutzend Mädchen, die auf dem Rasen am Ufer spielten. Sie begrüßten uns freundlich – daß wir Reisende waren, hatten sie sofort gemerkt –, und wir hielten an, um einen Augenblick mit ihnen zu plaudern. Sie hatten eben gebadet und waren leicht gekleidet und barfuß. Die Mädchen hatten die Wiesen auf der Berkshire-Seite, wo das Heumachen im Gange war, übernommen und vertrieben sich die Zeit mit heiteren Scherzen, bis die Leute vom andern Ufer mit einem Boot kamen, sie abzuholen. Sie wollten uns durchaus ins Heu und zum Frühstück mitnehmen, doch Dick bestand auf seiner Absicht, den Heuschnitt weiter stromaufwärts zu beginnen und er wollte nicht, daß mir der Genuß durch einen Vorgeschmack, den ich woanders hätte, verdorben würde. Die Mädchen fügten sich, wenn auch ungern. Wie aus Rache richteten sie eine Menge Fragen an mich, über das Land, von dem ich komme, über die Art, wie man dort lebe und so weiter – kurz, lauter Fragen, die ich nicht recht zu beantworten wußte. Ich half mir so gut es ging; was ich antwortete, war ihnen aber gewiß unverständlich. Ich bemerkte, daß diese hübschen Mädchen, gleich jedermann, dem ich begegnete, in Ermanglung ernster Begebenheiten, wie der von Maple Durham, sich gerne über die kleinen Einzelheiten des Lebens unterhielten, z. B. über das Wetter, die Heuernte, das zuletzt gebaute neue Haus, die Vögel. Sie sprachen indes über diese Dinge nicht nur mechanisch und gewohnheitsmäßig, sondern mit wirklichem, lebendigem Interesse. Auch fand ich, daß die Frauen ebensogut unterrichtet waren wie die Männer; sie kannten die Namen aller Blumen und deren Eigenschaften, wußten, wo und wie dieser oder jener Vogel oder Fisch lebt. Die Bildung, welche ich hier fand, änderte sehr wesentlich meine Ansichten über das Landleben. Früher pflegte man zu sagen – und im ganzen mit Recht –, daß die Landleute außer dem Bereich ihrer Arbeit sehr wenig vom Land wüßten; während hier die Leute über alles, was auf den Feldern, den Wäldern, im Wasser und auf den Dünen vorgeht, wohl unterrichtet waren.

Als eine bemerkenswerte Tatsache will ich noch erwähnen, daß es auffallend viel zahme Vögel gab, obwohl deren Feinde, die Raubvögel, ebenfalls weit häufiger waren, als mir je vorgekommen. Während wir gestern an Medmenham vorbeifuhren, schwebte eine Weihe über unseren Häuptern, Elstern waren in den Hecken ganz gewöhnlich, und ich sah mehrere Finkenfalken und auch einen Lerchenhabicht. Und gerade jetzt, da wir unter der hübschen Brücke wegfuhren, die anstelle der alten Eisenbahnbrücke von Basildon gebaut war, flogen krächzend ein paar Raben vor uns nach den höher gelegenen Dünen. Ich schloß aus all diesem, daß die Tage der Wildhüter und der Wilddiebe vorüber waren.

26. Kapitel

Die hartnäckigen Verweigerer

Ehe wir von den jungen Mädchen uns trennten, sahen wir zwei kräftige junge Männer und eine Frau vom Berkshire-Ufer abstoßen. Da fiel es Dick ein, mit den Mädchen ein wenig zu scherzen, und er fragte sie, wie es komme, daß keiner vom starken Geschlecht mit ihnen überfahre und wohin ihre Boote gegangen seien. Darauf sagte die Jüngste der Gesellschaft:

»Oh, sie haben das große Fahrzeug genommen, um Steine von oben zu holen.«

»Wen, mein liebes Kind«, sagte Dick, »meinen Sie mit dem ›sie‹?«

Worauf lachend ein älteres Mädchen erwiderte: »Sie gingen besser selbst hin und sähen sie sich an. Sehen Sie dort«, und sie zeigte nordwärts, »merken Sie nicht, wie dort gebaut wird?«

»Ja«, sagte Dick, »und eigentlich erstaunt mich das in dieser Jahreszeit; warum machen sie nicht mit Ihnen Heu?«

Die Mädchen lachten alle laut auf, und noch ehe sie geendet, stieß das Berkshire-Boot an das grasige Ufer, und die Mädchen hüpften hinein, während die neuen Ankömmlinge uns begrüßten.

Bevor sie abfuhren, sagte das Mädchen: »Entschuldigen Sie, Nachbar, unser Lachen, wir hatten eben einige freundschaftliche Neckereien mit den Bauleuten dort oben und da wir keine Zeit haben, Ihnen das Nähere mitzuteilen, so fragen Sie am besten die Bauleute dort – sie werden sich freuen, Sie zu sehen, wenn Sie sie nicht bei der Arbeit stören.«

Alle lachten wieder und winkten uns ein freundliches Lebewohl zu, als ihr Boot sie hinüber nach dem andern Ufer brachte.

»Gehen wir zu ihnen!« sagte Klara. »Das heißt, wenn Sie nicht Eile haben, nach Streatley zu kommen, Walter!«

»Oh nein«, antwortete Walter, »ich freue mich, daß ich eine Entschuldigung habe, etwas länger in Ihrer Gesellschaft verweilen zu können.«

So befestigten wir unser Boot und stiegen den Hügel hinauf. Unterwegs fragte ich Dick, was das Lachen der Mädchen bedeutet habe?

»Ich kann mir den Grund ganz gut denken« beschied mich Dick, »einige von denen da aufwärts haben eine Arbeit, die sie in Anspruch nimmt, und sie gehen deshalb nicht zum Heumachen, was auch gar nichts schadet, weil für diese leichte schwere Arbeit Leute genug da sind; da aber das Heumachen ein Fest ist, so werden die Bauleute von den Nachbarn ein bißchen geneckt.«

»Ich sehe«, sagte ich, »es ist gerade, als wenn zu Dickens' Zeit einige junge Leute so in ihre Arbeit vertieft waren, daß sie Weihnachten zu feiern vergaßen.«

»Gerade so«, sagte Dick, »nur brauchen die Leute auch nicht einmal jung zu sein.«

»Was aber meinen Sie mit ›leichter schwerer‹ Arbeit?«

Darauf antwortete Dick: »Gebrauchte ich den Ausdruck? Ich meinte Arbeit, welche die Muskeln erprobt und stärkt und uns angenehm für gesunden Schlaf ermüdet, sonst aber nicht anstrengend ist, kurz Arbeit, die uns nicht erschöpft. Solche Arbeit ist immer angenehm, wenn man sie nicht im Übermaß treibt. Nur müssen Sie bedenken, daß richtiges Mähen einige Geschicklichkeit erfordert.«

In solchem Gespräche erreichten wir das im Bau begriffene nicht große Haus am Ende eines herrlichen Obstgartens, den eine alte Steinmauer umgab.

»Ach ja«, sagte Dick, »ich erinnere mich – ein prächtiger Platz für ein Haus, auf dem aber ein Jammerhaus aus dem neunzehnten Jahrhundert stand. Ich bin froh, daß sie es abgerissen haben und ein neues bauen; es ist ganz von Stein, was in diesem Teil des Landes allerdings nicht nötig gewesen wäre. Doch mein Wort darauf, sie machen vortreffliche Arbeit.«

Walter und Klara hatten unterdessen schon mit einem Manne im Maurerkittel und um die vierzig Jahre alt, eine Unterhaltung begonnen. Er hatte Hammer und Meißel in der Hand; und in der Bauhütte und auf dem Gerüst arbeiteten noch etwa ein halbes Dutzend Männer und zwei Frauen, die Kittel trugen wie die Männer, während eine sehr hübsche Frau, die nicht mitarbeitete und einen geschmackvollen Anzug von blauer Leinwand trug, mit ihrem Strickzeug auf uns zukam. Sie bewillkommnete uns und sagte lächelnd:

»Ah, Sie haben sich herbemüht, um die hartnäckigen Verweigerer zu sehen; wohin gehen Sie zum Heumachen, Nachbar?«

»Hinter Oxford«, erwiderte Dick, »die Ernte ist dort etwas spät. Wie sind Sie aber unter die Verweigerer geraten, schöne Nachbarin?«

Lachend antwortete sie: »Ich bin die Glückliche, die nicht zu arbeiten braucht; ich diene Frau Philippa dort als Modell, wenn sie eins braucht, denn sie ist unsere beste Bildhauerin. Kommen Sie mit zu ihr.«

Sie führte uns zur Tür des noch unfertigen Hauses, wo eine kleine Frau mit Hammer und Meißel an der Mauer arbeitete. Sie schien sehr vertieft in ihre Arbeit und wendete sich bei unserem Nahen nicht um; allein ein großes, noch mädchenhaft aussehendes Weib, das in der Nähe arbeitete, hatte sich schon umgewandt und blickte mit fröhlichen Augen auf Klara und Dick. Keins der andern schenkte uns viel Aufmerksamkeit.

Die blau gekleidete Frau legte ihre Hand auf die Schulter der Bildhauerin und sagte: »Nun, Philippa, wenn Sie Ihre Arbeit so eifrig verrichten wie jetzt, dann werden Sie bald keine mehr haben, und was wird dann aus Ihnen werden?«

Die Bildhauerin drehte sich rasch um, sie zeigte uns das Gesicht einer Frau von etwa vierzig Jahren – so alt schien sie wenigstens zu sein – und sagte ein bißchen ärgerlich, jedoch mit sanfter Stimme:

»Sprich keinen Unsinn, Kate, und unterbreche mich nicht, wenn Du es vermeiden kannst.« Sie hielt plötzlich ein, als sie uns sah und bewillkommnete uns mit dem freundlichen Lächeln, das man überall für uns hatte. »Ich danke Ihnen, Nachbarn, daß Sie gekommen sind, uns zu besuchen; Sie werden mir aber erlauben, mit meiner Arbeit fortzufahren, zumal wenn ich Ihnen sage, daß ich den ganzen April und Mai krank war und nicht arbeiten konnte. Die frische Luft, die Sonne und die Arbeit, zusammen mit dem Gefühl, wieder gesund zu sein, das macht mir jede Stunde zu einem Hochgenuß. Also entschuldigen Sie, ich muß fortfahren.«

Und sie kehrte zu ihrem Basrelief von Blumen und Figuren zurück, was sie jedoch nicht hinderte, zwischen den Hammerschlägen mit uns zu sprechen.

»Sehen Sie, wir alle glauben, daß in dem ganzen oberen und unteren Flußgebiet dies der schönste Platz für ein Haus ist; er war aber bisher von einem unwürdigen Gebäude eingenommen, so daß wir Maurer zuletzt uns entschlossen, alles wieder gut zu machen und das schönste Haus, das wir zustande bringen können, hier aufzurichten: so – und so –«

Und so richtete sie ihre ganze Aufmerksamkeit wieder auf die Bildhauerei. Der große Werkführer bemerkte es und wandte sich zu uns:

»Ja, Nachbarn, so ist es; wir wollen eine besonders gute und schöne Arbeit tun; ein Basrelief von Blumen und Figuren soll das Haus zieren; durch dieses und jenes sind wir in der Ausführung gehemmt worden – unter anderm durch Philippa's Krankheit – obgleich wir auch ohne sie fertig geworden wären –«

»Glauben Sie es wirklich?« brummte Philippa vor ihrer Wand.

»Jedenfalls ist sie unsere beste Bildhauerin, und es wäre von uns nicht freundlich gewesen, die Arbeit ohne sie zu beginnen. Sie sehen«, sagte er, Dick und mich anblickend, »daß wir wirklich nicht ins Heu gehen konnten, nicht wahr, Nachbarn? Bei diesem herrlichen Wetter kommen wir aber mit unserer Arbeit so rasch voran, daß wir acht bis zehn Tage für die Weizenernte gewinnen werden. Kommen Sie dann zu den Feldern nordwestlich von hier, und Sie werden gute Schnitter dort finden.«

»Hurrah! gut geschwätzt!« rief eine Stimme vom Gerüste über uns. »Unser Werkführer hält dies für leichtere Arbeit als einen Stein auf den andern zu setzen.«

Dieser Ausfall rief ein allgemeines Gelächter hervor, in das der große Werkführer mit einstimmte. Wir sahen nun, wie ein Bursche einen Tisch in den Schatten des Steinschuppens brachte und dann die unvermeidliche, große, weidenumflochtene Flasche

mit guten ›Bau-Beinen‹ es zu machen pflegen; die andern ant-
Steinblöcken Platz nehmen ließ mit den Worten:

»Trinken Sie, Nachbarn, daß mein Geschwätz wahr werde, oder ich muß annehmen, daß Sie mir nicht glauben.« »Ihr da oben!« rief er nach dem Gerüste zu, »kommt Ihr zu einem Glase herunter?«

Drei Arbeiter kamen die Leiter heruntergelaufen, wie Leute mit guten ›Bau-Beinen‹ es zu machen pflegen; die andern antworteten nicht, mit Ausnahme des lustigen Bruders – wenn ich ihn so nennen darf –, der uns, ohne sich umzuwenden, zurief:

»Entschuldigt mich, Nachbarn, daß ich nicht hinunter komme, ich muß fortfahren, meine Arbeit ist kein bloßes Zusehen, wie die der Bummler da unten – schickt uns aber ein Glas herauf, daß wir auf die Gesundheit der Heuschnitter trinken können.«

Selbstverständlich blickte Philippa nicht von ihrer geliebten Arbeit weg; die andere Bildhauerin aber kam, sie war, wie sich herausstellte, Philippa's Tochter, ein großes, kräftiges Mädchen mit schwarzem Haar, einem Zigeuner-Gesicht und merkwürdig feierlicher Art. Die übrigen traten zu uns und stießen mit uns an, und der Mann auf dem Gerüste wendete sich uns zu und leerte sein Glas auf unsere Gesundheit. Die geschäftige kleine Frau am Tor wollte von nichts wissen; sie zuckte nur mit den Schultern, als ihre Tochter zu ihr kam und sie leise anstieß.

Wir verabschiedeten uns nun mit einem Händedruck von den ›hartnäckigen Verweigerern‹, und gingen den Abhang hinunter nach unserem Boot. Wir hatten nur wenige Schritte getan, so hörten wir auch schon das Klingen der Mauerkellen, sich mischend mit dem Summen der Bienen und dem Getriller der Lerchen über der kleinen Ebene von Basildon.

27. Kapitel

Die Oberthemse

Am Berkshire-Ufer, inmitten all der Schönheiten von Streatley, stieg Walter aus, und wir drangen in das innere Land vor, bis zum Fuß des Hügels von White Horse, und da der Gegensatz zwischen halb verlondonertem und ganz unverfälschtem Lande nicht länger bestand, so überkam mich ein Gefühl unaussprechlicher Wonne beim Anblick der bekannten und noch unveränderten Hügel von Berkshire.

Wir blieben in Wallingford zu Mittag; alle Spuren von Armut und Unreinlichkeit waren aus den Straßen der alten Stadt verschwunden; viele häßliche Häuser waren abgerissen und dafür viele schöne neue erbaut worden. Doch wunderte es mich, daß die Stadt noch so aussah, wie ich sie in der Erinnerung hatte – tatsächlich sah sie so aus, wie sie damals hätte aussehen sollen.

Bei Tisch trafen wir einen alten, sehr aufgeweckten und geistvollen Mann, der in seiner ländlichen Art eine zweite Ausgabe des alten Hammond zu sein schien. Er besaß eine außergewöhnlich eingehende Kenntnis der alten Geschichte des Landes von den Zeiten Alfred's bis zu den Tagen der Parlamentskriege, die sich bekanntlich zum Teil um Wallingford herum abspielten. Was uns jedoch am meisten interessierte, war, daß er über die Zeit des Übergangs von dem alten in den jetzigen Zustand genau unterrichtet war und uns viel davon erzählte, besonders von dem *Auszug des Volks aus der Stadt auf das Land* und von dem allmählichen Aufschwung des Volks – wie die Stadtleute auf der einen und die Landbevölkerung auf der anderen Seite die Künste des Lebens, die ihnen abhandengekommen waren, allmählich wiedereroberten. So vollständig hatte man jene Künste verloren, daß es, wie der alte Mann erzählte, nicht nur unmöglich war, einen Schreiner oder einen Schmied in einem Dorfe oder einem kleinen Landstädtchen zu finden, sondern daß auch die Leute an diesen Orten vergessen hatten, wie man Brot backt, und daß z. B. nach Wallingford das Brot durch einen Frühzug mit den Zeitungen aus London gebracht werden mußte. Weiter erzählte er uns auch, daß die Stadtleute, die auf das Land kamen, die Künste der Landwirtschaft dadurch erlernten, daß sie genau beobachteten, wie die Maschinen arbeiteten und durch die Maschinen einen Begriff von der Handfertigkeit bekamen – denn damals wurde fast alle Feldarbeit von kunstvollen Maschinen verrichtet, die von den sie handhabenden Arbeitern gar nicht verstanden wurden. Gleichzeitig gaben die älteren unter den Arbeitern sich Mühe, die jüngeren zu unterrichten und ihnen nach und nach die vergessenen Kunstgriffe und Geschicklichkeiten beizubringen. Die Menschen hatten sich daran gewöhnt, alles durch Maschinen machen zu lassen; sie waren dadurch selbst Maschinen geworden und waren unfähig, die einfachste selbständige Arbeit zu verrichten. Zu allen, auch den kleinsten Arbeiten brauchte man Maschinen, so daß man von ihnen ganz abhängig war. Der alte Mann zeigte uns unter anderem den amtlichen Bericht über die Gemeinderats-Verhandlungen eines gewissen Dorfes. Da konnte ich sehen, wie die Leute sich plagen mußten, um die gewöhnlichsten Sachen zu erledigen, um Dingen auf den Grund zu kommen, die früher jedem Kind bekannt gewesen waren; z. B. um das richtige Verhältnis von Alkali und Öl zur Bereitung von Waschseife zu finden oder den Hitzegrad, den das Wasser haben muß, wenn man das Hammelfleisch hineintut usw. Der Ernst dieser Verhandlungen, verbunden mit der gänzlichen Abwesenheit jedes Parteigeistes, der in der früheren Epoche sicherlich zum Vorschein gekommen wäre, machte diese Berichte überaus unterhaltend und zugleich belehrend.

Der alte Mann – er hieß Henry Morsum – führte uns, nachdem wir unser Mahl eingenommen und uns ausgeruht hatten, in eine große Halle, die eine bedeutende Sammlung von Fabrik- und Kunstgegenständen aus den letzten Tagen des Maschinen-Zeitalters bis in die neueste Zeit enthielt. Er ging alles im einzelnen mit uns durch und erklärte alles eingehend und mit großer Sorgfalt. Auch diese Gegenstände waren sehr interessant, weil sie den Übergang von der Maschinenarbeit (die kurz nach dem vorhin erwähnten Bürgerkrieg am schlechtesten war) zur Handarbeit in der ersten Zeit der neuen Epoche vor Augen führte. Natürlich konnte die Handarbeit sich nur sehr langsam vervollkommnen.

»Sie werden sich erinnern«, sagte der greise Altertumsforscher, »daß die Handarbeit nicht die Frucht dessen war, was man gewöhnlich materielle Not oder Notwendigkeit nennt; im Gegenteil, mit der Zeit hatten sich die Maschinen so verbessert, daß beinah alle nötige Arbeit durch sie verrichtet werden konnte; viele Leute glaubten damals wie auch schon vorher in allem Ernst, daß die Maschinen die Handarbeit ganz ersetzen würden. Und wirklich schien auch alles hierfür zu sprechen. Eine andere, weniger logische Ansicht herrschte vor den Tagen der Freiheit unter den reichen Leuten und starb nach Beginn des neuen Zeitalters nicht so bald aus – und nach allem, was ich in Erfahrung gebracht, war sie damals ebenso natürlich, wie sie jetzt abgeschmackt ist –, nämlich die Ansicht: Da das gewöhnliche Tagewerk der Welt von selbsttätigen Maschinen verrichtet werde, so könne der intelligentere Teil der Menschen sich nun ausschließlich der höheren Ausbildung der Kunst und Wissenschaft sowie dem Studium der Geschichte widmen. Es war merkwürdig – nicht wahr? –, daß die Menschen das Bestreben nach vollständiger Gleichheit übersehen konnten, welche wir jetzt als das wahre Band jeder glücklichen menschlichen Gesellschaft anerkennen.«

Ich antwortete nichts, dachte aber um so mehr. Dick sah nachdenklich aus und sagte:

»Merkwürdig, Nachbar? Ich weiß nicht. Mein Urgroßvater sagte oft, das einzige Streben aller Menschen vor unserer Zeit sei dahin gegangen, der Arbeit zu entfliehen, oder sie hätten wenigstens geglaubt, daß dem so sei. So erschien ihnen die Arbeit, die das tägliche Leben ihnen aufzwang, mehr als eine Arbeit, denn die Arbeit, welche sie sich selbst freiwillig wählten oder zu wählen glaubten.«

»Sehr wahr«, stimmte Morsum ihm zu. »Wie dem auch sei, sie entdeckten bald ihren Irrtum und erkannten, daß nur Sklaven und Sklavenhalter einzig und allein von Maschinen leben können.«

Hier fiel Klara eifrig ein: »War dieser Irrtum nicht die Folge des Sklavenlebens, das sie so lange geführt, eines Lebens, das alles Lebende und Nichtlebende – mit alleiniger Ausnahme des Menschengeschlechts –, das heißt die *Natur*, wie die Leute es nannten, von dem Menschengeschlechte trennte, so daß beides für die Menschen zwei ganz verschiedene Dinge waren? Und da die Leute so dachten, war es nur natürlich, daß sie versuchten, die Natur zu ihrer Sklavin zu machen – hielten sie doch die Natur für etwas außer ihnen Liegendes!«

»Gewiß«, sagte Morsum, »die Leute wußten nicht, was sie tun sollten, bis sie fanden, daß die Abneigung gegen ein mechanisches Leben, die vor der großen Umgestaltung bei Personen mit der Fähigkeit und Zeit zum Denken schon begonnen hatte, sich in aller Stille weiter und weiter verbreitete, bis endlich unter der Form von Vergnügen, das man nicht für Arbeit hielt, Arbeit, die Vergnügen war, die mechanische Arbeit verdrängte, welche die Menschen einst wohl zu beschränken, aber niemals ganz loszuwerden gehofft hatten und die sich überdies auch ihrem ganzen Wesen nach gar nicht begrenzen ließ, wie mancher anfänglich gedacht hatte.«

»Wann bekam diese neue Revolution feste Gestalt?« fragte ich.

»In den fünfzig Jahren, die zunächst auf die große Revolution folgten«, antwortete Morsum, »wurde sie erkennbar. Eine Maschine nach der andern kam außer Betrieb mit der Begründung, daß sie keine Kunstwerke erzeugen könne, die mehr und mehr verlangt wurden. Sehen Sie, hier sind Arbeiten aus jener Zeit – rohe und ungeschickte Handarbeit, aber doch dauerhaft und offenbar mit einem gewissen Vergnügen angefertigt.«

»Sehr merkwürdige Arbeiten«, sagte ich, aus den Altertümern, die er uns zeigte, ein Tongefäß herausnehmend, »es ist nicht die Arbeit von Wilden oder Barbaren, und doch tragen diese Sachen ›Haß gegen die Zivilisation‹ zur Schau, wie man es einst zu nennen beliebte.«

»Ja«, belehrte Morsum, »Sie dürfen hier keine Feinheit und Zartheit der Ausführung erwarten; damals konnte man diese Arbeit nur von einem, wenn auch nicht gesetzlich, doch tatsächlich zum Sklaven gemachten Menschen verfertigt bekommen. Jetzt aber« – und damit führte er mich etwas weiter, auf die Gegenstände zeigend –, »jetzt haben wir die Kunst der Handarbeit gelernt und der höchsten Verfeinerung der Arbeit die Freiheit der Phantasie und des Gedankens hinzugefügt.«

Ich schaute hin und sah mit Bewunderung die Zierlichkeit und Schönheit der Arbeiten von Menschen, die endlich gelernt hatten, das Leben als ein Vergnügen und die Befriedigung der gewöhnlichen Bedürfnisse der Menschen als eine auch für den besten geeignete Arbeit zu betrachten. Ich schwieg einen Augenblick sinnend, und die Frage kam mir dann auf die Zunge:

»Was wird nach dieser Zeit kommen?«

Der alte Mann erwiderte lachend: »Ich weiß es nicht; mit dem, was kommt, werden wir uns befassen, wenn es da ist.«

»Inzwischen«, sagte Dick, »haben wir uns mit der Aufgabe zu befassen, wie der Rest unseres Tages möglichst auszunützen ist. Verlieren wir keine Zeit, hinaus auf die Straße und hinunter an den Strand! Wollen Sie ein wenig mitkommen, Nachbar? Unser Freund ist auf Ihre Geschichten ganz versessen.«

»Ich will bis nach Oxford mitfahren. Ich brauche ein paar Bücher aus der Bodleianischen Bibliothek[25]. Ich nehme an, Sie werden in der alten Stadt schlafen?«

»Nein«, sagte Dick, »wir gehen höher hinauf, das Heu wartet dort auf uns, wie Sie wissen.«

Morsum nickte, und wir gingen zusammen auf die Straße und, etwas hinter der Stadtbrücke, in das Boot. Aber gerade als Dick die Ruder einsetzte, wurde der Bug eines andern Bootes durch den niedrigen Brückenbogen sichtbar. Beim ersten Blick sah man, daß es ein sehr schmuckes kleines Fahrzeug war, von lebhaft grüner Farbe und mit Blumen zierlich und kunstvoll bemalt. Als das Boot unter der Brücke hervorkam, erhob sich in ihm eine Gestalt, so heiter und lieblich, wie das Boot selbst. Es war ein schlankes Mädchen in hellblauem Seidengewand, das in dem Zugwind der Brücke flatterte. Ich glaubte die Gestalt zu kennen, und wirklich, als sie ihren Kopf umwandte und ihr reizendes Gesicht zeigte, sah ich mit Freude, daß es niemand anders war, als die Fee des Zaubergartens von Runnymede – Ellen.

Wir hielten an, um sie zu empfangen. Dick rief ihr einen herzlichen »Guten Morgen!« zu. Ich versuchte so lustig zu sein wie Dick, es gelang mir aber nicht. Klara winkte ihr einen herzlichen Gruß zu, und Morsum nickte, indem er den schönen Ankömmling mit sichtbarem Interesse betrachtete. Ellens prächtiges sonnengebräuntes Antlitz wurde durch ihr Erröten noch dunkler, als sie ihr Boot an das unserige anlegte mit den Worten:

»Sie sehen, Nachbarn, ich hegte einige Zweifel, ob Sie alle drei nach Runnymede zurückkommen und dort Aufenthalt nehmen würden. Und dann weiß ich nicht, ob mein Vater und ich, ob wir nicht in acht oder vierzehn Tagen abwesend sind – er möchte einen Bruder im Norden besuchen, und ich will ihn nicht allein reisen lassen. So dachte ich, Sie nie wiederzusehen, und das war mir drückend – und deshalb kam ich Ihnen nach.«

»Das freut uns alle recht sehr«, sagte Dick. »Was Klara und mich betrifft, so dürfen Sie versichert sein, daß wir noch einmal zu Ihnen gekommen wären – und auch ein zweites Mal, wenn wir Sie das erste Mal nicht gefunden hätten. Aber, liebe Nachbarin, Sie sind ja allein in Ihrem Boot und haben kräftig gerudert – Sie ruhen sich gewiß gern etwas aus. Also teilen wir unsere Gesellschaft in zwei Hälften.«

»Ja«, antwortete Ellen, »ich dachte mir schon, daß Sie das tun würden, und brachte deshalb ein Steuerruder mit. Bitte, wollen Sie mir helfen, es einzuhängen?«

Darauf ging sie in ihr Boot zurück und stieß es an unserer Seite entlang, bis sie das Steuer Dick's Hand nahe gebracht hatte. Er kniete in unserem Boot nieder und sie in dem ihrigen, und es folgten die üblichen Hantierungen, bis das Ruder an den Haken befestigt war.

Während die zwei herrlichen, jungen Gesichter sich über das Steuer beugten, schienen sie mir sehr nahe zusammenzukommen, und obgleich es nur einen Augenblick dauerte, so durchzuckte mich doch ein Gefühl des Schmerzes.

Klara saß auf ihrem Platz und sah sich nicht um; doch jetzt sagte sie mit dem denkbar leisesten Anflug von Steifheit in ihrer Stimme:

»Wie wollen wir uns teilen? Willst Du nicht in Ellens Boot gehen, Dick, weil Du, ohne daß ich unseren Gast beleidigen will, der bessere Ruderer bist?«

Dick stand auf und sagte, die Hand auf ihre Schulter legend: »Nein, nein, lassen wir den Gast versuchen, was er kann, er muß sich jetzt als Ruderer üben. Außerdem sind wir nicht in Eile, wir gehen nicht weit über Oxford hinaus, und selbst wenn die Nacht einbräche, so hätten wir den Mond, der so hell macht wie ein Tag ohne Sonne.«

»Beiläufig«, bemerkte ich, »kann ich mit meinen Rudern schon etwas mehr tun, als nur verhindern, daß das Boot den Strom hinuntergetrieben wird.«

Alle lachten, als wäre das ein guter Spaß gewesen, und Ellens glockenreine Stimme klang mir aus dem fröhlichen Lachen hervor wie die lieblichste Musik.

Um kurz zu sein, ich sprang lustig in das neuangekommene Boot, nahm die Ruder und ging mit Macht an die Arbeit, um mich ein wenig zu zeigen. Denn – wozu es verschweigen? – mir schien, daß selbst diese glückliche Welt noch glücklicher dadurch würde, daß ich dem herrlichen Mädchen so nahe saß, obgleich sie, wie ich gestehen muß, von allen Personen, die ich in der neuen Welt gesehen hatte, mir die fremdartigste war, am wenigsten ähnlich dem, was ich erwartet hatte.

Die Sonne ging unter, als wir bei Oseney in die Nähe von Oxford kamen. Wir hielten einen Augenblick am alten Schloß, um Morsum ans Land zu setzen. Soweit man vom Fluß aus sehen konnte, fehlte natürlich keiner der Türme und Pfeiler der einst von dem reichen und scheingelehrten Faulenzertum so schwer heimgesuchten Stadt; allein die Wiesen ringsum, die zu meiner Zeit so arg verwahrlost waren und von Tag zu Tag mehr den Stempel der ›Regsamkeit und des frischen geistigen Lebens des neunzehnten Jahrhunderts‹ an sich getragen hatten, waren nicht mehr ›geistig‹, dafür aber wieder so prächtig geworden, wie sie sein sollten.

Darauf fuhren wir weiter, und Ellen nahm die Ruder in mein Boot. Etwas weiter aufwärts kamen wir an einem Wehr vorüber, und ungefähr eine Stunde weiter kamen wir bei Mondschein wieder an eine kleine Stadt, wo wir in einem ziemlich menschenleeren Hause schliefen, dessen Bewohner fast alle auf den Heufeldern in Zelten übernachteten.

28. Kapitel

Der kleine Fluß

Am nächsten Morgen brachen wir vor sechs Uhr auf, da wir immer noch zehn Stunden von unserem Ziel entfernt waren und Dick gerne vor einbrechender Dämmerung dort sein wollte. Die Fahrt war angenehm, wenn auch für die, welche die obere Themse nicht kennen, wenig darüber zu sagen ist. Ellen und ich waren wieder zusammen in ihrem Boot, obgleich Dick mich in das seine haben wollte und die beiden Frauen in das ›grüne Spielzeug‹. Ellen gab dies jedoch nicht zu, sondern machte Anspruch auf mich als die interessanteste Person der Gesellschaft. »Nachdem wir so weit gekommen sind, will ich nicht jemanden zur Gesellschaft haben, der immer an eine andere Person denkt; der Gast ist die einzige Person, die mich ordentlich unterhalten kann. Ich meine das wirklich so«, sagte sie, sich nach mir umwendend, »ich habe das nicht nur aus Höflichkeit gesagt.«

Klara errötete und sah sehr glücklich aus; ich dachte daran, wie sie Ellen vorhin fast gefürchtet hatte. Und ich, ich fühlte mich wieder jung, und wunderbare Hoffnungen meiner Jugend mischten sich mit dem Vergnügen an der Gegenwart, es fast zerstörend und mich etwas wie Schmerz empfinden lassend.

Als wir durch die Schlangenkrümmungen des nun rasch sich verengenden Flusses hinfuhren, sagte Ellen: »Wie mir dieser kleine Fluß gefällt, mir, die ich nur an die große Wasserfläche gewöhnt bin; es scheint beinahe, als ob wir an jeder Windung anhalten müßten. Ehe der heutige Abend kommt, wird es mir klargeworden sein, was für ein kleines Land unser England ist, da wir so schnell an das Ende seines größten Flusses gelangen können.«

Ich: »Er ist nicht groß, aber schön.«

Sie: »Ja, finden Sie es nicht auch schwer, sich in die Zeit zu versetzen, in der dieses schöne Land von seinem Volk so behandelt wurde, als wäre es eine häßliche, charakterlose Wüstenei – ohne Rücksicht auf seine liebliche Anmut, die der Pflege bedurfte –, ohne acht auf den Wechsel der Jahreszeiten mit seinen stets neuen Wonnen, die Verschiedenheit des Bodens und auf alle sonstigen Reize unseres Heimatlandes. Wie konnten die Leute so grausam gegen sich selbst sein?«

»Und gegeneinander«, fügte ich hinzu, und einem plötzlichen Entschluß nachgebend, fuhr ich fort: »Liebe Nachbarin, ich will Ihnen offen sagen, daß ich es leichter finde, mich in diese schlechte Zeit zu versetzen, weil ich selber ein Teil von ihr war. Ich sehe, daß Sie etwas Derartiges erraten haben, und ich bin überzeugt, daß Sie mir glauben werden, was ich Ihnen sage; ich brauche Ihnen also nichts zu verhehlen.«

Sie schwieg einige Augenblicke und antwortete dann: »Mein Freund, Sie haben richtig erraten, und die Wahrheit zu sagen, will ich gestehen, daß ich Ihnen von Runnymede aus gefolgt bin, um einige Fragen an Sie zu richten, denn ich sah, daß Sie nicht zu uns gehörten. Dies interessierte mich und gefiel mir, und ich wünschte Sie so glücklich wie möglich zu machen. Offen gestanden, es war einige Gefahr dabei«, sagte sie errötend, »ich meine in bezug auf Dick und Klara, denn jetzt, da wir so gute Freunde sind, kann ich sagen, daß selbst unter uns, wo es so viele schöne Frauen gibt, ich öfters den Männern verhängnisvoll geworden bin. Das war einer der Gründe, warum ich mit meinem Vater allein in Runnymede wohnte. Es half jedoch nichts, die Leute kamen uns dorthin nach – der Ort ist doch keine Einöde –, und man scheint mich um so anziehender zu finden, weil wir allein leben, und man hat ganze Geschichten über mich erzählt. Doch genug davon. Heute abend oder morgen früh werde ich Ihnen einen Vorschlag machen, dessen Annahme mir sehr lieb sein und Ihnen, wie ich denke, nicht wehe tun wird.«

Ich fiel ihr eifrig ins Wort und sagte, daß ich alles auf der Welt für sie zu tun bereit sei. Und in der Tat, trotz meiner Jahre und den nur allzu sichtbaren Spuren derselben – obgleich das Gefühl der Jugendlichkeit, wie ich hoffen will, keine vorübergehende Empfindung war – fühlte ich mich unsagbar glücklich in der Gesellschaft dieses entzückenden Mädchens, und ich war geneigt, ihre Bekenntnisse für mehr zu halten, als sie vielleicht waren. Sie lachte, blickte mich aber sehr freundlich an.

»Nun, für den Augenblick«, sagte sie, »wollen wir es dabei belassen, denn ich will mir das neue Land, durch das wir kommen, genau betrachten. Ich hatte keine Vorstellung von den Reizen eines so kleinen Flusses. Die Kleinheit der Maßverhältnisse, die Kürze der Windungen und der rasche Wechsel der Ufer – das gibt einem das Gefühl, als komme man zu etwas Außergewöhnlichem, zu einem Abenteuer, was ich auf einem größeren Fluß niemals in diesem Maße empfunden habe.«

Ich schaute entzückt zu ihr auf, denn ihre Stimme, die gerade das aussprach, was ich dachte, schien Zärtlichkeit gegen mich auszudrücken. Sie begegnete meinen Blicken, und unter der dunklen Haut errötend, sagte sie einfach: »Mein Freund, ich muß Ihnen sagen, daß mein Vater, wenn er in diesem Sommer die Themse verläßt, mich an einen Ort nahe dem Römerwall bei Cumberland mitnehmen wird. Dieser Ausflug ist mein Lebewohl an den Süden. Natürlich habe ich meine Zustimmung gegeben, dennoch bin ich betrübt. Gestern hatte ich nicht den Mut, Dick zu sagen, daß wir schon so gut wie fort von der Themse seien – Ihnen aber muß ich es sagen.«

Sie hielt inne und schien eine Weile tief in Gedanken, dann bemerkte sie lächelnd:

»Ich muß sagen, daß ich nicht gern von einem Ort zum andern ziehe, man gewöhnt sich so hübsch an alle Einzelheiten des Lebens um uns herum – es wächst mit dem eigenen Leben so harmonisch und glücklich zusammen, daß es stets Schmerz macht, wenn man von neuem anfangen muß. Aber in dem Land, aus dem Sie kommen, gilt eine solche Anschauung wohl für kleinlich und langweilig, und vielleicht bekommen Sie deshalb eine schlechte Meinung von mir.«

Sie lächelte mich zärtlich an, und ich beeilte mich, ihr zu antworten: »O nein, in der Tat, Sie sprechen nur meine Gedanken aus. Ich hatte jedoch kaum erwartet, daß Sie so sprechen würden. Aus allem, was ich höre, geht mir hervor, daß man hier in Ihrem Land den Aufenthaltsort sehr oft wechselt.«

»Nun ja«, erwiderte sie, »die Leute können sich frei bewegen, allein mit Ausnahme der Vergnügungsreisen – besonders im Herbst, zur Zeit der Heuernte, wie jetzt – glaube ich nicht, daß die Leute ihren Aufenthaltsort oft wechseln. Ich gebe zu, daß auch ich nicht die Gewohnheit habe, immer zu Hause zu bleiben, wie ich jetzt beweise, und ich möchte sehr gerne mit Ihnen durch den ganzen Westen gehen – und an nichts denken«, fügte sie mit bezauberndem Lächeln hinzu.

»Das würde mir viel zu denken geben«, erwiderte ich.

29. Kapitel

Das Ende der Fahrt

Vorwärts ging's. Trotz meiner lebhaften, ja stürmischen Gefühle für Ellen und trotz der aufsteigenden Sorge, wohin sie mich führen würden, konnte ich doch nicht umhin, den Zustand des Flusses und seiner Ufer mit großem Interesse zu beobachten – um so mehr, als ich sah, daß auch *sie* das wechselnde Bild mit nicht ermüdendem Anteil in sich aufnahm. Sie betrachtete jedes Fleckchen des blumigen Ufers, jeden gurgelnden Wirbel mit derselben wonnigen Lust, wie ich mich erinnerte, es einst getan zu haben; wie ich es jetzt wieder tat in dieser merkwürdig veränderten Welt mit all ihren Wundern. Ellen schien die lebhafteste Freude an meinem Vergnügen zu haben. Und ich, ich konnte mich nicht satt sehen an der liebevollen Pflege, die dem prächtigen Fluß und seinen freundlichen Ufern überall zuteil geworden – wie alles auf Schönheit und frohen, heiteren Lebensgenuß abzielte, so daß auch das Nützliche den Stempel der Schönheit trug. Jeder Augenblick brachte mir neue Überraschungen, und Ellen freute sich über meine Freude, war aber freilich auch etwas erstaunt.

Endlich gelangten wir an eine Krümmung des Flusses, wo auf der einen Seite, neben einem Taupfade, ein ziemlich hohes Ufer hinter dichtem, flüsterndem Schilfrohr hervorwinkte; und auf der andern Seite ein noch höheres Ufer, ganz bedeckt mit Weiden, deren Zweige in den Strom herabhingen, und mit majestätischen Ulmen, welche die Weiden überragten. Wir sahen jetzt helle Gestalten sich hin und her bewegen, als wenn sie etwas suchten, was in der Tat auch der Fall war, und wir – d. h. Dick und seine Begleiterin –, wir waren es, was sie suchten. Dick legte seine Ruder hin, und wir folgten seinem Beispiel. Er stieß einen Freudenruf aus, der vielstimmig beantwortet wurde – es waren ungefähr ein Dutzend Männer, Frauen und Kinder dort versammelt. Eine große hübsche Frau mit schwarzem, wallendem Haar und tiefliegenden grauen Augen kam heran, drückte uns freundlich die Hand und sagte:

»Mein Freund Dick, wir hätten beinahe auf Sie warten müssen! Wie können Sie Ihre sklavische Pünktlichkeit entschuldigen? Warum haben Sie uns nicht überrascht, indem Sie schon gestern kamen?«

»Oh«, antwortete Dick, mit einer kaum merklichen Kopfbewegung nach unserem Boot hin, »wir wollten nicht zu rasch hinauffahren, es gibt hier für die, welche noch nicht da waren, sehr viel zu sehen.«

»Das ist wahr«, sagte die stattliche Dame, denn stattlich war sie in der Tat, »und wir wünschen, daß sie den nassen Weg von Osten her gut kennenlernen, weil sie ihn jetzt oft benützen müssen. Aber kommen Sie sofort ans Ufer, Dick, und auch Sie, liebe Nachbarin, hier ist eine freie Stelle in dem Schilf und gerade um die Ecke herum ein guter Landungsplatz. Wir können Ihre Sachen hinauftragen oder einen der Jungen danach schicken.«

»Nein, nein«, sagte Dick, »man geht leichter zu Wasser, obgleich es nur ein Schritt ist. Außerdem möchte ich meinen Freund hier an den richtigen Platz bringen. Wir wollen bis zur Furt fahren, und Sie können vom Ufer aus mit uns sprechen, während wir voranrudern.«

Er zog seine Ruder durch das Wasser und weiter ging's; wir machten eine scharfe Wendung nordwärts. Eine Ulmenpflanzung zeigte uns an, daß ein Haus in der Nähe sein müsse, wenn ich auch vergeblich nach den grauen Mauern, die ich erwartet hatte, ausschaute. Während wir voranruderten, sprachen die Leute am Ufer mit uns, und ihre freundlichen Stimmen vermischten sich mit dem Rufe des Kuckucks, dem melodisch kräftigen Schlag der Amsel und dem unermüdlichen Lockruf des im hohen Grase des Mähfelds einherlaufenden Wachtelkönigs. Und von dem Mähfeld entsandten uns der blühende Klee und das balsamische Gras würzige Duftwellen.

In wenigen Minuten hatten wir eine tiefe, strudelreiche Bucht durchschnitten und unser Boot auf einen schneeweißen Strand von Kalksteinkies getrieben – und wir stiegen ans Land in die Arme unserer Freunde vom oberen Fluß. Unsere Fahrt war vollendet.

Ich machte mich von der fröhlichen Menge los, stieg zu dem Fahrweg auf, der einige Fuß über dem Wasser den Fluß entlanglief und blickte um mich. Der Fluß strömte durch eine breite Wiese zu meiner Linken, der das nun reifende Gras einen braungrauen Farbenton verlieh; das glitzernde Wasser kam mir durch die Krümmung des Ufers sofort aus den Augen, allein über der Wiese konnte ich die Giebel eines Baues sehen, und zwar da, wo die Schleuse sein mußte, zu der, wie es schien, jetzt eine Mühle gehörte. Ein Waldrücken begrenzte die Flußebene im Süden und Südosten, woher wir gekommen waren; ihm zu Füßen und auf seinem Abhang lagen mehrere niedrige Häuser. Ich wandte mich nun ein wenig rechts, und durch die Hagedornbüsche und die langen Schößlinge der wilden Rosen konnte ich das weite Blachfeld überschauen, das sich im Glanz der Abendsonne ausdehnte, bis eine Hügelreihe mit grünen Schaftriften den Blick aufhielt. Die Ulmenzweige vor mir verbargen noch, was alles an Häusern hier sein konnte; nur zur Rechten des Fahrwegs bemerkte ich hie und da einige einfache graue Gebäude.

Hier blieb ich in träumerischer Stimmung stehen und rieb mir die Augen, als ob ich nicht ganz wach wäre und halb und halb erwartete, daß die lustig gekleidete Schar hübscher Männer und Frauen in zwei oder drei dünnbeinige verkrüppelte Männer und zerlumpte, hohläugige, häßliche Frauen sich verwandeln müßten, wie sie einstmals den Boden dieses Landes mit ihren schweren hoffnungslosen Füßen Tag für Tag, Sommer und Winter, Frühling und Herbst, Jahr für Jahr traten, schwer, gedrückt, hoffnungslos. Aber keine Verwandlung vollzog sich, und mein Herz schwoll vor Freude, als ich an all die schönen ehrwürdig-grauen Dörfer dachte, die sich von dem Fluß nach der Ebene zum Hochland zogen, und die ich mir so gut vorstellen konnte, und die alle jetzt von diesen glücklichen, liebenswürdigen Menschen bewohnt waren, welche den falschen Mammon weggeworfen und wirklichen Reichtum erlangt hatten.

30. Kapitel

Ein altes Haus unter neuen Menschen

Als ich so dastand, trennte Ellen sich von unseren glücklichen Freunden, die noch am Strande waren, und kam herauf zu mir. Sie ergriff meine Hand und sagte sanft: »Nehmen Sie mich gleich mit in das Haus, wir brauchen nicht auf die andern zu warten; ich möchte lieber gleich gehen.«

Ich wollte sagen, daß ich den Weg gar nicht kenne und daß die Flußanwohner uns führen sollten, aber fast unwillkürlich bewegten sich meine Füße auf der ihnen bekannten Straße fort. Der ebene Weg führte uns auf ein kleines Feld, das auf der einen Seite von einem toten Arm des Flusses begrenzt war. Rechts sahen wir mehrere kleine Häuser, neue und alte, und vor uns eine Scheune von grauem Stein und eine stellenweise mit Efeu überwachsene Mauer, über der einige graue Giebeldächer sich zeigten. Die Dorfstraße führte nach dem seichten Ende des besagten Flußarmes. Wir überschritten die Straße, und wieder, fast ohne meinen Willen, hob ich die Klinke des Mauerpförtchens, und wir befanden uns sofort auf einem gepflasterten Fußweg zu dem alten Hause, zu welchem mich das Schicksal, in der Gestalt von Dick, so merkwürdig in dieser neuen Welt der Menschen gebracht hatte. Meine Begleiterin stieß einen Seufzer freudiger Überraschung aus, und ich konnte mich darüber nicht wundern, denn der Garten zwischen der Mauer und dem Haus war ganz erfüllt von dem Duft der Juniblumen, und die Rosen hingen bündelweise aneinander gedrängt da in jener köstlichen Überfülle, die in wohlgepflegten kleinen Gärten zu finden ist und beim ersten Anblick in dem Beschauer das Gefühl der Schönheit erweckt. Die Amseln schlugen in ihren lautesten Glockentönen, die Tauben girrten auf dem Dachfirste, die Krähen schwatzten und zankten sich hoch über uns in den Zweigen der mächtigen Ulmenbäume, und die Mauerschwalben schossen mit klagendem Laut um die Giebel herum. Und für all diese Schönheit des Mittsommers war das alte Haus der wohl geeignete Hüter.

Wieder einmal gab Ellen meinen Gedanken Ausdruck, indem sie sagte: »Ja, Freund, das ist's, was ich sehen wollte. Dieses vielgieblige alte Haus, das die einfachen Landleute längst vergangener Zeit gebaut haben, ohne sich zu kümmern um all' den Lärm der Städte und der Höfe, es ist noch heute anziehend und lieblich, und alle Schönheit und Pracht, welche wir in späteren Tagen geschaffen, tun seinem Reiz keinen Abbruch. Ich begreife, daß unsere Freunde es sorgfältig pflegen und viel darauf halten. Mir ist, als hätte es auf diese glückliche Zeit gewartet und in seinem Schoße die aufgesammelten Krumen von Glück aus einer wirren und stürmischen Vergangenheit sorgsam bewahrt.«

Sie führte mich dicht an das Haus, legte ihren schöngeformten, sonnengebräunten Arm auf die mit Moos und Flechten bewachsene Mauer, als wollte sie dieselbe umarmen, und rief aus: »Oh, wie liebe ich die Erde, die Jahreszeiten, Sonnenschein und Regen und alles, was dazu gehört, und alles, was daraus entsteht – wie dieses Haus hier entstanden ist!«

Ich konnte ihr nicht antworten – überhaupt kein Wort sagen. Ihr Jubel und ihre Begeisterung waren so lebhaft und so hinreißend, ihre Schönheit, so zart und doch so kraftvoll, brachte ihre Begeisterung zu vollendetem Ausdruck, daß jedes hinzugefügte Wort unnütz und ein Gemeinplatz gewesen wäre. Ich fürchtete, die andern würden plötzlich kommen und den Zauber brechen, in dem sie mich gebannt hielt; aber wir standen eine Zeitlang in der Ecke unter dem großen Giebeldach, ohne daß jemand kam. In einiger Entfernung hörte ich die fröhlichen Stimmen und wußte, daß die Freunde jetzt den Fluß entlang nach der großen Wiese hinter dem Hause gingen.

Wir traten etwas zurück und sahen hinauf nach dem Hause. Türen und Fenster waren offen, um die balsamische, sonnengeläuterte Luft einzulassen. Von den oberen Fenstergesimsen hingen Blumengewinde zu Ehren des Festes herab – ein Zeichen, daß die andern unsere Liebe zu dem alten Hause teilten.

»Kommen Sie herein«, sagte Ellen, »ich will hoffen, daß im Innern noch alles unverändert ist, glaube es aber nicht. Kommen Sie, wir müssen sofort zu den andern zurückkehren. Sie sind in die Zelte gegangen, denn sicher haben sie Zelte für die Heuschnitter aufgeschlagen, das Haus kann nicht ein Zehntel der Leute beherbergen.«

Sie geleitete mich zur Haustüre und murmelte kaum hörbar vor sich hin: »Die Erde und was auf der Erde wächst und das Leben der Erde – oh! könnte ich nur aussprechen und kundtun, wie ich sie liebe!«

Wir traten ein und begegneten keiner Seele, als wir ein Zimmer nach dem andern durchwanderten, von der rosengeschmückten Vorhalle an, bis hinauf zu den seltsamen winkligen Stübchen – unter den mächtigen Dachbalken, wo früher die Hirten und Feldarbeiter des Ritterguts geschlafen hatten, jetzt aber, den kleinen Betten und den nutz- und wertlosen, in Unordnung herumliegenden Dingen: verwelkten Blumen, Vogelfedern, Schalen von Spechteiern und dergleichen mehr zu urteilen, augenscheinlich Kinder einquartiert waren.

Überall waren nur die notwendigsten Möbel und diese von den einfachsten Formen. Die große Vorliebe für Schmuck, die ich sonst bei diesem Volke bemerkt hatte, schien hier dem Gefühl gewichen zu sein, daß das Haus selbst mit seinen Beziehungen und Überlieferungen der Schmuck des Landlebens sei, inmitten dessen es als ein Überbleibsel aus alter Zeit gestrandet war, und daß es neu zu schmücken nur bedeutet hätte, ihm seinen Wert als einem Stück natürlicher Schönheit zu nehmen. Wir setzten uns zuletzt in einem Zimmer über der Mauer nieder, an welche Ellen sich so liebevoll angeschmiegt hatte. Die Wände waren noch mit den alten Tapeten bekleidet, die keine künstlerischen Ansprüche machen konnten, durch das Alter aber einen angenehmen grauen Ton bekommen hatten, der sehr gut zu der Ruhe des Hauses stimmte und durch auffallende Pracht schlecht ersetzt worden wäre. Während wir da saßen, richtete ich einige vom Augenblick eingegebene Fragen an Ellen, hörte jedoch kaum auf ihre Antworten und versank in Schweigen, fast alles vergessend, was mich umgab, mir nur noch bewußt, daß ich in dem alten Zimmer mich befand und daß die Tauben von den Dächern der Scheune und von dem Taubenschlage heruntergirrten.

Meine Gedanken kehrten mir nach wenigen Minuten zurück – ich glaube nicht, daß es länger war, obgleich mir damals in meinem wachen Traum die Zeit viel länger erschien, während ich Ellen vor mir sitzen sah, strahlend von Schönheit und Lebenslust und um so frischer und blühender, weil sie von der verschossenen Tapete mit ihren toten Farben und Bildern sich abhob. Sie sah mich freundlich an, aber zugleich scharf, als wollte sie mir ins tiefste Innere schauen, und sagte: »Sie beschäftigen sich wieder mit dem Gegensatz zwischen Vergangenheit und Gegenwart, nicht wahr?«

»Ja«, erwiderte ich. »Ich dachte darüber nach, was aus Ihnen, bei Ihren Fähigkeiten, Ihrer Intelligenz, verbunden mit Ihrer

Liebe zum Vergnügen und Ihrem Zorn über unvernünftige Einschränkung, in jener vergangenen Zeit wohl geworden wäre. Und selbst jetzt, nachdem alles schon längst erreicht ist, wendet das Herz sich mir herum bei dem Gedanken an die entsetzliche Vergeudung von Leben, die so viele, viele Jahre gedauert hat.«

»So viele, viele Jahrhunderte«, sagte sie ernst.

»Das ist wahr, nur zu wahr«, stimmte ich bei und verfiel wieder in Schweigen.

Sie erhob sich: »Kommen Sie, ich darf Sie nicht so bald wieder Ihren Träumen überlassen. Müssen wir Sie verlieren, so möchte ich doch, daß Sie alles sehen, was Sie sehen können, ehe Sie zurückgehen.«

»Mich verlieren«, fragte ich, »zurückgehen? Will ich nicht mit Ihnen hinauf nach dem Norden gehen? Was wollen Sie damit sagen?«

Sie lächelte fast traurig. »Nicht jetzt – wir wollen jetzt nicht davon sprechen. Woran dachten Sie gerade eben?«

Zögernd erwiderte ich: »Ich sagte zu mir selbst: Gegensatz zwischen Vergangenheit und Gegenwart? Hätte sie nicht richtiger sagen müssen: Gegensatz zwischen Gegenwart und Zukunft? zwischen blinder Verzweiflung und Hoffnung?«

»Ich wußte es«, sagte sie. Darauf meine Hand ergreifend, fuhr sie erregt fort: »Kommen Sie, so lange es noch Zeit ist!« Und sie führte mich aus dem Zimmer. Während wir die Treppe hinab und durch eine kleine Seitentüre der Vorhalle in den Garten gingen, sagte sie mit einer ruhigen Stimme, die ihre Erregtheit vergessen machen sollte: »Kommen Sie, wir wollen uns den andern anschließen, ehe sie herkommen, um uns zu suchen. Lassen Sie mich Ihnen sagen, mein Freund, daß Sie nur zu geneigt sind, in träumerisches Nachdenken zu verfallen, zweifellos, weil Sie an unser Leben der Ruhe mit Tatkraft, der Arbeit, welche Vergnügen, und des Vergnügens, welches Arbeit ist, noch nicht gewöhnt sind.«

Sie hielt etwas ein, und als wir wieder in dem lieblichen Garten waren, fuhr sie fort: »Mein Freund, Sie sagten, daß Sie wissen möchten, was aus mir geworden wäre, wenn ich zu jener Zeit der Wirrnisse und der Unterdrückung gelebt hätte. Ich glaube, daß ich die Geschichte genug studiert habe, um dies zu wissen. Ich wäre eine der Armen gewesen, denn mein Vater war, als er noch arbeitete, nur ein einfacher Landmann. Wohlan, ich hätte das nicht ertragen können, deshalb wäre meine Schönheit, mein Witz und mein Verstand (sie sagte das ohne zimperliches Erröten falscher Scham) an reiche Männer verkauft worden, und mein Leben wäre in der Tat vergeudet gewesen. Ich weiß, daß mir keine Wahl, keine freie Verfügung über mein Leben geblieben wäre und daß ich von den Reichen niemals ein Vergnügen erkauft oder auch nur Gelegenheit zum Handeln erlangt hätte, wodurch mir eine echt menschliche Anregung geworden wäre. Ich wäre auf die eine oder andere Art zugrunde gegangen – entweder durch Armut oder durch Überfluß.«

»So ist's in der Tat«, erwiderte ich.

Sie wollte noch etwas sagen, als ein kleines Pförtchen am Zaun, das auf ein kleines von Ulmen beschattetes Feld führte, geöffnet wurde und Dick in fröhlichem Übermut eiligen Schrittes herankam und im Nu zwischen uns stand, jedem von uns eine Hand auf die Schulter legend, mit den Worten: »Nun, Nachbarn, ich dachte, Sie beide wollten das alte Haus in aller Ruhe, ohne eine Menschenmenge darin, sehen. Ist es in seiner Art nicht ein Schmuckkästchen? Kommt jetzt aber mit, es ist Zeit für das Mittagsmahl. Vielleicht möchten Sie, Gast, vorher ein Schwimmbad nehmen, ehe wir uns zu Tisch setzen, ich glaube, das Fest wird ziemlich lange dauern.«

»O ja«, antwortete ich, »ein Bad wäre mir sehr angenehm.«

»Also verabschiede ich mich für den Augenblick, Nachbarin Ellen«, sagte Dick. »Hier kommt Klara, die Sie begleiten wird, sie ist unter den hiesigen Freunden wohl mehr zu Hause als Sie.«

Klara war inzwischen herangetreten. Ich folgte Dick, nachdem ich noch einen Blick auf Ellen geworfen hatte – einen traurig-sehnsuchtsvollen Blick. Die Wahrheit zu sagen, ich zweifelte, ob ich sie je wiedersehen würde.

31. Kapitel

Der Anfang des Festes – das Ende

Dick führte mich fort nach dem kleinen Felde, das, wie ich vom Garten aus gesehen hatte, mit hübschen buntfarbigen, in Reihen geordneten Zelten bedeckt war, um welche herum Männer, Frauen und Kinder saßen oder gelagert waren – alle vergnügt und in bester Laune, in richtiger Feiertagsstimmung.

»Sie meinen wohl, daß wir mit unserer Zahl keinen sonderlichen Staat machen können?« sagte Dick. »Sie müssen aber bedenken, daß wir morgen mehr sein werden. Bei dem Heumachen ist für viele Platz, die sonst nicht besonders geschickt zur Feldarbeit sind. Und viele führen eine sitzende Lebensweise, und es wäre sehr unfreundlich, wollte man sie des Vergnügens der Heuernte berauben. Es sind dies meist Männer der Wissenschaft, eifrige Kopfarbeiter, und so kommt es, daß die geübten Arbeiter, mit Ausnahme der nötigen Mäher und Aufseher, beim Heumachen zurücktreten und sich etwas ausruhen, was sehr gut für sie ist, einerlei, ob es ihnen gefällt oder nicht. Manchmal gehen sie auch woandershin, wie ich es jetzt hier gemacht habe. Sie sehen, daß die Männer der Wissenschaft, die Geschichtsschreiber und Gelehrten, nicht eher verlangt werden, als bis wir mitten im Binden sind, was erst übermorgen sein wird.«

Nun gingen wir aus dem kleinen Felde auf einem gepflasterten Weg über die Wiese am Fluß und von da links auf einem schmalen Pfad durch das der Sense harrende hohe und üppige Gras, bis wir hinter dem Wehr und der Mühle an den Fluß kamen. Hier hatten wir ein köstliches Schwimmbad in dem breiten Wasser über der Schleuse, wo der Fluß, weil durch das Wehr gestaut, viel größer erschien, als er in Wirklichkeit war.

»Nun sind wir in der geeigneten Stimmung für das Mittagessen«, sagte Dick, als wir uns wieder angekleidet hatten und durch das Gras zurückgingen. »Von allen fröhlichen Mahlen, die wir im Jahr haben, ist dieses gewiß das fröhlichste, selbst die Kornernte nicht ausgenommen, denn mit ihr gehen auch die

Tage wieder abwärts, und man kann sich, trotz aller Lustigkeit, des Gedankens an die kommenden trüben Tage, an die Stoppelfelder und leeren Gärten nicht erwehren. Der Frühling ist noch zu weit entfernt, um ihm entgegenzusehen. Und dann ist im Herbste auch die Zeit, wo man beinahe an den Tod glaubt.«

»Wie sonderbar Sie von etwas sprechen, das sich beständig wiederholt und demgemäß etwas Alltägliches ist, wie der Wechsel der Jahreszeiten«, sagte ich. In der Tat waren diese Leute in solchen Dingen wie die Kinder, bekundeten ein nach meinen Begriffen übertriebenes Interesse für das Wetter, für schöne Tage, dunkle oder helle Nächte und dergleichen.

»Sonderbar?« fragte er. »Ist es eigentümlich, an dem Jahr mit seinem Gewinn und seinen Verlusten warmen Anteil zu nehmen?«

»Jedenfalls aber müßte«, sagte ich, »wenn Sie den Verlauf des Jahres als ein schönes und interessantes Drama betrachten, der Winter mit seiner Mühe und Not Ihnen ebenso interessant und angenehm sein wie diese herrliche Pracht des Sommers.«

»Und ist er das nicht?« rief Dick warm aus. »Ich kann ihn nur nicht so betrachten, als ob ich im Theater säße, dem Spiel zusähe, ohne selber daran teilzunehmen. Es ist schwer« – und er lächelte gutgelaunt – »für einen Mann, wie mich, der ich kein Schriftgelehrter bin, mich so deutlich zu erklären, wie es die liebe Ellen tun würde; aber ich meine, daß ich ein Teil des Ganzen bin und deshalb sowohl alle Freuden wie alle Schmerzen auch in meiner Person empfinde. Niemand anders tut dies für mich, damit ich bloß zu essen, zu trinken und zu schlafen brauche – ich muß selbst meine Zeit dazu beitragen.«

Ich ersah hieraus, daß Dick in seiner Art, wie Ellen in der ihren, die Erde leidenschaftlich liebte, was in der früheren Zeit, soweit ich sie kannte, nur bei wenigen der Fall war, während unter den sogenannten gebildeten Leuten ein sauertöpfisches Gefühl der Verachtung für das wechselnde Schauspiel des Jahres wie für das Leben der Erde und den Anteil der Menschen an ihm vorherrschte. Hielt man es doch in jenen Tagen für poetisch und feinsinnig, das Leben mehr als etwas zu betrachten, das man erdulden muß, anstatt als etwas, dessen man sich erfreut.

Solche Gedanken beschäftigten mich, bis ich durch Dick's Lachen wieder auf das Heufeld von Oxfordshire zurückgerufen ward. »Etwas kommt mir sonderbar vor«, sagte er, das ist, »daß ich mich über den Winter und seine Armut inmitten des Sommers und seines Überflusses beunruhige. Wäre mir der Gedanke nicht schon früher gekommen, so hätte ich denken können, er wäre durch Sie hervorgerufen – Sie hätten einen bösen Einfluß auf mich ausgeübt. Doch, Sie begreifen«, lenkte er plötzlich ein, »es ist nur ein Scherz, Sie müssen es sich nicht zu Herzen nehmen.«

»Schon recht«, erwiderte ich, »ich nehme es mir auch nicht zu Herzen.« Doch fühlte ich mich bei seinen Worten etwas unbehaglich.

Wir überschritten den gepflasterten Weg, wandten uns aber nicht dem Hause zu, sondern bogen in einen Fußpfad neben einem Weizenfeld, das zu blühen begann. Ich fragte: »Wir speisen also nicht in dem Haus oder dem Garten?« – was ich in der Tat auch nicht erwartete. »Wo treffen wir uns denn? Ich sehe, daß die Häuser meistens sehr klein sind.«

»Ja, Sie haben recht«, sagte Dick, »in dieser Gegend sind sie so klein, es sind noch so viele brauchbare alte Häuser übrig, daß die Leute einen großen Teil des Jahres in diesen kleinen abgesonderten Häuschen wohnen. Was das Mahl betrifft, so haben wir unser Fest in der Kirche. Um Ihretwillen wünschte ich, sie wäre so groß und so schön wie die der altrömischen Stadt im Westen oder der Waldstadt im Norden.[26] Indes wird sie uns alle fassen, und obgleich klein, ist sie in ihrer Art doch recht hübsch.«

Ein Mittagsmahl in der Kirche war etwas Neues für mich, und ich dachte an die Kirchenschenken des Mittelalters, sagte aber nichts. Wir gelangten jetzt auf die Straße, die durch das Dorf führte. Dick sah sich um, und da er nur zwei kleine dahinschlendernde Gruppen bemerkte, sagte er: »Es scheint, daß wir etwas spät kommen, sie sind alle vorangegangen, allein sie werden auf Sie, als den Gast der Gäste, gewiß warten, weil Sie von so weit herkommen.«

Er beschleunigte seine Schritte, ich natürlich auch, und bald hatten wir eine kleine Lindenallee erreicht, die zur Kirche führte, aus deren geöffnetem Tor der Klang fröhlicher Stimmen und heiteres Lachen uns entgegentönte. »Ja«, sagte Dick, »das ist wenigstens der kühlste Platz heute abend. Kommen Sie mit, man wird sich freuen, Sie zu sehen.«

Und in der Tat, trotz meines Bades schien mir die Luft schwüler und drückender als an irgendeinem unserer Reisetage.

Wir traten in die Kirche: ein einfaches kleines Gebäude mit nur einem Längsschiff, das von dem Hauptschiff durch drei runde Bogen getrennt war, einem Chor und einem für einen so kleinen Bau ziemlich geräumigen Querschiff – die Fenster fast alle in dem reizenden Stil des vierzehnten Jahrhunderts. Kein moderner Schmuck war an den Wänden bemerkbar; sie sahen aus wie am Tage, nachdem die Puritaner die mittelalterlichen Heiligen und Heiligen-Geschichten weiß überstrichen hatten. Trotzdem war die Kirche für diese Festtage freundlich mit Blumengewinden verziert, die von Bogen zu Bogen sich wiegten, und mit großen Vasen voll Blumen, die rundherum am Boden standen; und unter dem Westfenster hingen zwei gekreuzte Sensen, deren blankgeschliffene Klingen aus den sie umschlingenden Blumen hervorglänzten. Der beste Schmuck der Kirche waren aber die vielen schönen, glücklich aussehenden Männer und Frauen, die sich an dem Tisch niedergelassen hatten und mit ihren heiteren Gesichtern und dem üppigen Haar über den freundlichen Feiertagskleidern einem Tulpenbeet in der Sonne glichen, wie der persische Dichter sich ausdrückt. Obgleich die Kirche klein war, bot sie doch Raum genug, denn auch eine kleine Kirche ist schon ein großes Haus, und an diesem Abend brauchte man noch keine Tische in das Kreuzschiff zu setzen; freilich, den nächsten Tag wird man wohl noch einmal so viel Plätze brauchen, wenn die Gelehrten von Oxford kommen, um ihr bescheidenes Maß von Arbeit zur Heuernte beizutragen.

Ich stand auf der Schwelle mit dem erwartungsvollen Lächeln eines Mannes, der im Begriff ist, sich an einem Fest zu beteiligen, das zu genießen er auch wirklich in der Stimmung ist. Dick, der neben mir stand, sah sich in der Gesellschaft mit einer Miene um, die besagte, daß er sich hier zu Hause fühle. Mir gegenüber saßen Klara und Ellen, zwischen ihnen war Dicks Platz frei. Sie lächelten, ihre lieblichen Gesichter waren jedoch dem Nachbar an ihrer Seite zugewandt, mit dem sie auch sprachen; mich schienen sie nicht zu bemerken. Ich wandte mich zu Dick, erwartend, daß er mich voranführen werde, und er wandte mir auch sein Gesicht zu; allein seltsam! so heiter und fröhlich er lächelte, wie immer – er beantwortete nicht meinen Blick – Dick schien meine Gegenwart gar nicht zu beachten, und ich bemerkte, daß niemand von der Gesellschaft nach mir sah. Ein heftiger Schmerz durchzuckte mich, als wenn ein lang erwartetes Unglück sich plötzlich erfüllt hätte. Dick ging etwas weiter vor, ohne mir ein Wort zu sagen. Ich war keine zehn Schritte von den zwei Frauen entfernt, die, obgleich sie nur kurze Zeit meine Gefährtinnen gewesen, doch, wie ich dachte, meine Freundinnen geworden waren. Klara wandte mir ihr Gesicht nun voll zu, aber auch sie schien mich nicht zu sehen, obwohl ich ihre Augen durch einen fragenden und flehenden Blick auf mich zu lenken suchte. Nun schaute ich nach Ellen; sie schien mich einen Moment zu erkennen, ihr strahlendes Gesicht wandte sich aber sofort traurig ab, und schüttelte den Kopf mit einem trüben Blick. Im nächsten Augenblick entschwand ihrem Antlitz der Ausdruck des Bewußtseins meiner Gegenwart. Ich fühlte mich unbeschreiblich elend und verlassen. Eine Minute zögerte ich noch, dann drehte ich mich um und ging zurück durch die Vorhalle und die Lindenallee auf die Straße, während die Amseln aus den Büschen über mir mit der Vollkraft ihrer melodischen Stimmen in den heißen Juniabend hineinsangen.

Noch einmal wendete ich unwillkürlich das Gesicht nach dem alten Hause an der Furt; als ich aber um die Ecke bog, begegnete ich einer Gestalt, die in grellem Gegensatz zu den vergnügten, schönen Menschen stand, die ich in der Kirche zurückgelassen hatte. Es war ein alt aussehender Mann, von dem ich aber nach früherer Erfahrung wußte, daß er nicht viel über fünfzig Jahre alt sein konnte. Sein Gesicht war gefurcht, häßlich und schmutzig, die Augen matt und triefend; der Körper gebeugt, die Beine dünn, krumm und schlotterig, der Gang schleppend und kraftlos; die Kleider ein Gemisch von Schmutz und Lumpen, das mir nur zu wohl bekannt war. Als ich vorüberging, griff er grüßend an den Hut mit etwas Freundlichkeit und Höflichkeit und sehr viel Unterwürfigkeit.

Voll Widerwillen und Ekel eilte ich vorüber, dem Fluß und dem Ende des Dorfes zu, allein, plötzlich war es, als ob eine schwarze Wolke auf mich zurollte, wie ein gräßliches Traumbild aus meinen Kinderjahren, und eine Zeitlang wußte ich weiter nichts, als daß ich im Dunkeln war und nicht sagen konnte, ob ich ging, saß oder lag.

Ich lag in meinem Bett, in meinem Hause, in dem schmutzigen Hammersmith und dachte über alles nach. Und ich versuchte mir klar darüber zu werden, ob mich nicht die Verzweiflung überwältigen werde, wenn ich fände, daß ich nur geträumt hätte; und, sonderbar, ich fand, daß ich gar nicht so verzweifelt war.

War es ein Traum? Und wenn es einer war, warum hatte ich die ganze Zeit das Bewußtsein, dieses neue Leben von außen zu sehen – als ein Zuschauer, der noch in den Vorurteilen, den Befürchtungen und dem Mißtrauen dieser Periode des Kampfes und des Zweifels befangen ist?

Obgleich jene Freunde für mich so wirklich, so persönlich waren, so hatte ich doch die ganze Zeit das Gefühl gehabt, daß ich unter ihnen eigentlich nichts zu tun habe, daß der Augenblick kommen müsse, wo sie mich verstoßen und das aussprechen würden, was Ellens letzter trauriger Blick zu sagen schien:

»Nein, es geht nicht, Du kannst keiner der Unsrigen sein, Du gehörst so vollständig dem Elend der Vergangenheit, daß selbst unser Glück Dich ermüden würde. Gehe zurück, Du hast uns nun gesehen, und Deine äußeren Augen haben gelernt, daß trotz aller unfehlbaren Lehrsätze Deiner Tage doch noch eine Zeit der Ruhe für die Welt in Aussicht ist – eine Zeit, die kommen wird, wenn es nur noch Genossen und keine Herren und

Knechte mehr gibt – nicht früher. Gehe deshalb wieder zurück, und solange Du lebst, wirst Du überall um Dich Menschen sehen, die bemüht sind, andere ein Leben führen zu machen, das nicht ihr eigenes Leben ist, während sie selber sich um ihr eigenes wirkliches Leben nicht kümmern – Menschen, die das Leben hassen, obgleich sie den Tod fürchten. Gehe zurück und fühle Dich glücklicher, weil Du uns gesehen hast und weil Deinem Kämpfen etwas Hoffnung beigemischt worden ist. Gehe, und solange Du lebst, ringe mit all Deiner Kraft für die Gleichheit der Menschen und schichte Stein auf Stein zu dem großen Bau der *Genossenschaft des Friedens und des Glücks.«*

Ja, so soll es sein! Und wenn andere die neue Welt sehen können, wie ich sie gesehen habe, dann kann man, was ich erlebte, eher ein *Gesicht* nennen als einen *Traum.*

Originalanmerkungen der Übersetzung von 1892

1 League – Liga – heißt es im Original. Der Verfasser spricht von der Sozialistischen Liga – Socialist League –, deren Mitglied er war, solange sie sozialistisch.

2 Ein Fluß Schottlands.

3 Die Themse ist so schmutzig, daß seit Menschenaltern kein Lachs mehr sich hineinwagt.

4 Man kennt die klassische Definition: Ein Gentleman ist, wer leben kann, ohne zu arbeiten.

5 Kosename für Richard.

6 Kosename für Robert.

7 Der Name eines Londoner Parks. Der Dichter bewegt sich hier in London.

8 Welsch – Welsh –, die Sprache von Wales.

9 Englisch – sprich: schopping – d. h. Besuchen von Läden (Shops) und Betrachten von Waren – heute eine Hauptbeschäftigung von Damen, die sonst keine Beschäftigung haben.

10 Anspielung auf die Trafalgar-Square-Kundgebungen und Krawalle.

11 Wörtlich: Langacker – der Name einer großen Straße in London.

12 Die sozialistischen Gemeinwesen Fourier's.

13 Eastend – dem proletarischen Gegensatz zu dem aristokratischen Westend.

14 Mayday – der erste Mai.

15 Die englischen Studenten wohnen in solchen öffentlichen Gebäuden.

16 Ein Scherz. In Island gibt's keine Schlangen.

17 Gleichen Ursprungs wie das Wort Meeting – das angelsächsische Wort für Gemeinde- und (gesetzgeberische) Volksversammlung.

18 Show of hands – die Händeschau, eine altsächsische Einrichtung.

19 Leute aus Wales – sprich: Wähls; Welshmen – Welschmänner.

20 Die englische Infanterie trägt scharlachrote Uniformen.

21 Das Wort ist hier in dem Sinne gebraucht, daß jeder selbst für seine Bedürfnisse zu sorgen hat – wie bei einem Picknick, wo jeder sein Essen mitbringt.

22 Ein gesinnungsloses, in allen Farben schillerndes Reaktionsblatt.

23 Cockney – Spitzname des Stock-Londoners, des Londoner Philisters.

24 Die Wiese, auf der Johann ohne Land am 15. Juni 1215 die Magna Charta, das englische Grundgesetz, unterzeichnen mußte.

25 Eine der berühmtesten in England.

26 Cirencester und Burford sind gemeint.

Biographische Notiz

William Morris, am 24. März 1834 in Walthamstow geboren, wuchs als ältester Sohn eines erfolgreichen Börsenmaklers in großbürgerlichem Landhaus-Milieu auf und studierte – nach unbefriedigender Schulzeit am Marlborough College, während der er sich zum Autodidakten entwickelte – in Oxford am Exeter College zunächst mit dem Ziel, Geistlicher zu werden.

Über seinen Studienfreund Edward Burne-Jones fand er Anschluß bei einer sowohl an religiösen wie sozialen und literarisch-künstlerischen Fragen interessierten Gruppe, las u. a. Carlyle, Ruskin, Dickens, zeichnete gotische Architektur, lernte auf Studienreisen die Kunst und die Kathedralen Frankreichs kennen, schrieb Gedichte. Seine Wohlhabenheit gestattete ihm, auf eigene Kosten mit seinen Freunden eine literarische Zeitschrift herauszugeben.

1856 trat Morris in das Oxforder Architekturbüro von G. E. Street ein, schloß dort Freundschaft mit dem Architekten Philip Webb, wechselte jedoch bald in London als Malschüler zu Dante Gabriel Rossetti, bei dem Burne-Jones bereits eine Lehre begonnen hatte. Mit ihm zusammen malte Morris einige Zeit, letztlich mit mäßigem Erfolg; auch das Echo auf eine Veröffentlichung seiner frühen Gedichte enttäuschte ihn. Nach seiner Heirat mit Jane Burden, Tochter eines Reitknechts und ein wegen ihrer Schönheit von den präraffaelitischen Malern bevorzugtes Modell, ließ er sich von Webb das legendäre Red House in Bexley Heath entwerfen. Er stattete diesen gotisierenden Backsteinbau bis zu seinem Einzug 1860 sorgsam und aufwendig teils mit alter, teils mit von seinen Künstlerfreunden entworfener Einrichtung in jenem neuen Stil aus, der die heruntergekommene, oberflächlich dekorativ-historische Ästhetik des victorianischen Industriezeitalters programmatisch ablösen sollte. Die vorangegangenen kunstgewerblichen Reformbemühungen von Henry Cole seit der ersten Londoner Weltausstellung von 1851 und der Einfluß der kunsttheoretischen Schriften von John Ruskin, des Zeitgenossen von Morris und universalen Lehrmeisters der jungen englischen Künstler, sowie die Tatsache, daß sich über Aufträge bzw. angewandte Kunst der neuen Richtung etwas verdienen ließ, legte dem Freundeskreis um Morris den Gedanken nahe, aus ideellen wie aus geschäftlichen Gründen zu kooperieren und sich eine gemeinsame Produktionsbasis für neues Kunstgewerbe zu schaffen. 1861 wurde die Firma Morris, Marshall, Faulkner & Co mit den Partnern Morris, Burne-Jones, Webb, Faulkner, Rossetti, Madox Brown und Marshall gegründet. Nach eigenen Künstlerentwürfen wurde in London teils in firmeneigenen, teils in fremden Spezialwerkstätten Kunstgewerbe aller Art produziert (und recht teuer verkauft), von Schmuck bis zu Kirchenfenstern, von Gläsern, Tapeten, Gobelins, Möbeln bis zu kompletten Innendekorationen.

Morris ging in der künstlerischen Entwurfsarbeit auf und begann, sich alte kunsthandwerkliche Techniken anzueignen. Nachdem er 1865 vom Red House hatte nach London ziehen müssen, um mit Hilfe eines Geschäftsführers die finanziell etwas desolate Firma zu konsolidieren, begann er auch wieder literarisch zu arbeiten. Dabei wurde ›The Earthly Paradise‹ (1868), eine Sammlung poetisierter klassischer und mittelalterlicher Erzählstoffe, ein Publikumserfolg. Die zufällige Bekanntschaft mit dem Isländer Eirikr Magnusson kam Morris' Interesse für nordische Sagas entgegen und regte ihn – nach Sprachstudien mit Magnusson – zu epischen Nachdichtungen (z. B. ›Sigurd the Volsung‹) und mehreren Reisen nach Island an.

Nach 1870 wandte er sich wieder verstärkt der kunstgewerblichen Entwurfstätigkeit zu und lernte vor allem die Techniken des Webens, Färbens und Stoffdruckens; er experimentierte und arbeitete selbst praktisch in der Werkstatt mit. Finanzielle Unstimmigkeiten zwischen den Partnern und sich wandelnde persönliche Interessen führten zu einer Umgliederung des Unternehmens, das ab 1875 nur noch Morris & Co hieß; Webb und Burne-Jones standen Morris weiterhin zur Seite. Seine Versuche mit Seiden- und Teppichweberei führten zur Verlagerung der ihn persönlich interessierenden Produktionszweige nach Merton Abbey, wo er 1881 eine alte Seidenweberei mietete. Hier richtete er auch eine Stoffdruck-Werkstatt ein und entwarf Papiertapeten. In Kelmscott lebte er zeitweise in einem sehr alten, idyllisch an der Themse gelegenen Haus, nach dem er dann ›Kelmscott House‹ benannte, seinen ab 1878 endgültigen Londoner Wohnsitz in Hammersmith, wo ein Webstuhl in seinem Schlafzimmer stand und er später im ehemaligen Stallgebäude politische Versammlungen abhielt.

Morris war rastlos in die vielseitigsten Tätigkeiten verwickelt. Seine Frau erkannte in ihm wohl den präraffaelitischen Maler nicht wieder, den sie geheiratet hatte; mit seinen beiden Töchtern verstand Morris sich gut. Er war bis zu seinem verhältnismäßig späten Eintritt in die Politik bereits etabliert, als Dichter wie als Designer, und dabei so etwas wie eine öffentliche Figur. Er setzte sich vehement für die Erhaltung alter Bauwerke ein (die heute noch bestehende Society for the Protection of Ancient Buildings wurde auf sein Betreiben gegründet), hielt Vorträge über Architektur, angewandte Kunst und künstlerische Erziehung, veröffentlichte Schriften zur Kunstgewerbetheorie und förderte die Arts and Crafts Bewegung, welche die kunstgewerbliche Erneuerungsidee zu propagieren und in die Praxis umzusetzen begann.

Vor dem Fond seiner Theorie und Praxis der künstlerischen Arbeit entwickelte sich sein politisches Bewußtsein, das latent vorgeformt war durch Ruskins ethisch-soziale Kapitalismus-Kritik (wie sie sich z. B. in dessen Schrift ›Unto this Last‹ 1860 niedergeschlagen hatte) und die eigene Anschauung sozialer Folgen der industriekapitalistischen Ausbeutung, die ja Engels nicht zufällig am Beispiel Englands beschrieben hat. Zudem kannte Morris das kapitalistische Produktionssystem nicht nur von außen oder als Partner des kleinen eigenen Kunstunternehmens. Er war auch von 1871 bis 1876 an der Leitung der Devon Copper Company beteiligt, von der er ein ererbtes Aktienpaket besaß. Seine zunächst liberale Einstellung wurde aber erst erschüttert, als er sich mit dem konservativen Kurs der offiziellen Regierungspolitik und ihrer pro-türkischen Haltung in der damals akuten Nahostfrage konfrontiert sah, die Fragwürdigkeit der bürgerlichen Parteien erkannte und erfolglos versucht hatte, über ein erstes öffentliches Auftreten eine Korrektur der herrschenden Politik einzuleiten. Es kam ihm zu Bewußtsein, daß dies, wenn überhaupt, nur durch die politische Organisation der englischen Arbeiterschaft möglich sein würde. Morris kannte die Geschichte der Pariser Kommune und bezog sich gern auf sie. Ein erstes Marx-Studium (auf französisch) machte ihm deutlich, weshalb moralische Appelle sinnlos bleiben mußten; der ehedem Liberale wurde radikaler Sozialist.

Nach Gründung der Socialist League 1884, die später sich auf sein Betreiben von der Democratic Federation (später S.D.F. = Social Democratic Federation), der er nur kurz angehörte und die ihm unter Hyndman zu lau und opportunistisch erschien, abgespalten hatte, galt seine Energie vornehmlich der sozialistischen Sache, der Herausgebertätigkeit für ›Commonweal‹, der Parteiorganisation und Aufbauarbeit, der Agitation an der Basis. Diese anstrengende politische Praxis konzentrierte sich etwa auf fünf Jahre. Nachdem Eleanor Marx und Aveling die Socialist League verlassen und anarchistische Strömungen die Oberhand gewonnen hatten, zog Morris sich auf die ihm nahestehende Gruppe der Hammersmith Socialist Society zurück.

Seine politische Einstellung, Integrität und engagierte Einsatzfähigkeit sind vielfach durch seine eigenen politischen Schriften wie durch Zeugnisse von Freunden und Zeitgenossen belegt. Sein Wirken ist nicht nur als Teil der Geschichte der englischen Arbeiterbewegung interessant, vielmehr macht ihn die besondere marxistische Form seiner künstlerischen Arbeitstheorie heute geradezu aktuell, weil sie eine Umwälzung der Produktionsweise und nicht nur eine Veränderung der Eigentumsverhältnisse an den Produktionsmitteln intendiert.

Trotz unermüdlicher politischer Aktivität bis gegen 1890 riß auch in diesen Jahren die literarische und entwerferische Tätigkeit nicht ab. ›The Dream of John Ball‹ und ›News from Nowhere‹ (1886/87 bzw. 1890) ragten noch unmittelbar in den Bereich der politischen Arbeit hinein; daneben entstanden – ohne solche Beziehung – lange, romantisierende Erzählungen. 1890/91 realisierte Morris noch einen größeren, länger gehegten Plan, Bücher seiner Wahl in eigener Werkstatt zu drucken. Er gründete die Kelmscott Press, entwarf selbst Typen, Initialen,

Randleisten und ließ in den folgenden Jahren zahlreiche Bücher mit besonderer künstlerischer Ausstattung drucken, darunter auch eine Neuausgabe der ›Utopia‹ von Thomas More.

Sein politisches Engagement blieb wach, wenn auch durch Alter und lange Krankheit auf geringere Aktivität eingeschränkt, bis Morris am 3. Oktober 1896 in Hammersmith starb.

Literaturhinweise

(Die folgenden Angaben stellen keine Bibliographie, sondern nur eine Auswahl von Quellen und Sekundärliteratur dar, die zur Einführung in Werk und Leben geeignet ist.)

James Redmond (Hrsg.), William Morris, News from Nowhere (Neuausgabe des vollständigen Originaltextes mit einführendem Kommentar sowie bio- und bibliographischem Anhang), London ²1972

May Morris (Hrsg.), The Collected Works of William Morris, 24 Bde., London 1910–1915 (davon Bd. 22 und 23 mit politischen und theoretischen Schriften); (identische Neuausgabe aller 24 Bände, New York 1966)

May Morris (Hrsg.), William Morris, Artist, Writer, Socialist, Oxford 1936 (zweibändige Neuausgabe New York 1966)

Asa Briggs (Hrsg.), William Morris, Selected Writings and Designs, London 1962

Philip Henderson (Hrsg.), The Letters of William Morris to his Family and Friends, London 1950

William Morris und E. B. Bax, Socialism its Growth and Outcome, London 1893 (hier sind teilweise Morris' politische Beiträge für die Zeitschriften ›Justice‹ und ›Commonweal‹ von 1884 bzw. 1885 bis 1890 verarbeitet)

William Morris, Kunstgewerbliche Sendschreiben, Leipzig 1901/02

– Kunsthoffnungen und Kunstsorgen, Leipzig 1901/02 (5 Bde.)

John William Mackail, The Life of William Morris, 2 Bde., London 1899 (Neuausgabe London 1950)

Edward P. Thompson, William Morris, Romantic to Revolutionary, London 1955 (grundlegendes Werk zur politischen Biographie)

Edward P. Thompson, The Communism of William Morris, hrsg. von der William Morris Society, London 1965
Paul Thompson, The Work of William Morris, London 1967
Bernard Shaw, Morris as I knew him, hrsg. von der William Morris Society, London 1966
Heinrich Waentig, Wirtschaft und Kunst. Eine Untersuchung über Geschichte und Theorie der modernen Kunstgewerbebewegung, Jena 1909
Nikolaus Pevsner, Wegbereiter moderner Formgebung. Von Morris bis Gropius, Hamburg 1957
Egon Stein, Von William Morris zur sozialistischen Kulturrevolution. Entwicklungen in Architektur und angewandter Kunst in hundert Jahren gesellschaftlichen Fortschritts, unveröffentl. Diss., Berlin (Ost) 1966 (leider schwer zugänglich, gehört aber zur wichtigsten deutschen Literatur über Morris)

Informationsquellen

Beziehungen zum Werk von Morris pflegen u. a. die Victorian Society und die Society for the Protection of Ancient Buildings (beide 55 Great Ormond Street, London W. C. 1).

Die William Morris Society (25 Lawn Crescent, Kew, Surrey) vor allem verfolgt das Ziel, Werk und Leben von Morris einer breiteren Öffentlichkeit nahezubringen; sie veranstaltet Ausstellungen und Vorträge und veröffentlicht Forschungsergebnisse in ihrem Periodikum ›The Journal of the William Morris Society‹ oder in Sonderausgaben. Über die Tätigkeit der Gesellschaft berichten jeweils ›Annual Reports‹.

Manuskripte von Morris sind vor allem in den Sammlungen des British Museum, des Victoria and Albert Museum, der William Morris Gallery (Walthamstow), der Bodleian Library (Oxford) und des International Institute of Social History (Amsterdam) archiviert.

Das kunstgewerbliche Schaffen von Morris wird in England vielerorts dokumentiert. Vgl. dazu die Liste der Museen, Sammlungen und Kirchen bei Paul Thompson, The Work of William Morris, London 1967 (›A Gazetteer‹, S. 281 ff.)

Über den Herausgeber

Gert Selle, geb. 1933, hat von 1952 bis 1959 Germanistik, Kunstgeschichte und Kunstpädagogik in Frankfurt und Kassel studiert. Er war 1960–68 Kunsterzieher in Frankfurt, anschließend Dozent an der Werkkunstschule Darmstadt und ist heute Professor an der Fachhochschule (Fachbereich Gestaltung) Darmstadt.
Er hat Zeitschriftenaufsätze über designpädagogische Fragen und Probleme neuerer Kunstdidaktik veröffentlicht sowie
›Ideologie und Utopie des Design. Zur gesellschaftlichen Theorie der industriellen Formgebung‹, Köln 1973;
›Jugendstil und Kunstindustrie. Zur Ökonomie und Ästhetik des Kunstgewerbes um 1900‹, Ravensburg 1974.

MATERIALIEN ZUR ALTERNATIVEN TECHNOLOGIE
- ARCHITEKTUR -
NR. 1
PLAN FÜR EINE KOMMUNALE UMWELT

Der 'Blueprint' ist nicht nur ein städtebaulicher Plan, sondern ein Projekt für den Kampf auf einem weiten gesellschaftlichen Gebiet gegen die errichtete Ordnung.
Der Plan zielt auf mehr ab, als auf den strukturellen Neuentwurf einer bestehenden Gemeinde. Er anerkennt und erforscht eine neue Lebensform auf der elementarsten Ebene der zwischenmenschlichen Beziehungen. Diese neue Lebensform ist soweit wie möglich kommunal und ökonomisch von Warenverhältnissen getrennt.
In seinem Kern treibt der Plan ein erfrischend einfallreiches Programm für die Verländlichung der Stadt und zur Förderung der materiellen Unabhängigkeit ihrer Bewohner voran.

MURRAY BOOKCHIN

21 Seiten DM 1,50

Das Anliegen dieser Reihe soll die Vorstellung von Gegenansätzen und Vorschlägen zu humaneren, vielleicht noch utopischen Lebensformen sein. Entwürfe für Idealstädte finden sich ja schon in frühesten Utopien, um nur einige Namen wie Owen, Fourier, Morris, etc, zu nennen.
Als erster Beitrag soll ein relativ 'junger' Plan vorgestellt werden: Blueprint for a Communal Environment (Plan für eine kommunale Umwelt), der in den frühen siebziger Jahren in Berkeley (USA) von Mitgliedern der "People's Architecture", der örtlichen Mietergewerkschaft und der dortigen Nahrungskooperative formuliert wurde.

Schwarzwurzel-Verlag

ROKENSTRASSE 4 7410 REUTLINGEN

Trotzdem ★ Verlag

7410 Reutlingen, Obere Weibermarktstr. 3
Telefon: 07121/370494

ERICH MÜHSAM - Schriftsteller der Revolution
von WOLFGANG HAUG

Das Buch untergliedert sich im wesentlichen in 2 Teile. Im ersten wird die Persönlichkeit des Anarchisten Mühsam nachgezeichnet, wobei die Hauptaspekte auf der literarischen und politischen Ebene liegen. Mühsam beginnt zu schreiben als die Sozialisten-gesetze 10 Jahre aufgehoben sind, und die literarische Protest-bewegung des Naturalismus gemeinsam mit der der SPD-Opposition (die JUNGEN) ihren Schwung verloren hatte. Nach ersten Schwierig-keiten mit der Polizei begibt sich Mühsam auf Reisen. Der Aufent-halt in der vegetarischen Alternativkommune "Monte Verita" in Ascona wird die wichtigste Station bevor er sich in der Boheme München-Schwabings niederläßt.
Mit dem Ende des 1.WK's beginnt Mühsams politisch einflußreichste Zeit. In diesem Sinne ist das Buch auch auf den Schwerpunkt Münchner Räterepublik angelegt. Mühsam übernimmt zwar keine lei-tende Funktion im Rat der Volksbeauftragten, wird aber zusammen mit Gustav Landauer und Ernst Toller ihr wichtigster Propagandist.. An diesen historischen Teil schließt der Verfasser seine Betrachtung des literarischen Werks Mühsams an. Er interpretiert das 1920 im Gefängnis Ansbach geschriebene Drama JUDAS vor dem Hintergrund des Januarstreiks 1917 und der Münchner Räterepublik 1919. Im letz-ten Teil des Buches versucht Haug Mühsams Tendenzkunstauffassung herzuleiten, und sie in Vergleich zu setzen mit der Kunstauffas-sung des "Bunds Proletarisch-Revolutionärer Schriftsteller" der KPD. Ein Buch, das angesichts der 1978 kurz aufgekommenen Mühsam-Mode dessen anarchistische Position bewußt darzustellen versucht. 9.-

WOZU NOCH IN DIE PARLAMENTE ?
enthält: Rudolf Rocker: Zur Geschichte der parlamentarischen Tätigkeit in der modernen Arbeiterbewegung
Dr.R.Friedeberg: Parlamentarismus und Generalstreik
Beitrag zu Grünen und Bunten von Friederike Kamann/Wolfgang Haug; 5.-

STRASSE FREI von OSKAR KANEHL
mit Zeichnungen von George Grosz
Gedichte eines Rätekommunisten 6.-

KINDERBEFREIUNGSFRONT: hrsg. von PETER LAUDENBACH
Für das Recht der Kinder und Jugendlichen von zu Hause auszuziehen. Für offene,freie zärtliche Sexualität 1.40

"V E R P A C K T"

- ein subjektives Bilder-und Lesebuch gegen die entmenschende Warengesellschaft Brd
in assoziativ zusammengestellten Artikeln, Bildern und Geschichten versucht ein Autorenkollektiv auf Angst, Aberglaube, Mensch (Frau) als Ware, Vermassung, Fließbandfreizeit und Sprache als Herrschaftsmittel provokativ zu reagieren. 9.-

---

EICHMANN IN UNS von JENS BJÖRNEBOE
ÜBERSETZT VON JÜRGEN WIERZOCH
mit einem Vorwort von KARLHEINZ DESCHNER
Eine Essaysammlung des norwegischen Schriftstellers und Anarchisten zu Themen u.a. wie Numerus Clausus, Hans Jäger, Bertolt Brecht, Öl, NATO, Verbrechen der Kirchen, Deutsche Buchmesse, Strauss, Judenverfolgung, Anarchismus als Zukunft ...
Der Titel des Buches bezieht sich auf folgende Passage eines der Essays: "Immer dann, wenn wir uns einem Befehl aus höherer Hand beugen, ohne diesen zuerst zu bedenken und moralisch zu beurteilen - dann ist es Eichmann in uns, der sich beugt. Das hat uns der Nazismus gelehrt."
10.-

CHARTA 79 . Eine Broschüre, die die Aktionen der Samischen Aktionsgruppe gegen den ALTA-Staudamm dokumentiert und dabei versucht die Unterdrückung der Samen als Volk der 4. Welt in einem modernen Industriestaat aufzuzeigen.
ca.; 20 Bilder von den Auseinandersetzungen 4.-

GESCHICHTEN AUS DER ZUKUNFT: anarchistische Science-Fiction-Geschichten und Comix;
gesammelt von Peter Walter/Köln
Gemeinschaftsausgabe mit dem EMS-KOPP-VERLAG in Meppen 1,50